识干家

企業閱讀　學以致用

快消品
产品开发方法
打造快消爆品

张荣举◎著

云南出版集团
云南科技出版社
·昆　明·

图书在版编目（CIP）数据

快消品产品开发方法：打造快消爆品 / 张荣举著
. -- 昆明：云南科技出版社，2021. 4
ISBN 978-7-5416-8069-4

Ⅰ. ①快… Ⅱ. ①张… Ⅲ. ①消费品市场－市场营销
②消费品－产品开发 Ⅳ. ①F713. 58 ②F273. 2

中国版本图书馆 CIP 数据核字(2021)第035325号

快消品产品开发方法：打造快消爆品

KUAIXIAOPIN CHANPIN KAIFA FANGFA：DAZAO KUAIXIAO BAOPIN

张荣举 著

责任编辑：洪丽春 曾 芫
助理编辑：张 朝
封面设计：仙 境
责任校对：张舒园
责任印制：蒋丽芬

书 号：ISBN 978－7－5416－8069－4
印 刷：河北宝昌佳彩印刷有限公司
开 本：710mm×1000mm 1/16
印 张：17. 75
字 数：410 千字
版 次：2021 年 4 月第 1 版
印 次：2021 年 4 月第 1 次印刷
定 价：88. 00 元

出版发行：云南出版集团公司 云南科技出版社
地 址：昆明市环城西路 609 号
网 址：http://www. ynkjph. com/
电 话：0871－64190889

导读

本书重点在于从消费者（客户）需求痛点、倒推产品属性、进行定位、制定价格、推算成本及制定概念与卖点等核心难点，将理论和知识进行落地，提供整套实战性的思维、方法、技能和工具，直接附带表格及公式，一看就可以直接上手。

笔者从一线产品人做起，在快消品开发领域摸爬滚打 20 多年，带领团队培训了无数专业技能人才，并钻研出一套可行的方法，让你破解产品创意和点子。通过这套方法，你也可以产出爆品。对于急需打造市场部的企业，或想成为产品开发高手的人来说，是一个不错的选择。

本书的结构特色：

本书分两大篇共十一章。

第一篇是产品开发必备的储备知识、技能方法，一一对应第二篇的落地开发实操。第二篇用了写实的方法，描写笔者与团队之间的实际互动及问答过程，穿插详细的操作步骤。

第二章量化的产品属性和第三章从需求推演产品属性，讲述的是核心技能方法，应用于第七章产品属性定位。

第四章产品属性与价格定位法则，是核心技能方法，应用于第八章成本与价格制定。

第五章市场调查及分析，是产品开发的基础，应用于后续的系列工作。第六章目标消费者分析，第七章产品属性定位，第八章成本与价格制定，第九章产品开发互动过程关键点，第十章产品概念、卖点和名称制定，按顺序讲述产品开发的六步工作。

第十一章上市流程及实用工具，是将前面所有的信息汇总提炼而成。

本书能做什么：

对于大、中、小型企业及高管而言：

（1）有利于建立产品开发流程和职责分工。

（2）作为培训用书，让企业培育核心关键人才，打造核心产品开发团队。

（3）解决部门、人员之间的争端。将团队所有人的经验整合起来，而不是陷入争执。

对于市场部产品经理、助理、专员及有志于转向产品开发的营销人员而言：

（1）补充专业知识和弥补理论储备的不足。

（2）解决与研发配合的核心痛点，精准地提供信息和要求。

（3）锤炼产品开发核心技能。

对于产品研发人员而言：

（1）解决与市场部配合的核心痛点，方向更明确。

（2）提供专业成本速算工具，更迅速、更简单。

对于咨询专家而言：

（1）对于企业的产品开发可能了解较少，本书弥补了这个短板。

（2）与企业产品开发人员站在一个平台上，进行指导和配合。

对于销售人员而言：

利用本书所讲述的产品属性的知识去开发销售话术。

对于院校营销专业学生而言：

（1）可以找到知识落地的方法。

（2）实战沟通话术，快速掌握沟通技能，跨过最初的职业化门槛。

序言

我的志向一直是写一本产品开发方面的实战工具类书籍，是具体到每一步、每一个细节甚至每一个念头如何产生、完全可以照着做的实战操作工具书。

因为20多年来，我在产品开发上的痛点就是这个，满眼看的都是知识、理论，落地的细节却没有。我是在很多台湾地区的老师和前辈的指导下，一点点在工作实践中学会的，希望能填补这个空缺。

中国中小企业已经超过3000万家，从业人员有几亿名，占有绝大多数的人口基数。企业的发展离不开一系列好的产品，这也是企业的根基和命脉。

产品开发是很专业的事儿，需要很多技能。企业生产制造一个产品比较容易，只要你会制造产品的技术就可以，但要做出一个好的产品不容易，好的产品尤其需要市场类技能的配合。从市场调研、产品的市场定位、概念到属性定位与开发、测试、价格、推广，都需要专业的技能。

论述市场类的著作非常多，也非常详尽和先进，但是落地比较困难。究其原因，往往着重论述理论的完善性与正确性，指明应该朝哪个方向去做，却没有说具体如何使用，尤其是在实践中综合使用多种技能的论述，或者需要大量的资源，比如市场的调查与测试的数据配等，没有数据，很多论著论述的方法也就无用武之地。

大型企业，比如可口可乐、宝洁、雀巢、联合利华、康师傅等，具备完善的人才、资源、成形的流程及配合机制，产品开发非常先进和有效。

很多中小型企业，甚至是销售额几十亿元的企业沦陷其中，难以整合，具体表现如下：

（1）要么跌倒在产品调查与测试的有效性上；要么在产品开发上，市场部与研发部无法有效配合，研发部有研发部的想法，市场部有市场部的想法，无法达成一致。

（2）要么属性选择与成本、利润无法联动，市场、研发、财务流程冗杂、低效；要么跌倒在产品核心利益的提炼上，上市后，成了单纯的价格攻击。

他们需要一套简化的，摆脱了繁杂理论和资源限制就可以顺畅运行的实战体系。

我的职业生涯开始于康师傅企划部（台资企业一般这么称呼市场部），任职产品人。2006年，在调味品的知名企业——老才臣，与董事长陈月平先生一起寻找公司新的增长点和爆品时，重新定位料酒系列产品，开创中高端料酒的格局，启动了全国料酒市场的裂变。产品一经上市，占据了很多区域超市、卖场的料酒品类第一的宝座，成为卖场、超市必需的SKU，将老才臣料酒推向了全国前三强。

2007年，我任职于青岛一家年销售额7亿元的肉制品公司，带领团队开创了休闲肉制品品类，开发了仅在青岛本地年销售额6000万元的爆品——台式小烤肠。

后来我服务于百年品牌——青岛灯塔，任职副总经理，开创了零添加味极鲜（与零添加酱油不同）和海鲜酱油系列小品类，成为爆品，单个产品系列在青岛本地的年销售额在1000万元左右，提升了品牌力，让115年的老品牌再次焕发生机。

本书虽以我20多年最擅长的快消品领域来写作，只是所列的具体属性因素不同，但理念、方法、流程、工具等同样适用于其他行业。

目录

第一篇　产品开发两大要点

第二篇　产品开发实操六步

第一篇

产品开发两大要点

本篇分四章，主要讲述产品开发两大要点：属性和价格的知识、技能。

第一章
市场部与研发部的配合战

市场部，很多企业也称为企划部，叫法不同而已。

有些行业把销售开发部门称作市场部，本书所指的市场部并非此市场部。

市场部是企业的灵魂部门。有一个说法是，市场部与研发部才是决定企业向上发展的核心部门，因为关乎企业命脉的产品是这两个部门创造出来的。

市场部泛指进行市场调研、产品开发、产品管理、广告功能，为销售部提供行销服务支持（促销活动、物料等）的专业部门，如图 1－1 所示。

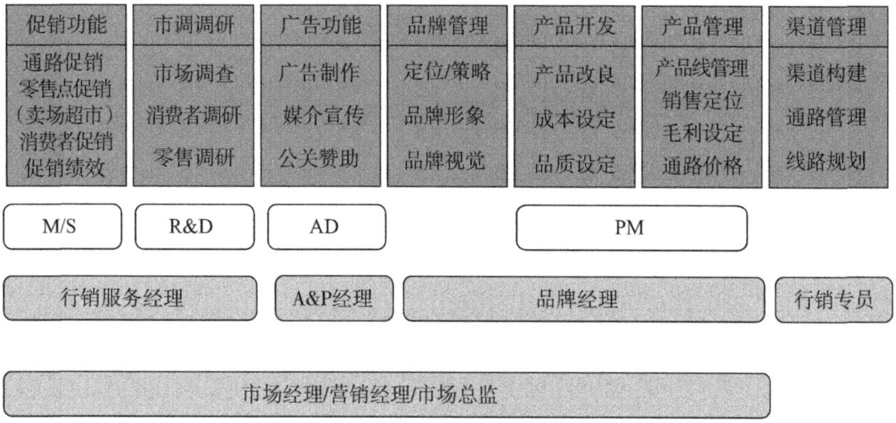

图 1－1　市场部的职能

很多大企业会配备专业的人员承担这些职能，但中小企业有些困难，即便配备了市场部，也很难承担这些职能。由于配备人员的专业技能有限，成了鸡肋，导致很多职能无法实现。

这里只说产品开发方面的问题，不提市场部的其他方面。

很多企业的市场部养着一批人，说产品开发需要市场部提案来启动，市场部要深入分析消费者，可分析来分析去，套话就那些，比如定位于年轻消费群体、时尚、中高端等，配上美观的 PPT。不做市场竞争分析，不做市场细分规模大小及发展潜力分析，仅用一些不疼不痒或时髦的流行词语炫耀一番、描述一番，剩下的交给研发部，有用吗？与研发部有多大关系？用简单的成本加成法来定价格，也不考虑费用的支出影响，这种现象比比皆是。

一、一个真实的案例

几年前，我在一家上市公司工作，负责营销部门，销售额几个亿。

接手营销部门之前，有一批产品即将上市。产品开发已经完毕，包装已经定稿。我看完上市方案后告诉董事长："产品暂停上市。"

为什么？上市方案做得非常漂亮，开始看时很震撼，时髦的词汇、前瞻的说法，相关信息也有模有样。

但深入其中，有几个避不开的核心问题没有涉及，比如：

（1）市场规模有多大。

（2）本品相较竞品来说，产品怎么定位。

（3）本品有什么优势。

（4）虽然通篇描述产品类别属性比较多，但本品产品属性如何设定。

（5）最可笑的是，选取的产品类别属于中低端价格范畴，公司的整体加工按照出口标准，成本很高。

（6）除了上市方案，我调取产品比对测试资料，结果没有。问研发部和市场部，都说品尝过了，产品没问题，挺好吃的。

多年的职业素养，让我果断按了暂停键！

暂停后，大家都埋怨我："老板都同意了，也品尝过了，你又何必折腾？华东市场（尤其是家乐福）急要这款产品，总监是老板的亲戚，他们也认为这款产品很不错！"

我说："我去找董事长。我理解大家的心情，可从目前的资料来看，我不能同意生产产品。在我的字典里，产品上市是不能这么马虎的，上市要花费不菲的费用，如果不能确保出厂前有成功的把握，那是浪费老板的钱！"

既然大家都这么自信，测试一下又如何？

我直接去找董事长，董事长人很好，说："大家都吃过了，都说不错。"

我回答："怎么测试的，结果到底怎么样，我不知道，也没有任何资料可追溯。我也尝过，感觉也不错，但如何测试很重要，一定要做竞争比对测试，不做比对测试，我不敢确保胜过竞争品牌。"

按照我说的方式展开了测试，结果让人大吃一惊，没有一个关键产品属性能够胜过竞品。

关键是公司的产品研发实力在业内也是出名的。问题出在哪里？出在市场部。他们的测试就是自己尝一尝，也不会专业的测试方法。

后来在开发产品时，别人告诉我："研发部让我们品尝，开发产品是研发部的事，开发不出来，那是他们水平有问题。开发完产品，几个人尝一尝，如果吃着还不错，研发部给出成本，市场部算出零售价即可。"

研发部总监每次开会说："你来告诉我们怎么调吧，你说怎么调，我就怎么调！"市场部和研发部的对立和不配合可见一斑！

原来，他们是如此沟通的，也是如此开发产品的，这样怎么能开发出好产品？

我的回答是："怎么调产品是研发部的专业，我不懂，听你们的。可朝哪个方向调，调到什么程度，成本多少才可以，这是我的职责和专业，我说了算。"

后来，市场部与研发部分工非常明确，配合非常默契，开发出了不少好产品。

二、市场部和研发部的痛点

市场部与研发部，在配合上确实存在很多痛点，并且都是致命的、专业性很强的难点。如果解决不好，产品研发就会陷入困境，出现重大损失。在本书，这些痛点会一一得到解决。

1. 研发部的痛点

开始新产品开发了，要添加哪些特色呢？参照竞品和自己的技术，好不容易研发出来一件满意的样品，与市场人员沟通：

（1）研发人员："你到底要什么产品属性（特色）？"

甲："我认为颜色应该……口味应该……再添加点××原料……"

乙："对，不过我认为浓稠度再调一下会更好……"

丙："我认为不应该添加××原料，另外，甲说的颜色我不认可，应该是……"

丁："客户说了……"

研发人员一听头都大了："你们到底要什么？上次，你们还说颜色挺好，这次怎么变了？我该满足谁的要求，那么多要求，成本怎么办？"

（2）研发人员："每个属性达到什么程度，谁说了算？"

甲："我认为再辣一些会更好，咸度也加大。"

乙："不对，我认为再减一下辣度，谁像你那么能吃辣。"

丙："我赞同甲。"

丁："我认为辣度还可以，应该油度减一下，酱香气不够。"

研发人员："我该听谁的？"

（3）"什么？跟我要样品成本？我已经给财务部了，你去和他们要吧？"

（4）"并不是确定样品后计算成本，只是市场部认为这个样品还不错，要计算一下价盘，这是个重复性的动作，成本不合适，样品也不能通过。"

市场部："成本多少？你要说一下，我计算一下，这次的样品可不可以？否则零售价不合适，也不可以上市。"

研发人员："我只有原辅料成本，人工、包材、分摊我哪里知道？成本核算是财务部的事儿。"

财务部："你不能总跟我要价格啊？研发部还没给我配方和成本呢？你先去催他呀！（或者：也不能任何数据拿过来我就给你核吧？即便我算好了，还得领导审吧？领导不审我也不能给你啊，怎么也得好几天吧。）"

（5）"什么，样品的成本又高了？到底成本多少才行？你给我个数啊？"

市场部："这次的样品虽然还可以，但成本高了，没法卖，再下调一些。"

研发部："怎么调啊？一调不就变配方了吗？折腾了这么多次，好不容易确定了样品，再来一轮吗？"

（6）样品的特色，为什么要求全超过？

市场部："这个要调，那个也要调，不能落下。"

研发部："为什么？不考虑成本啊？"

2. 市场部的痛点

（1）让我提前确定产品的特色要求，我又不懂技术，哪里知道？

（2）我知道要什么口味的产品，但加什么原料才能达到要求，我怎么知道？那不是研发部的技术专业吗？我哪里知道怎么开发产品？

（研发部的问题：你认为加什么原料好？你说加什么原料，才能味道更鲜？加这个原料行吗？）

（3）问我要加多少量才行，我怎么知道啊？

（研发部的问题：你认为加××原料到××克，怎么样？）

（4）问我样品行不行，你们研发部不会自己尝？自己看不出来吗？我哪里知道啊？

（5）这个属性明明不好，让我决定怎么改，我怎么可以决定呢？

（6）每次给样品，能不能告诉我成本是多少，以便我核算零售价格？能不能别间隔很长时间啊？

（7）天天要我给具体的成本要求，我怎么知道各项分摊成本、包装成本，怎么去核算研发成本？

（8）零售价到底定多少合适？

（9）渠道毛利给多少？

（10）上市后，能卖多少，能不能赢过竞争产品，我怎么知道？

（11）销售人员跟我要话术、概念、卖点、具体属性用语，我怎么可能知道？实在不行，研发部说一下吧，自己设计的产品，自己最应该知道。至于包装上的文字信息，设计师定一下或者别加了。

三、产品开发的职责分工

在开发产品的具体工作中，一项工作往往是两个部门有各自的分工步骤，前后穿插在一起。

如果不做明确拆分，在配合衔接上就会出现职责不清、前后顺序混乱等现象。

市场部和研发部在开发产品时，如何分工和配合才有效？

我们先来看一下产品开发部需要做的工作，先有个基本概念，再拆分成两个部门的职责。

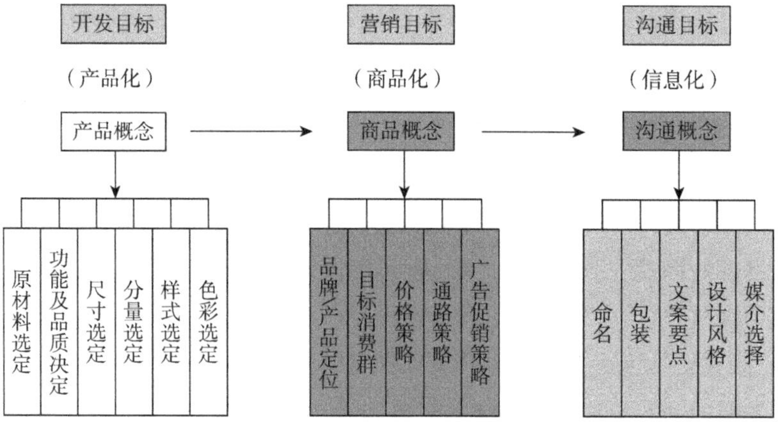

图1－2　产品的开发过程

图1－2所列的都是市场部、研发部开发产品时的基本职责，本书只涉及属性开发阶段，因此只讲述这部分的职责分工。

1. 市场部的职责

（1）确定产品的定位、价格定位、规格定位。

（2）推算出产品的研发成本目标值和毛利率。

（3）确定产品属性的定位、优先级及属性的比对优势，属性是多还是少，明确从哪几个属性突破。

（4）确定标杆竞品。

（5）开发中，小范围测试样品是不是达到了属性要求，并给出整改方向。

（6）针对产品配料和成本，明确产品配料如何调整，哪种配料可以减，哪种配料不能减，哪种配料可以多加，确保产品价值感和属性、成本的平衡。

（7）主持大范围测试，写出测试报告。

（8）产品属性的最终确认权。

（9）制定概念、卖点、广告语、销售话术。

（10）包装样式、材质、尺寸确定权。

（11）上市的工作：申请、包装设计、协调生产、推广方案、上市后的推广工作。

（12）上市后的产品追踪、改进、毛利提升等工作还要持续进行。

2. 研发部的职责

按照市场部产品概念制定的部分，在概念与技术可行性之间与市场部不断互动、修改，直至开发出符合要求的产品。

（1）根据市场部的要求和提供的标杆竞品，开发出符合要求的产品属性，写出产品开发方案，并做样品。

（2）同步计算样品的成本是否符合市场部的要求。如果成本不符合市场部的要求，则样品不过关；如果成本符合市场部的要求，并比对标杆样品达到了市场部设定的属性，提供样品给市场部。

（3）计算固定成本结构，依据财务部提供的数据，初步粗估设定原辅料、包装、人工、分摊等成本提供给市场部。

（4）准备测试的产品，由市场部确定。

（5）如市场部不通过，一定要明确属性差异方向，再进行开发。

（6）一旦市场部小范围确样通过，制作大范围测试的样品，并做测试准备安排。

（7）大范围测试通过，封样，明确产品工艺。

（8）提供市场部相关成本、工艺、原材料、产地、成分、使用量等有价值的资料和信息。

（9）确定包装的规格可行性，给出相关尺寸。

（10）确定包材材质的可行性。

（11）提供样品，便于化验室做保质期加速实验，确认保质期。

（12）给出符合国家7718标准的配料、相关信息和营养标签值，用于设计标签。

（13）给出产品工艺和标准配方，协调生产部门和品管部门进行产品的生产线中试。

第二章
产品是什么：量化属性

产品是4P策略之一，是最重要的营销策略组成部分。产品泛指满足某种欲望和需要的一切东西。产品可以是一瓶可乐，也可以是一件衣服、一架飞机、一次送货、一次货物存储，还可以是一次就餐、一场音乐会、一次授课、一个想法、一次策略咨询、一次心理辅导、一次就医等。

开发产品，要先弄清楚产品到底是什么？

一、产品是核心

产品是公司存在的核心，是消费者用来满足需求的载体，是消费者购买决策的载体，是企业品牌形象的核心载体。

1. 产品：消费者需求

条条大路通罗马，企业已经成功找到了无数条道路。

品牌、战略、技术、体制、流程、人才、渠道、创新能力、变革能力、执行力、创始人的胆识、企业文化价值观等，都是企业可能成功的要素。

确实如此，不管从哪方面成功，没有具有竞争力的产品，这一切都很难实现。这一切因素的奠基石是产品。

企业最核心的战略就是产品战略，企业的成功建立在产品成功之上。企业的根本目的之一就是获取利润，只有通过与消费者（目标客户）进行交换才能达到目的。交换的载体就是产品，如图2－1所示。

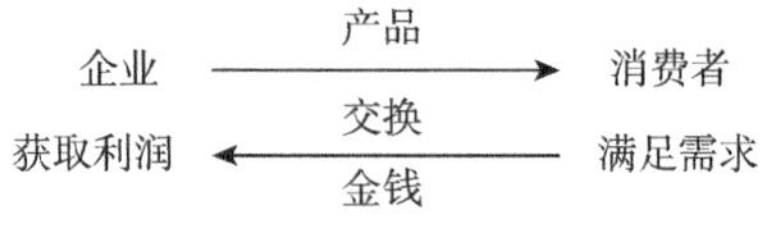

图2－1　产品是企业获取利润和消费者满足需求的载体

在这个激烈竞争的时代，提供同种或同类产品的企业有很多，这意味着消费者（客户）能选择用来满足自身需求的产品很多，只有能开发出具有竞争优势的产品，才能与消费者发生交换。

产品来自消费者需求，很多资深产品专家都会告诉我们：要从顾客需求里找爆品。

宝洁公司（P&G）是世界消费品巨头，它的任何产品都要从消费者角度来思考。从产品的功能、颜色、包装、香味、包装设计、广告设计到网站信息的设置等方面，只要是与消费者相关的，都会以消费者的需求为基准做出抉择。

在宝洁，管理者们是这样说的：“你们不必讨好我，只要设法讨好消费者就可以了！”

因此，宝洁的口令就是：消费者是老板！（Consumer is Boss！）

营销学有“顾客三买”与“顾客四买”的说法，形象地说明了产品与顾客需求的关系，这是每一个营销人的必修课程。

第一，顾客为什么买你的产品？答案是：因为他有需求（也就是“需要”）。

第二，顾客为什么向你买？答案是：因为你能提供满足他的需求的方案，而且优于其他竞争者，你所提供的价值高于竞争者（也就是“想要”）。

第三，顾客为什么持续向你买？答案是：因为你已经跟他建立了长期的关系，并掌握顾客忠诚的元素（也就是“还要”）。

第四，随着时代的快速演变，“顾客三买”已不符合市场现实，必须增加第四买——顾客为什么呼朋引伴持续向你买？答案是：因为你已经和顾客成为伙伴关系，而且掌握顾客乐于介绍其他顾客的元素（也就是“我们都还要”）。

“顾客三买”与“顾客四买”形象地说明了客户购买产品的起因，就是你的产品比竞争品牌能更好地满足顾客的需要。

需求分为5个层级，如图2－2所示。

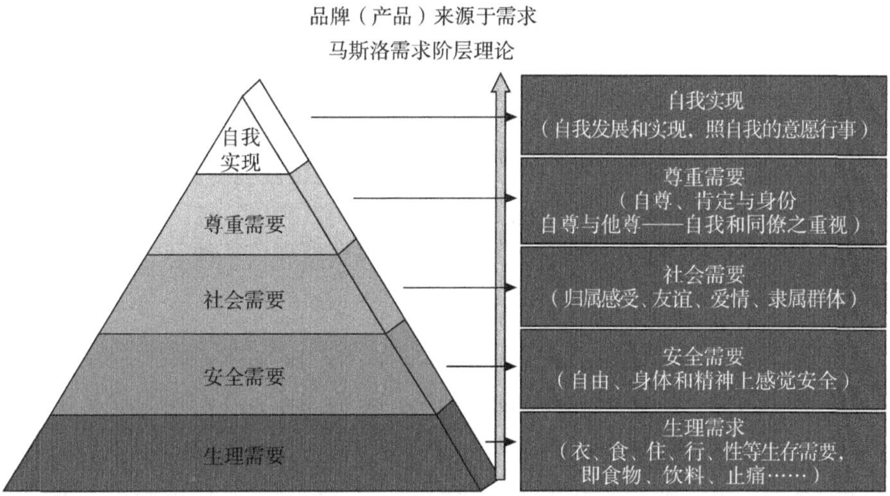

图2－2 马斯洛需求层次理论

消费者的需求满足是从最底层开始，一层层不断满足的。满足了最底层的生理需求，才能谈到第二层的安全需求，以此类推，直至满足自我实现需求。

通俗地说，先填饱肚子才能谈吃得好不好、安全不安全。当一个人的基本需求不能满足时，他会全力寻求解决：渴了，有什么喝的就喝什么。这种欲求也叫生存欲求，是人类最优先的“需要”。

有趣的是，当这种最优先的“需要”被满足时，欲求就会提升到“渴望”，由生理、安全的层级进入社会、尊重、自我实现的心理层级。

每一个层级的满足，与收入息息相关，需求层级的不同，决定了产品属性的不同。

收入越低，满足的层级越低，产品属性越少；收入越高，满足的层级越高，产品属性越多。当然，也不排除部分人为了虚荣、面子或其他原因而越级购买，但基本的大众购买规律就是如此。

消费者需求的满足会表现在产品的每一个具体属性上，每一个产品属性都是有成本的，最终反映到消费者购买价格的高低上。

因此，以收入来做需求层次细分，很容易判断出消费者的需求层次高低，进而去开发相应成本和属性的产品。

低端产品的很多额外属性要毫不留情地去掉，只保留基本产品属性满足基本需要（生理和安全需求），很少或基本不讲究社会需求、尊重需求、享乐需要、文化（年节等大众文化除外）、个性、心理等属性需要，最大限度地降低标签价格。

中高端产品则要尽可能增加产品属性数量或提高产品属性的高质量程度，满足社会需求、尊重需求、个性、文化（高雅类追求）、心理等需求，提高标签价格。

利用需求层次满足的这种阶梯性，结合与竞品进行差异化，就可以让我们在具体产品属性上做出取舍。

很多产品开发者在这方面很纠结，妄想尽可能增加产品属性，归根结底是在需求的满足上忘记了这一点。

2. 消费者购买行为决定产品属性

消费者需求的产生和产品购买的选择有一定的规律，我们要探求其规律，寻找产品与消费者购买的结合点。

我们来看一下，消费者根据自身的需求，是如何对产品做出购买决策的，如图2－3所示。

消费者的购买，是围绕产品展开的决策行为。从由自身需求衍生出购买动

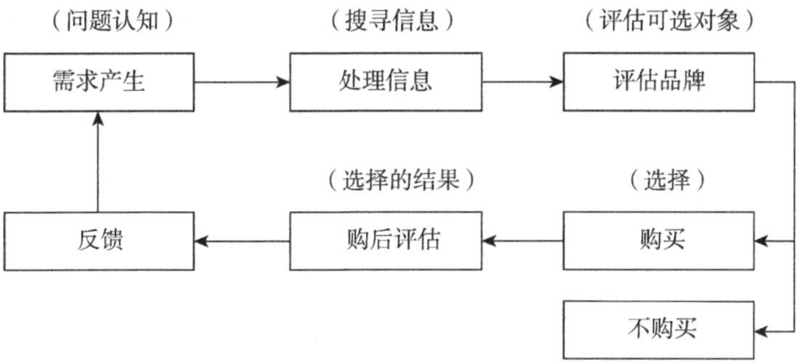

图 2－3　消费者复杂的购买决策

机，搜寻相关产品属性信息，评估一系列相关的品牌和产品属性，做出购买选择，通过评估满意程度，从而决定是否再次购买。

实际购买中，我们看到消费者的决策行为并非一成不变，有些购买行为很复杂，有些购买行为却很迅速。

消费者参与程度的高低，决定了消费者决策行为的复杂程度。消费者参与程度越高，消费者的购买行为就越复杂。参与程度的高低由产品对消费者的重要程度、情感上的吸引力、兴趣、各种风险程度（金钱、技术失败、社会不认可、人身安全等）、标识价值（社会地位、面子）等决定。

有些产品，比如购买汽车，昂贵或复杂的设备，如果消费者参与程度高，需要确定很多的需求利益点，搜集很多的信息，最后的选择决策过程也很复杂；有些产品却很简单，比如去超市购买一瓶果汁，购买一袋食盐，在现场简单比较后就能做出选择。

参与程度的高低决定了其所考虑的利益点的多寡和搜寻信息的复杂程度，但是其需求产生和购买选择的规律却是相似的。参与程度不高的产品，需要决定的利益点少一些，搜集的信息少一些，参与程度高的会相应多一些而已。

3. 需求产生与产品属性

消费者所处的环境和个性特征，让其认识到有什么需求要去满足，当前实际状况与应该达到的理想目标的差距，便形成了需求痛点。

消费者的这个需求越重要，差距越大，意味着痛点越大，就越有可能开发相应的产品去满足。

抓住消费者需求的痛点后开发产品，这不是口号。

需求痛点产生行动的动力，促使消费者寻找具体的利益来满足需求，这也是需求产生的最重要一步，如图 2－4 所示。

需求满足对应着一系列相应的利益，利益评价标准是消费者购买产品时考虑

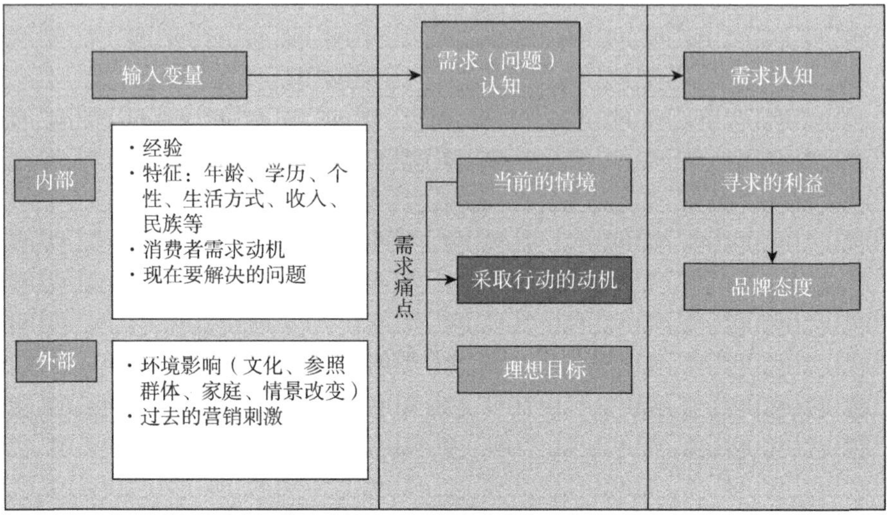

图2－4　消费者需求产生

的重要因素。

利益评价标准分为两大类：功利性需求指标和享乐性需求指标。

功利性需求指标寻求一些实际的利益，对应生理需求、安全需求，从产品实体本身就会认知出来。比如食物的饱腹、视觉、味觉、香气；衣服的保暖性；汽车的动力及耐用性、经济性等。

享乐性需求指标追求的是从产品中获得的愉悦和感觉，对应社会需求、尊重需求、自我实现需求等，这些往往需要通过广告、包装、式样、风格设计来体现。这种需求很可能和消费者从产品中获得的情感和感觉有关。比如追求汽车带来面子；香水带来的神秘、高贵的感觉；女性购买服装带来的时尚、典雅或娇柔的感觉；等等。

功利性需求决定的是“要不要”，消费者会运用功利性需求指标（物理属性、基本性能、功能、特征、成本等）来评判这部分需求。比如评价汽车的动力与经济性等的功利性标准：马力、百公里耗油量、维护保养成本、标签价格；食品的鲜用含氨基酸态氮含量，甜用含糖量，热量用卡路里；等等。

享乐性需求决定的是“喜不喜欢”。消费者评价时采用情感性标准（愉悦/不愉悦、喜欢/不喜欢、爱/恨），而不是功利性标准。

驾驶愉悦感用发动机噪声、防臭密封性、座椅舒适度、驾驶平稳性等指标衡量，这些都是可以量化的。

注意，这里始终没有用非理性和理性两个术语（备注：理性指的是可量化、可比较；非理性指的是无法量化、无法比较）。因为情感性标准与功利性标准一样，都可以用理性指标来评价。

消费者需求都有对应的具体产品指标，与指标标准相近的产品才能进入其考虑范围。如果开发的产品与这些指标不相符，就会被消费者摒弃。

4. 购买评估与产品属性

购买评估分为4步，如图2-5所示。

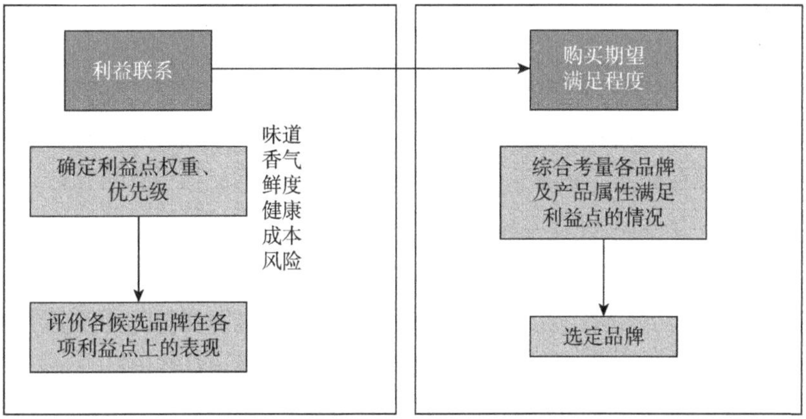

图2-5 购买评估

第一步，确定利益点权重、优先级。

每个利益点的权重和优先级，对于不同类型的人来说可能是不一样的，这意味着每一种产品可以具备不一样的权重和优先级属性。

比如食品，有些消费者认为产品的色香味最重要，不太重视添加剂，只要在国家安全标准之内就可以；而有些消费者非常关注健康，会尽量避免选择带有防腐剂、色素、香精、激素的产品，色香味稍微差点也没关系。

比如有些人认为水就是解渴的，安全、干净就可以了，可有些人认为就是一瓶水也与自己的健康乃至个性息息相关。

购买汽车时，有些人重视动力，却不看重外观，主要考虑发动机的功率；有些人很看重外观，首先看时尚不时尚；对地位很关注的人，会考虑劳斯莱斯、宾利乃至奔驰、宝马、奥迪等特定品牌，对其他品牌不予关注。

第二步，评价各候选品牌在各项利益点上的表现。

对各品牌的产品，分别在每一个属性上进行具体的评价打分。

第三步，综合考量各品牌及产品属性满足利益点的情况。

评估有以下几种方法可以运用：

①补偿法。综合评判，采用总分制。有些产品属性指标得分低没关系，其他

属性得分高就可以补偿，最后选取综合得分最高的那个品牌。

②非补偿法。这种方法明显地看出，有些优先级很高的指标（对应的是相关产品属性）具有决定性的作用。有以下两种方式：

A. 排除法。在某个关键因素上，必须满足一定分数才能考虑，否则就排除。比如消费者很注重健康，添加防腐剂的食品就不予考虑；很看重汽车的售后服务，售后服务得分不高的品牌就直接出局了；如果注重动力性，动力低的就排除。

B. 排序法。根据重要因素来评估选择，哪个品牌得分高，就选择哪个品牌，只有当最重要的因素出现平局时，再进入下一个因素的比评，以此类推。消费者注重健康，不含防腐剂、色素、香精等的品牌就会入围，接下来再比较入围品牌的香味等属性；消费者很看重排量和安全，将其排在第一位，只有满足排量在2. 0T、9 气囊的品牌才能入围，接下来就对入围品牌一一考察其他指标。

很多时候是综合使用以上方法来评估，比如利用排除法快速将不需要的方案排除，再运用补偿法或排序法进行评选。

从消费者的购买决策可以看出，在开发产品时，关键属性、属性的权重优先级都非常重要，这些都决定了消费者在购买时是否选择你的产品。

第四步，选定品牌。

所以，开发产品时，消费者如何看待产品属性的重要度才重要，这是决定其做出取舍的标准。哪些利益点重要，必须努力提高，加大成本；哪些利益点不重要，可以不用考虑，不值得多付出成本甚至可以直接去掉。这些都是设计产品属性时要考虑的。

二、产品属性的五个级别

“现代营销学之父”菲利普·科特勒认为，产品可分为五个竞争层次的级别。同样，一个产品所包含的众多属性，也可相应分为五个级别：核心产品属性、一般产品属性、期望产品属性、附加产品属性和潜在产品属性，如图 2 - 6 所示。

1. 核心产品属性

核心产品属性（核心利益），是指产品首先要能满足的最核心的利益。

- 食品：吃饱、解饿。维持身体机能和健康、解决温饱、补充热量和基本营养。

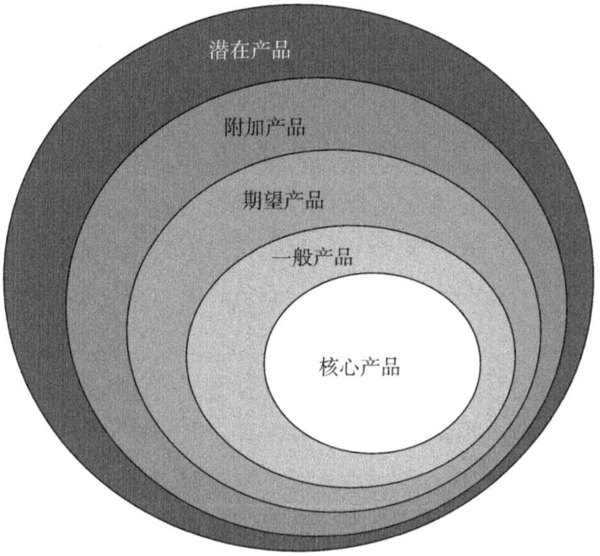

图 2－6　产品属性的五个级别

- 饮料：解渴、补充水分。
- 空调：制冷与舒适。
- 汽车：代步。
- 旅馆：休息与睡觉。
- 电钻：钻孔。
- 化妆品：美丽与希望。

2. 一般产品属性

一般产品属性（一般产品），是指产品要包含满足核心需求的最基本产品属性，能有就可以。

- 食物：能吃就行。由粮食构成，熟制品，具有基本的色香味等，可以下咽，等等。
- 饮料：能喝就行。可以喝的水，有颜色、味道、装在容器里，等等。
- 旅馆：能睡觉就行。含有很多房间的建筑物，里面有床等基本用品，等等。
- 空调：有冷风就行。有效的制冷功能，可接受的能效，适量的空气吸入及排放，等等。
- 汽车：能跑就行。有 4 个轮子、外壳、发动机、传动系统、刹车系统，等等。

3. 期望产品属性

期望产品属性（期望产品），是指要再加一些满足其他基本生理需求的属性，消费者期望有较好的表现程度，可以用量度值来测量，要做到“必须好”！

- 食品：吃得好！分量（规格），具有诱人的颜色、香味和香气、甜、咸、鲜、辣等；吃起来口感好；安全；好看的包装等。
- 饮料：喝得爽！分量（规格）、口感好、颜色好、包装好等。
- 旅馆：睡得香！就是合适的空间、干净的床、香皂、毛巾、排水设备、电话、衣橱等。
- 空调：冷暖舒适！大小、可分级调节温度、可调风向和大小、空气过滤清新，规格合适、配有额外电缆、保修服务好等。
- 汽车：跑得好！大小、喜欢的造型、发动机动力强劲、传动效率高、ABS安全性高、油耗低、平稳性好、舒适、可靠、保修等。

期望产品属性的竞争，是每个行业发展的必经之路和重点。

以我在1999年调研的方便面市场为例。

在老一代人的记忆里，方便面最早的是以华丰三鲜伊面为代表的只含有面饼和简单调味粉的产品。当然，还有韩国的三养方便面，在当时可真是美味。

康师傅以红烧牛肉面为代表，加入肉酱包、蔬菜包等，再加上原来的粉包，三包料的方便面开创了一代人的美味选择，引领了方便面产品属性的发展。“香喷喷、好吃看得见”的广告语，彻底击败了传统的方便面。伴随着全国市场的开拓，厂门口排队的拉货大车几里长，甚至要与叉车司机打好关系，才能提前装上货。

康师傅以味道美学的产品属性，不断延伸各种味道，开创了方便面的盛世。

宝洁公司在进入中国市场时，国人使用的是蜂花洗发液，红色的液体，简单的塑料瓶包装，能起到清洁的作用，但无法根除头皮屑。宝洁旗下的海飞丝以“去屑”的期望产品属性，轻松击败蜂花，成为行业第一；舒肤佳香皂，以杀菌的期望产品属性击败国人用的普通香皂；佳洁士防蛀牙膏、碧浪洗衣粉等，横扫每个行业。

4. 附加产品属性

附加产品属性（附加产品），是指产品为了满足基本需求而增加的服务与利益，是更高层次的消费者需求满足，包括安全、社会、尊重需求等，要做到“非常满意”。

- 食品：产地好、热量低、脂肪低、健康成分，有机、零添加防腐剂、天然的、工艺安全、文艺的或其他风格造型，个性美观的包装、卖的是一种情怀、一种感觉、一种气质等。

● 饮料：零添加，加果汁、茶、奶等有益的成分，口感好、水源好、提神、补能、去火等，体现个性、气质、风格等。

● 旅馆：提供电视机、洗发香波、鲜花、快速结账、美味餐饮、优质的房间服务等。

● 空调：可视化的显示、Wi－Fi 远程自动调节、智能人体温度控制、风格造型等，卖的是愉悦的心情。

● 汽车：各种高科技元素、自动驾驶、奢华的内饰、地位、尊崇、情怀、个性等。

“不要卖牛排，要卖嗞嗞声。”

“成也萧何，败也萧何。”不注重打造附加产品属性，应对这方面的威胁时往往会导致失败。

当康师傅在期望产品属性登峰造极的时候，打算以消费者个性心理状态为基准，运用青春靓丽的代言人，宣传“就是这个味”的广告语，打造品牌形象。

当消费者开始转向吃得更健康，五谷道场找准时机，以“非油炸、更健康”的附加产品属性配合霸气的代言，将康师傅拉下神坛。

外卖时代来临了，在方便属性、美味属性、营养属性等方面，方便面全面落后于外卖产品，整个市场萎靡不振。

食用油市场，嘉里集团的金龙鱼最初运用包装、现代化生产等一般产品属性，击败了当时全国普遍食用的散装油的不安全、不卫生属性，成为包装食用油的第一品牌。随后，鲁花以花生油压榨工艺的安全附加产品属性，击败了金龙鱼在花生油的化学浸出工艺的不安全属性，成长为花生油品牌领导者。

其实，所有品牌的花生油在期望产品属性的表现上都差不多，但鲁花花生油还在用“5S 压榨”，带来的安全性的附加产品属性独领风骚。

5. 潜在产品属性

潜在产品属性（潜在产品），是指此种产品最终可能的所有增加和改变。生活中、办公中、娱乐中的最终极物质与心理、精神上的满足。

（1）行业发展规律

每个品牌都力图在属性的数量和质量上超越竞争对手。行业的发展规律是竞争会导致产品从低级别不断往高级别发展，级别越高，就越要不断附加新的属性。

当某种属性被引入，成就了某个品牌后，就可能会被其他品牌模仿。当大家都具备了新的属性后，新的属性就会成为共有的一般产品属性，所有品牌就会再次拉开增加新产品属性的序幕，循环往复。

任何产品都要首先在满足前三层的属性（核心产品属性、一般产品属性、期望产品属性）方面下足功夫，尤其是还未竞争成熟的市场，快速在前三个属性上跑马圈地，建立自己的优势。不要在这些属性上出问题，否则连这些也保证不了，再好的附加产品属性都会被消费者拒绝。

随着社会竞争的激烈化，产品在前三个层级属性上会渐渐趋于一致，最后能带来溢价价值的竞争却是在更高层次的附加产品属性层面。也就是说，成熟的竞争往往在第四、第五层级展开。

第四、第五层级的心理层面、个性层面的附加产品属性，往往需要大量的广告投放和极其高深的包装及宣传物料设计能力才能驾驭。中小企业往往力不从心，所以要注重打造在产品实物层面的差异化特征。

在最重要的属性上要学会占据最高点，做到无可比拟、不可被超越，产品才能具有长久的生命力。

所有品牌的花生油都宣传压榨工艺，但鲁花是最高级别的荣获国家科技进步奖的“5S 压榨”工艺；嘉里集团的胡姬花则是“古法小磨”压榨工艺，自然不相同。

产品属性领先要达到什么程度，把握一个基本原则，这是刚入行时，康师傅总经理滕鸿年先生再三叮嘱我们的：领先一步是先进，领先三步是先烈。

（2）产品线高低价格延伸

在一个产品类别中，产品属性越多，单一属性越强大，越具有独特声誉，产品价格越高。反之，就越低。

所以，进行产品线延伸时，往高端延伸就要不断增加产品的属性数量或单一属性强度，直至潜在产品级别。往低端延伸，就要缩减不必要的产品属性或降低单一属性强度，直至一般产品级别。

三、产品属性量化体系

在以后的章节都要用到产品属性量化体系。

在很多书本中，产品的定义通常是指包含产品实体、种类、质量、设计、性能、品牌、包装、规格、服务、保证、退货的一系列的组合。

营销专家和大师们自然知晓每个词汇的意义，但普通人很难将以上文字与平常看得到的产品直接联系起来，更别说产品开发了。

如果对产品只是理论性较强的描述，不能具体指出产品是什么，看不见、摸不着，在开发产品时，难免顾此失彼，手足无措。

消费者对产品的购买，也是通过对产品指标的评价做出的。产品不能满足消费者对指标的要求，消费者会拒绝购买。

有没有一套体系可以全面包含这些属性和指标，用于指导产品开发呢？

我们必须清楚地知道从哪些方面来解决产品开发的实质性问题：一个产品要具有什么属性？每个属性到底从哪里推演出来？每个属性的重要度优先级怎么界定？指标应该达到多少？与竞争品牌相比，怎样做才能有更高的价值？

既然要与竞品做比较，这套体系必须是一套可以量化、完整地表述产品的参数集合，不量化的参数是无法进行比较的。

这套量化的参数描述分为狭义产品属性体系和广义产品属性体系两大类，用于全面指引产品开发过程的每一个环节。

1. 狭义产品属性体系

一套能区分于竞品（或胜出，或低于竞品）的产品基本参数集合，分为规格属性，物理特征、性能属性，原料、工艺、功能属性，包装属性4大部分。

我们以食品为例来做说明。其他行业的产品分类的思路也一样，只是具体描述不同而已，如图2－7所示。

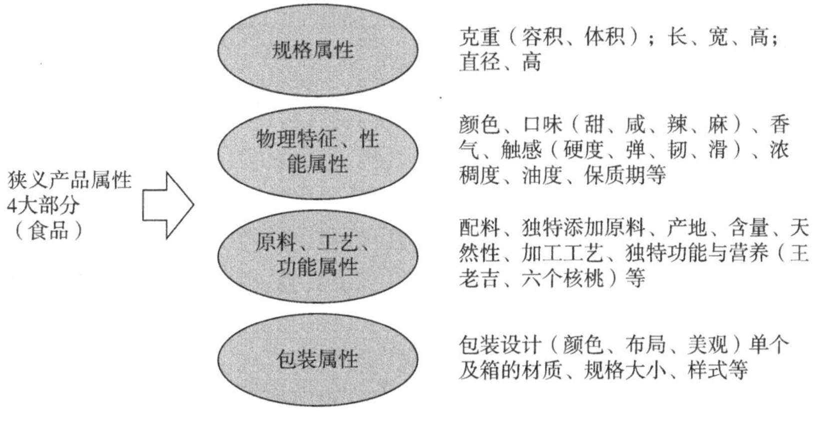

图2－7　食品的狭义产品属性分类

狭义产品属性体系与产品的五个层级息息相关。规格属性和物理特征、性能属性属于期望产品属性范围，可以用指标值来量化；原料、工艺、功能属性和包装属性属于附加产品属性，也可以进行比较。根据这些属性，我们可以从中开发出适合的有竞争力的好产品。

其他行业也类似，各自换用本行业的产品属性体系即可，但是应用产品属性的分类体系进行分析的方式一样。

比如汽车的狭义产品属性分类，如图 2 -8 所示。

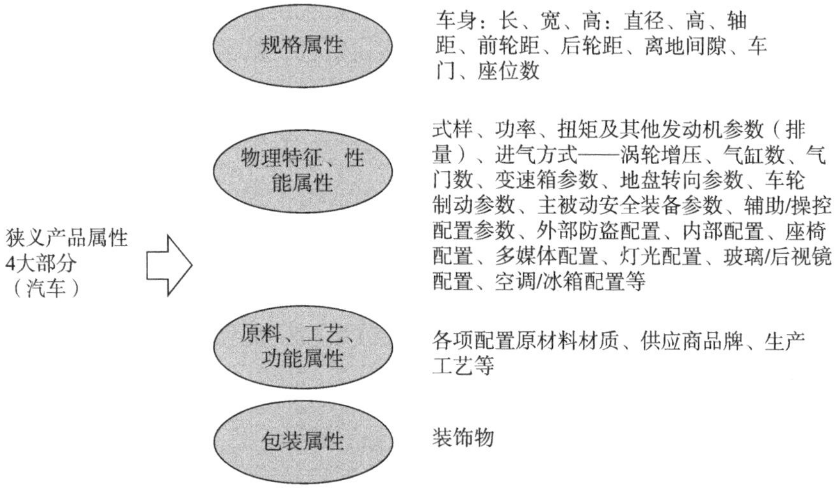

图 2 -8　汽车的狭义产品属性分类

2. 广义产品属性体系

广义产品属性体系，泛指能感受到、看到及能测量的一切，包括技术、耐用性、设计、尺寸、外观、性能、材质、一致性质量、运作的经济性、客户咨询、送货政策、安装政策、售后政策、价格政策等。

广义产品属性大多数属于产品（属性）五个层级的附加产品属性和潜在产品属性范围，如图 2 -9 所示。

扩展的狭义产品属性和广义产品属性，接近于品牌属性。品牌是其所含的所有产品的广义产品属性的集合体。

$$品牌属性 = \sum_{i=1} 所有产品属性$$

产品越多，与品牌属性的不同点就越多，从而造成消费者的认知差异。这是很多企业采用多品牌制的原因，一个产品系列对应一个品牌，尽可能减少产品属性与品牌属性的不同点差异，品牌与产品高度重合一致。

比如宝洁的洗发水（潘婷、海飞丝、飘柔）、洗衣粉（汰渍、碧浪），每个品牌属性与产品属性高度重合。

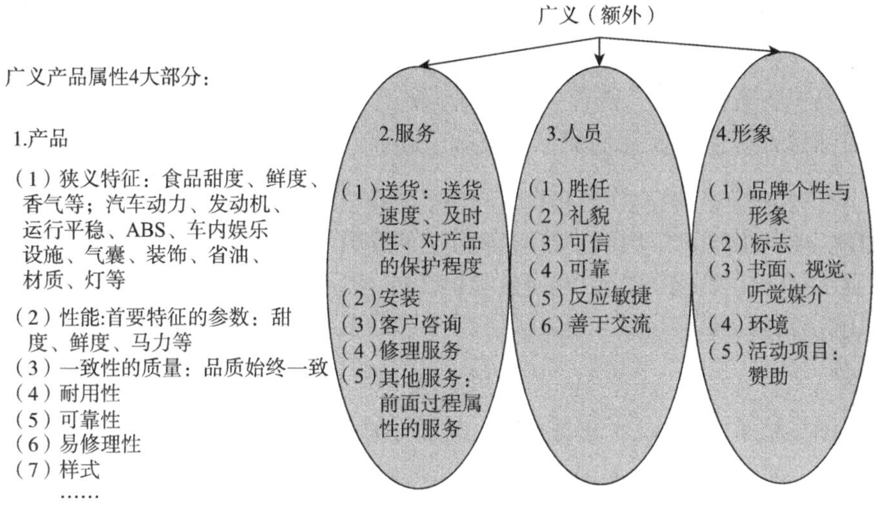

图2－9　广义产品属性分类

但由于培育成本，仍有很多公司采用单一品牌多产品制。

可口可乐的产品：单一品牌对应很多产品，经典可口可乐、健怡可口可乐、可口可乐功能性饮料。

可口可乐品牌属性＝经典可口可乐＋健怡可口可乐＋可口可乐功能性饮料的属性之和。

康师傅的产品：方便面、茶、果汁、水、糕饼共用一个品牌。

康师傅品牌属性＝康师傅方便面（上百种）＋康师傅茶（几十种）＋康师傅水（几种）＋康师傅糕饼（十几种）的属性之和。这么多不一样诉求的产品组合在一起，品牌的属性就很难统一。

3. 量化分解产品

想开发一个产品，首先要从每一个细节去量化地描述和分解它。如果不能量化地分解，如何知道从哪些方面开发这个产品，并与团队沟通呢？

很多时候，问一个人一瓶可乐是什么？那个人就可能很茫然，会回答你“就是可乐啊，你见过的”，最多补充一句“棕红色的液体，喝了会打嗝”。这个回答有意义吗？你得到的回答可能根本没有实质意义。你对问题仍然模糊，得不到全面具体的信息，只有他说的，你看到了，才知道可乐原来是这样子的。

但我们用这套体系就很容易分解出一瓶可乐或一个产品是什么。我们试着用产品属性量化体系分类，按照顺序具体描述产品：

可口可乐：你能描述出来的，颜色棕红、好喝、口感甜、带刺激性口感的二氧化碳气泡，气味也让人很舒服，冰镇了更好喝，500mL，塑料瓶，很美观，配料有糖、碳酸水（二氧化碳和水）、焦糖、磷酸、咖啡因等，保质期12个月，随处可以很方便地买到，价格3元，大部分地方都是一样的价格，一到夏天就想喝，还有很多明星代言，很符合产品的形象。

康师傅方便面：油炸面饼、蔬菜包、酱包、粉包，很多口味选择（我都喜欢）。泡完后面条筋道、油度正好、弹性十足、顺滑、香气很重，味道很好、辣得过瘾、蔬菜很多，牛肉有点少，桶装，看着挺大，115g，分量足够，能吃饱，保质期12个月，随处可以很方便地买到，价格3元，大部分地方都是一样的价格，现在觉得油炸食品有些不健康。

海飞丝洗发水：白色液体、浓稠度正好、非常好闻的香味、白色瓶子、很好开合、图案精美、400mL，泡沫丰富、洗得干净、很滋润、气味芬芳、头皮屑真的不见了，我认为广告上的代言人和我的形象很相似。

奔驰GLC2020款，改款GLC300L汽车：长宽高为4764mm×1898mm×1642mm、五门五座、最高时速235km/h、官方百米加速6.9s、油耗百公里8.2L、北京奔驰出品、中型SUV、汽油车、国六排放标准、上市时间2020年3月、最大功率190KW、最大功率转速6100rpm、扭矩370N·m、扭矩转速1800~4000rpm、2.0T258马力四缸四门发动机、9挡手自一体、前置全时四驱、底盘转向参数7项、车轮制动参数6项、主被动安全装置17项、辅助/操控装置12项、外部及防盗装置14项，还有其他的，加起来有上百项。

大部分按照基础的狭义产品属性进行量化描述就可以。

有形的产品属性好说，一瓶可口可乐放在那里，你可以看得到、摸得着。无形的产品属性，尤其是服务业，除了核心产品外，还包括人员、服务、送货、形象等。无形的产品属性需要加上人员、过程属性、有形的展示（形象、事件等），也就是广义的扩展产品属性。

我们可以从海底捞这个成功品牌的案例看一下。

当下风靡的海底捞的细致服务：除了菜品，其他产品又是什么呢？我们来看一下。

（1）免费的美甲服务区，吸引了很多女士。

（2）设计时尚的就餐区。

（3）等位区免费提供围棋。

（4）等位区免费提供各种水果。

（5）等位区免费的食品。

（6）整洁靓丽的洗手间。

（7）洗手间配备和指示标牌。

（8）洗完手，服务员会送上毛巾擦手。

（9）进入海底捞，还没进门时，服务员就会迎上来。

（10）生日的时候，为您送上来自海底捞的一份祝福。

（11）行动不便的病人、老人等，提供轮椅。

（12）下雨天，有雨伞。

（13）客人丢失物品，会主动放到失物招领台。

（14）甩捞面表演。

（15）宣传材料和书签。

（16）随时提供热毛巾擦手。

（17）欢快地上菜。

（18）调料、水果、饮料自选。

（19）装盘精美的食品。

（20）老人、小孩的服务细节：给老人上蒸蛋，给老人拿坐垫，给老人介绍南瓜、豆腐等软和的菜品，协助老人捞菜，给老人拿老花镜，搀扶老人；给小孩送蒸蛋，给小孩拿贝贝车、婴儿椅，把长筷子换成一次性短筷子，拿儿童围裙等十几项。

（21）喝啤酒加黄瓜条，有黄瓜的清香味（需询问顾客）等上百项。

通过可口可乐、康师傅、海底捞著名品牌的案例，可以看得出虽然他们的产品截然不同，成功的侧重点也不相同。但是，我们都可以通过这套狭义和广义的产品属性的分类，全面和直观地对这些品牌展开量化分析。

这一点对于产品开发人员来说非常重要，我们可以按图索骥地把一个产品完整地分解出来。

4. 对比设定产品属性

开发新产品和改进老产品，为了确保与竞品产品的差异，保证被消费者感知到强大的价值，需要一一进行对比和设定我们的产品与竞争对手的不同之处。

当你能分解出产品的全部量化属性时，就可以进行这项工作了。比如可以逐项确定某一产品的产品属性：

到底比竞品增加多少特色？

每个特色要达到什么程度才能超过竞品？

必须保留哪些特色属性，才可以增加成本？

为了降低成本，可以减掉哪个属性？

最主要的属性特色是什么，才能确保有差别？

5. 开发销售人员的话术

FABE 销售法是销售人员常用的技巧，但具体到使用时，销售人员往往因为不了解什么是产品特征和利益而无从下手，如图 2－10 所示。

FABE法则

表述方式1	特征	优势	利益	证据
	××产品具有……	比起其他产品更……	这意味着您可以解决××问题，节约10%左右的成本	
表述方式2	利益	特征	优势	证据
	××产品您可以解决××问题，节约10%左右的成本	为什么？是因为××产品具有……	比起其他产品更……	

图 2－10　FABE 销售法

我见过很多销售人员在向公司索要产品话术时，市场部人员给了一两句所谓的话术，但是销售人员无法使用，因为所谓的话术是通话。也就是说，你的话术其他公司的销售人员也在说，销售人员也不知道如何描述带给客户的所谓产品优势利益是什么。市场部被问急了，就会说去问研发部，研发部开发的产品具体有什么好处，只有他们自己知道，然而研发部也仅仅是知道原配料和工艺。所以，这件事就进入了死循环。

一套完整的话术，需要知晓产品的特征到底包含什么，才能进行有效的制定。

对照这套狭义和广义的产品属性特征，按图索骥，逐条对照，再运用产品属性对比测试方法，与竞品进行实际的物理特征和性能属性比较，就不会有遗漏。

（1）产品特征（Product Feature）。狭义及广义产品属性的描述，可以直接套用上面所讲的部分。

（2）产品优势（Product Advantage）。与竞争产品相比较的特征优势、成本优势。将上述列出的本品与竞品的产品属性相比较，找出本品的不同之处，也就是优势部分。

（3）产品利益（Product Benefit）。提供给客户，从而使其获得收益和好处。将独特的产品属性与客户需求对应，满足客户需求就是给予其利益。

（4）证据（Evidence）。实实在在可证明的材料、证言、证词等。

通过这套体系，市场部甚至是销售人员，自己就能够非常清晰地找出与竞争产品的差异优势，形成好的销售话术。

四、定位理论与产品开发落地

里斯和特劳特的定位理论是产品属性开发的核心应用理论。第七章产品属性定位中会详述。

定位战略的核心就是差别化。

差别化：设计一系列产品差别，区分公司产品与竞争对手产品的行为。

公司设计出自己的产品和形象，从而确定在目标客户心目中与众不同的、有价值的地位。为达到这一步，要求确定客户销售的差别数量及具体差别，寻找竞争对手不具备的差别，然后第一个拥有并宣传。

最核心的产品属性要与定位要求相一致。

营销学中，定位理论的演进，经历了 21 世纪瑞夫斯的 USP 独特销售主张、大卫·艾格的品牌形象论，一直到里斯和特劳特的定位理论。这些理论并不是哪一个更好、谁替代谁的问题，而是复合在一起，构成了产品和品牌的核心支柱理论，如表 2 – 1 所示。

表 2 – 1　USP 理论、品牌形象论、定位论的比较

项目	瑞夫斯：USP 理论	大卫·艾格：品牌形象论	里斯和特劳特：定位论
产生时间	20 世纪 50 年代	20 世纪 60 年代	20 世纪 70 年代
主要观点	独特销售主张：强调产品的特性及利益（FAB）	塑造形象、长远投资	占据心理第一位置 以品牌为中心，以竞争和消费者心智为导向
方法及依据	实证	精神和心理满足	差异化
沟通基点	物	艺术、视觉效果	心理认同
案例	• 给你的宝宝一个你从孩童时代就不从拥有的东西，一个清爽的屁股——帮宝适 • 只溶在口，不溶在手——M&M • 在一小时 60 迈的劳斯莱斯车中，最大的噪音来自电子钟——劳斯莱斯 • 白加黑：白天吃白片，晚上吃黑片	万宝路 可口可乐 肯德基 麦当劳	王老吉 七喜

定位是企业的核心战略之一，本书不展开理论讲解，但通篇涉及的方法都是定位理论落地的具体应用方法。

1. 里斯和特劳特的定位四步法

第一步：分析整个外部环境，确定“我们的竞争对手是谁？竞争对手的价值是什么”。

第二步：避开竞争对手在顾客心智中的优点，或者利用其强势中蕴含的弱点，确立自己的优势地位。

第三步：为这一可靠的地位找一个证明（证据、支撑）。对品牌来讲，可能源自产品，可能源自服务，可能源自形象，可能源自人员，可能源自独特的符号。

对于产品来说，可能是产品的独特利益、产品类别、用户形象、使用体验、产品属性、产品特征、产品性能（功能）、产品价值、产品原料甚至是产品产地等其中的某一点。

只要在消费者的心智中，找到独特区隔就可以。

第四步：将这一定位整合进企业内部运营的方方面面。

2. 产品开发的五大部分

在进行产品开发时，应用定位理论的四个步骤可以推导出产品开发包含五方面的工作。

（1）确定本产品涉及的目标消费者（客户）需求的内容，包含功利性需求、享乐性需求及境况性需求。

（2）搜集满足消费者需求的所有产品，分析其具体属性，包含量化的狭义和广义产品属性。

（3）确定产品开发的属性，满足差异化，以支持产品的定位。比较本品和竞品在产品属性上的区别，找出比竞品更好地满足消费者需求及还未满足的属性。

（4）研发并开发这些产品属性的工艺，论证生产可行性。

（5）判断增加的成本及带来的价格溢价是否满足利润的需求。根据利润、成本、竞争优势来决定产品属性的增减。

3. 产品开发落地的具体工作

定位理论给出了四个步骤，这四个步骤需要落实到开发人员实际的动作中，需要化为实际的工作来支撑这四个步骤，理论才能落地。

具体到实际工作，有以下 13 项基本工作：

（1）调研市场，比对测试竞品，获取相关信息（产品属性的实际表现、价格、属性用语、产品概念、销量数据等）。

（2）选定目标市场，确定目标消费群体。

（3）分析目标消费者需求特性，结合常规调查及 A&U 调研（后面会有具体应用方法）的结果与经验，推演出尽可能多的产品属性。如消费者需求属性图、利用需求逆推产品属性图、产品属性分布图、需求—产品属性 QFD 矩阵。

（4）量化对比分析本公司产品和竞争产品的产品属性，确定产品定位，确定属性差异化开发方向。（此处是找出爆品存在的可能性）

（5）分析各渠道的销量，确定标杆竞品，预估属性产品的市场潜力。

（6）分析确定产品的最终定位，确定最终零售价格，倒推产品的研发成本，在满足公司及渠道的利润、费用需求的情况下，最终确定成本目标。

（7）论证销售可行性和生产可行性。

（8）做出上市申请。

（9）提交给研发部，研发部同时开发产品属性及快速核算成本，与市场部确定新产品是不是可以同时满足属性与利润要求。

（10）研发部提供样品，进行属性测试，判断样品的产品属性与竞品的差别程度，根据成本和需求的权重、优先级进行取舍，确定属性最终调整方向。

（11）分析所有竞品的属性实际用语，根据研发部提供的信息确定差异化的产品属性用语及产品概念。（此处是产出爆品的关键点）

（12）生产线中试。

（13）封样，进入上市准备阶段。

每一项工作都极其重要，本书将其归纳为产品开发六步曲。

很多人说，太复杂了、太浪费时间了，没有专业人才，很多步骤省略吧。如果选择省略，就会发生前面提到的产品开发痛点，就会让新产品上市之路磕磕绊绊，无法预料。

大型企业配备大量专业人才，工作极其详尽和专业。中小型企业在条件不具备的时候，如何也能应用呢？这就是本书后面的重点。

第三章

消费者痛点：需求推演产品属性

产品属性来自消费者和客户的需求，要想开发有竞争力的、成本又合适的产品，必须从消费者的需求里寻找灵感，推演可能成功的具体产品属性。

这项工作在不同规模和类型的企业里，由不同职位的人来负责。在稍微具有规模的企业里，这是市场部人员甚至专门配备的产品经理的职责。但是，在规模比较小的企业里，即便是没有这些专业人员配置，这一步工作也必须做，只是分到谁身上而已，有时甚至是老板亲自做的工作。不只是中小企业老板，有些大企业也是如此，比如“苹果之父”乔布斯，就是疯狂地参与产品开发的每一个细节。

我曾经所在的企业北京老才臣，当时已经是6个多亿的销售额，是北京市著名商标企业，在全国市场的品牌知名度也很高，但是陈月平董事长还是亲自把关公司的产品开发工作。

无数的专家都会告诫我们，产品属性要从消费者的需求里来找。道理绝对准确。可是怎么找？如何找？这是个极富创意的难题。任何事情只要牵扯到创意，就会吓倒一大批人。创意太难了，需要灵感，而灵感是无法批量复制的。创意真的只靠灵感吗？有没有一种方法可以让我们按部就班地开展，把从需求找到爆品、将需求转化为产品这个难点固化成一种流程化的工作呢？

产品开发的创意过程，既有幻想、灵感、偶然，也有科学、思考、系统，产品开发需要灵性的创意，但更需要科学的推理，这两部分缺一不可，如图3－1所示。

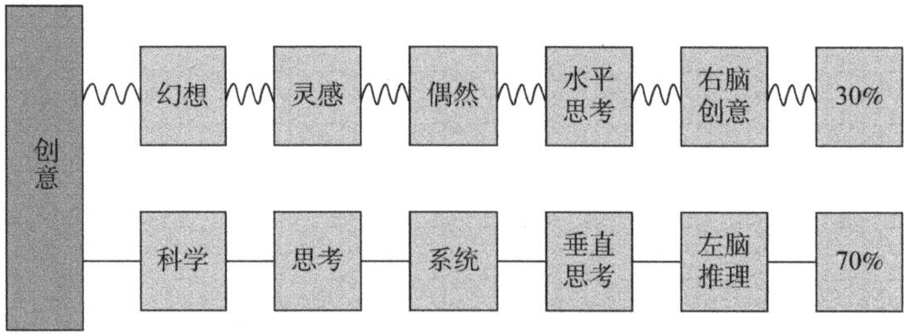

图3－1　产品的创意过程

本章讲述的是如何科学理性地确定客户需求与产品属性的对应关系，从客户需求来推演产品属性，并确定权重大小，最后利用团队头脑风暴来激发灵感。

企业开发产品，要深入了解消费者的需求，成功的企业都深谙消费者需求。

实际上，很多企业对消费者的需求不进行详尽分析，只是盲目跟随市面上的其他公司，找不到方向，患了营销盲目症，最后失败。

太多的产品是复制、模仿，对消费者的需求不进行调查分析，太多雷同的产品放在消费者面前，导致消费者不知道如何去选择。

市场由大量的消费者组成，需求很多，每个人的需求侧重点不同，甚至可能是对立的，没有任何一个产品可以同时满足所有消费者的所有需求。因此，市场上存在大量的机会，只要我们深谙利用消费者需求来开发产品之道，就可以开发出既符合需求又能胜过竞争品牌的产品，消费者就有了选择我们的理由。

一、八步绘制消费者需求分布图

开发好的产品要寻找消费者痛点，消费者当前的实际状况与应该达到的理想需求的差距，就是消费者的需求痛点。

我们首先要做的是寻找消费者的理想需求状态是什么。

需求既然源自消费者，就要从其自身来分析。人的需求可以利用马斯洛的需要层次理论分析。我们通过运用马斯洛的需要层次理论分析与某个行业相符合的具体需求，寻找消费者的需求痛点。

我们还可以采用网络图的方法来分析。

虽然可以在电脑上直接绘制，但我最喜欢的是先用铅笔和橡皮在白纸上绘制。不断修改，不断放飞思维和灵感，天马行空，最后将所有的创意整理到电脑上，建议初学者也这样做。

以食品行业为例来做说明，如图 3 – 2 所示。

1. 绘制生理需求

人的基本需求是生理需求，即满足衣、食、住、行、性、物品使用、工作的需要。所以，食品饮料等的核心利益是维持身体机能和健康、解决温饱、补充热量和基本营养的需求。

所以，绘制图时，先画一个大圈，写上身体机能的各种诉求：感官享受、健康、营养、能量、要达到的理想状态（皮肤色泽、弹性、指标等）、要去除的不好的症状（内热火大、内虚、病症等，尽可能穷尽）。

再加入身体机能的各个部分的小圈，分列大脑、神经、血液、五脏（心、肝、脾、肺、肾）等。

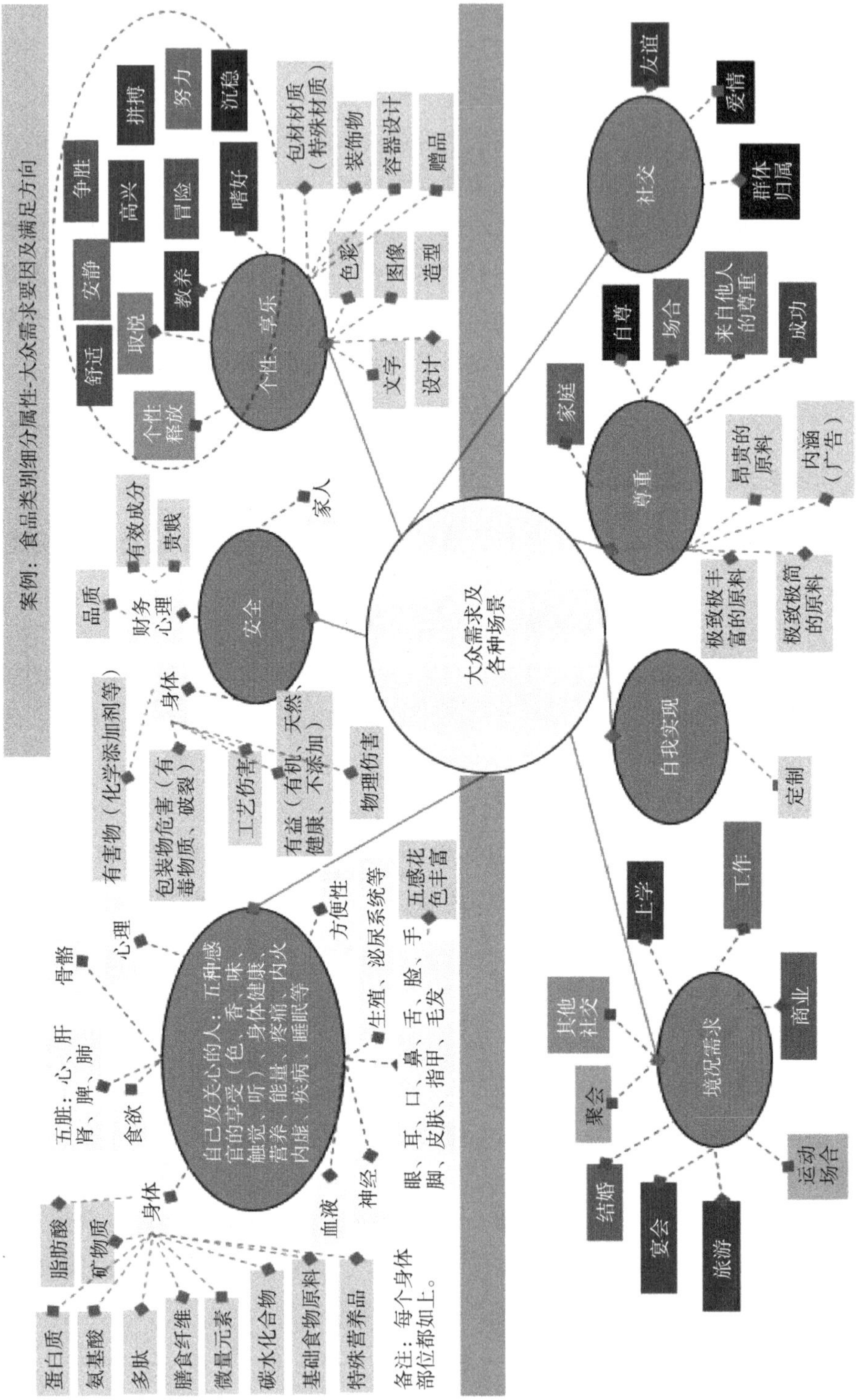

图3-2 食品类别细分属性

某些产品是为了在生活中或工作中使用，可以给你更好的体验效果，也可以给你最少的问题和麻烦，这都是需求（利益）。这两种并不一样。比如某种营养可以让你的身体健康，但缺少这种营养造成的危害可能很多，如活性乳酸菌可以在肠道内杀死有害菌，带来的效果就是使肠道运动正常、营养吸收正常，免除的危害却很多（便秘、皮肤暗淡、营养不良、睡眠、肠炎等）。

特别强调使用（或食用）的便利性、丰富性也是核心生理需求。丰富性来源于视觉（造型、颜色）、味觉（咸、甜、咸、辣、酸、特殊气味等）、嗅觉（香气）、触觉（软硬、弹性、爽滑、质感）、功能多样性等。使用（食用）越复杂，消费者爱用的可能性就越下降，花色品种越多，消费者选择的余地就越多。

这一部分需求的获知，最好的办法就是在实际应用或操作时寻找，尤其是在客户应用情景中去体会客户真实的效用、便利和麻烦，下面提到的其他需求的获得，也都是如此方式。

比如国内的大卡车烟筒都是朝下喷，而美国的大卡车的烟筒都是高高竖着朝上，是为了看着威武吗？这是因为美国与中国的卡车实际使用环境不同。美国的大卡车很多是运载木材等易燃品，公路两边有很多荒草，烟筒朝下很容易因为高温引起火灾；而在中国，大卡车更多是运载建筑材料、钢材等，行驶在高速公路上，路边没有野草，所以不需要烟筒朝上。

客户在做菜时添加调味料用来辅助调味，客户在炒菜时是要加盐的，调味料本身的咸度还重要吗？比如刚开始学做饭的年轻人，还没有形成食盐使用量习惯，在加盐过程中要尝一尝，根据味道来决定放盐量。如果客户的用盐量已经根据常用的品牌调整成习惯，你说调味料咸度重要不重要？鲁菜基本都要用盐糖来混合调味，滋味会更好，但是家庭里面用糖调味的比例并不高。那么，你的调料里面要不要加些糖？让客户在家做的饭菜，更符合美味的需求？

2. 绘制安全需求

自身身体的安全需求：避免危险和伤害，比如避免有害物质、毒药、激素、物理伤害、触电、气体、噪声、高温烫伤、水淹、火烧等带来的生命、身体机能、心情、睡眠等的不安全。

食品饮料类多是激素、抗生素、毒素、防腐剂、化学添加剂（香精、色素、增鲜剂、黏稠剂等）；电器机械设备类多是物理伤害、漏电、挤压伤、断裂、噪声等；汽车是碰撞、散发有害气体、噪声等伤害；服装是有害溶剂和染色剂的伤害；家具是尖角碰撞、有害溶剂、油漆、甲醛及损坏带来的跌倒（椅子）、砸伤等损害。

财物的安全需求：财物损失、购买不合格产品的金钱损失、设备不能正常工作带来的损失等。

心理的安全需求：被讥笑、被孤立的风险。

家人的安全需求：家人具有以上同样的安全需求。

3. 绘制社会需求

社会需求，是针对归属群体、与别人的友谊、爱情等考虑的。这部分内容，可参照戴维·阿克的《品牌领导》一书。

个性的自我表达和享乐，被单独划分出来。

个性的部分：教养、冒险、进取、拼搏、争胜、永争第一、追求自由等。

追求享乐的部分：欢乐、娇柔、时尚、奢华、舒适、风格等。

嗜好的部分：某项极限运动、探险、钓鱼、赛车、足球、篮球等。

4. 绘制剩下的社会需求

友谊、爱情、归属群体单独绘制。

友谊：有利于与其他人一起共享，增进交往性。既有利用产品的实质属性满足，比如口香糖、牙膏的清除口气。

爱情：比如巧克力、玫瑰花的爱情甜蜜的必然象征意义。

归属群体的表现，则可以考虑多个因素。耐克的 NBA 篮球巨星群体、阿迪达斯的足球巨星群体、影星、歌星等都是年轻人的偶像向往群体。也可以是未来可以加入的成功人士群体。

群体的外环，我们可以加入：体育巨星、明星、科学家、成功人士、学校群体、商业群体、共同运动群体、赛车发烧友群体等。参照群体因素，如图3－3所示。

5. 绘制尊重需求

尊重需求：自尊、他人的尊重、社会地位、名望、声誉等。

6. 绘制自我实现需求

自身的爱好和人生追求的终极实现。

7. 绘制境况性需求

商业交往、面试、聚会、婚礼、成年礼、结婚纪念日、孝敬老人、年节、特殊节日、有特殊纪念意义的事件等。

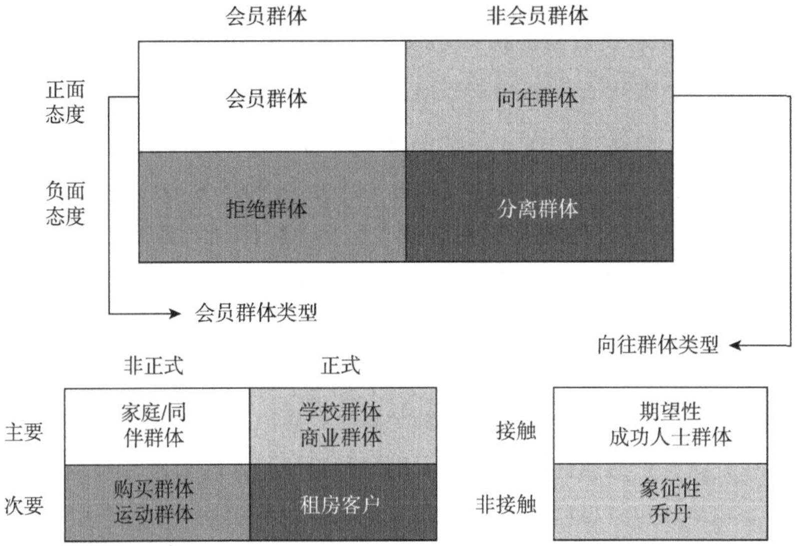

图 3-3　参照群体因素

8. 长期积累

尽可能地将需求部分穷尽，可在日常积累中不断添加。

二、两步绘制产品属性对应图

根据所列需求，寻找相对应的产品属性，包括狭义的产品属性和广义的产品属性。主要分为以下两项工作：

1. 利用需求逆推产品属性

分析各种消费者需求与产品的狭义和广义属性对应的产品属性，并一一列出。

可利用需求逆推产品属性图来进行，非常方便，逆推出所有满足需求的产品属性点，找到足够多的产品构思。每一个可能的产品属性也可称为产品构思。

生理需求倒推的产品属性是产品的核心属性和一般属性，要从产品的基本原理、工艺等出发，涉及狭义产品属性的规格属性和物理特征、性能属性部分的普通程度。

食品饮料一般从蛋白质、氨基酸、多肽、膳食纤维、维生素、碳水化合物、微量元素、不饱和脂肪酸、食品实际膳食原料、特殊营养品等联想倒推。

方便性需求倒推产品属性所产生的一些原料或工艺，会减少或增加消费者自行操作时的麻烦。如果有些原料加入会造成消费者自行操作时的麻烦，就要减少。或者干脆将消费者自行操作的部分原料或工艺提前加入产品中。

安全属性是一般属性和附加属性部分。食品饮料从化学成分（各种添加剂、防腐剂等）、毒害（有毒成分），工艺伤害（花生油的压榨与化学浸出工艺）、包装物伤害（化学毒害如塑化剂、破裂伤害）、财务伤害（品质不好、有效成分少、价格贵贱）等联想倒推。但注意，此处对安全带来有益的方面：有机、绿色、天然、无添加，也不要忽视。

社会需求倒推的产品属性是期望属性部分，从产品的品质感、美感、时尚感等出发，涉及狭义产品属性的规格属性和物理特征、性能属性、包装属性部分的高级程度。往往从包材材质（特殊材质）、设计、装饰物、产品造型（小熊饼）、容器设计（百岁山矿泉水瓶）、文字（江小白文字瓶）、图像（NBA 巨星）、产品色彩（锐澳鸡尾酒）、极致的单一属性（火鸡面）等方面寻找产品属性。

尊重层次和自我实现的需要倒推出的产品属性是附加产品属性和潜在产品属性部分，从产品的独特性、风格、个性、品质、昂贵的、奢侈的、极致丰富或极简的原料等出发，涉及狭义产品属性的原料、工艺、功能、包装等部分。

自我实现部分更多是定制型产品。

食品的狭义产品属性，如图 3－4 所示。

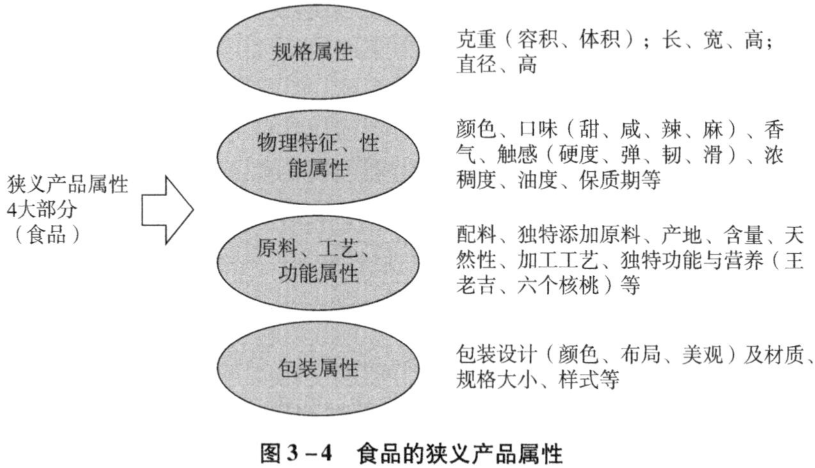

图 3－4　食品的狭义产品属性

以食品、饮料为例说明，如图 3－5 所示。

①左侧是产品狭义和广义特征的分列，将前面所提到的狭义产品属性和广义产品属性列出。

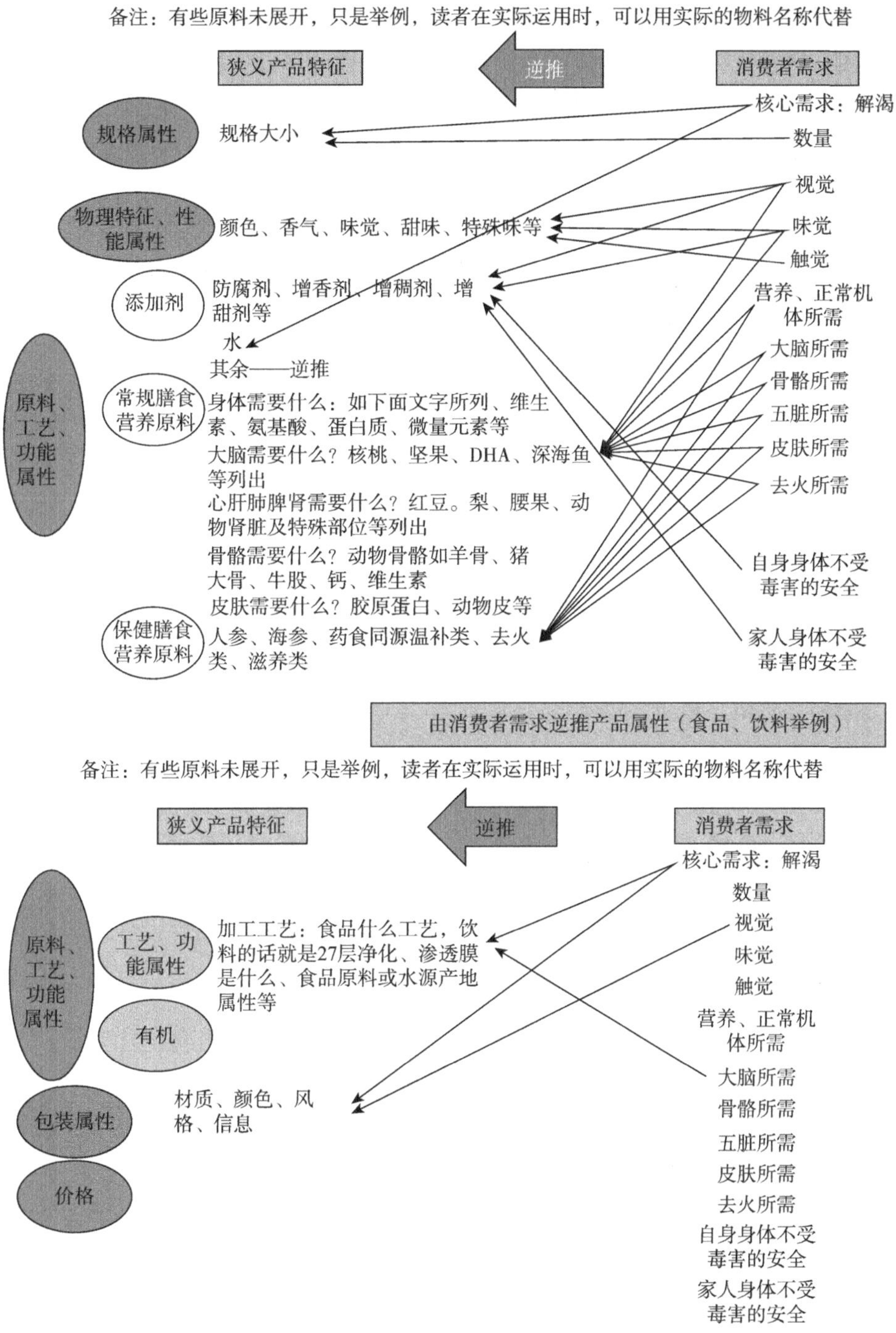

图3-5　由消费者需求逆推产品属性（食品、饮料）

②右侧是第一步消费者需求图列出的消费者需求。

③将右侧的需求一一用箭线连接，进行强制联想，凡是联想的产品属性列入

左侧的对应空白处，没有的则将箭线去掉。

④在联想过程中，将前面所列的每个产品属性的部分扩展开去，联想大类。

常规膳食原料，如五谷类、果实类、豆类、奶类、肉类、水果、蔬菜、坚果、维生素、海藻类、海珍类、菌菇类、有益菌等，把你能想到的都联想一遍。

药食同源类，如去火类、滋补类等，可查国家药食同源目录。

维生素、氨基酸、蛋白质、独特营养原料。

⑤继续联想每一大类的具体产品，可上网或去市场调查。

豆类：黄豆、黑豆、红豆、豌豆等。

肉：牛肉、鸡肉、鸭肉、猪肉、驴肉、特价营养部位（肾、肝、皮、油等）。

蛋：鸡蛋、乌鸡蛋、草鸡蛋、土鸡蛋、鸭蛋、鹅蛋、鹌鹑蛋等。

奶：牛奶、羊奶、骆驼奶等。

蔬菜：胡萝卜、洋葱、菠菜、西兰花、茄子等。

菌菇：平菇、香菇、鸡腿菇、金针菇、猴头菇、黑松露等。

水果：苹果、桃、梨、西瓜、葡萄、猕猴桃、火龙果、榴莲、橘子等及其种子提取的原料、油等。

坚果：核桃、松子、榛子等。

五谷类：小米、高粱、大麦、玉米等。

海藻类：海带、南极海茸、海木耳、石花菜等。

海产类：金枪鱼、三文鱼、马面鱼、鳗鱼、虾、扇贝、海虹、牡蛎、蛤蜊、海螺等。

海珍类：海胆、鲍鱼、海参等。

维生素：维生素 C、B、A 等。

氨基酸及不饱和脂肪酸：赖氨酸、肌苷酸、牛磺酸、DHA 等。

有益菌：嗜酸乳杆菌、双歧杆菌、干酪乳酸菌等。

有益化学物质：增强睡眠的、增强视力的、增强肌肤弹性的、健脑的等。

添加剂：生物型及化学型。

如果一开始没灵感，可以观察本行业与其他行业的产品来寻找。

比如士力架是中国的 NBA 体育巨星姚明领衔代言的，横扫饥饿，主打能量，联想到能量型原料。

红牛是一个非常成功的案例。主打补充能量，红牛用体育巨星的广告，配合“累了、渴了，喝红牛”联想到牛磺酸等氨基酸、维生素等。

六个核桃：主打智力保健，健脑。联想到核桃坚果。

王老吉：主打机体健康，去火。联想到去火的药食同源原料配方。

⑥将以上联想到的所有，制作在表格里，从中选出消费者日常价值比较高的或认为有独特价值的，填写到产品属性一栏。这些联想到的所有产品属性不要扔掉，同样是与研发部沟通时的灵感来源。

调味料举例，如图3－6所示。

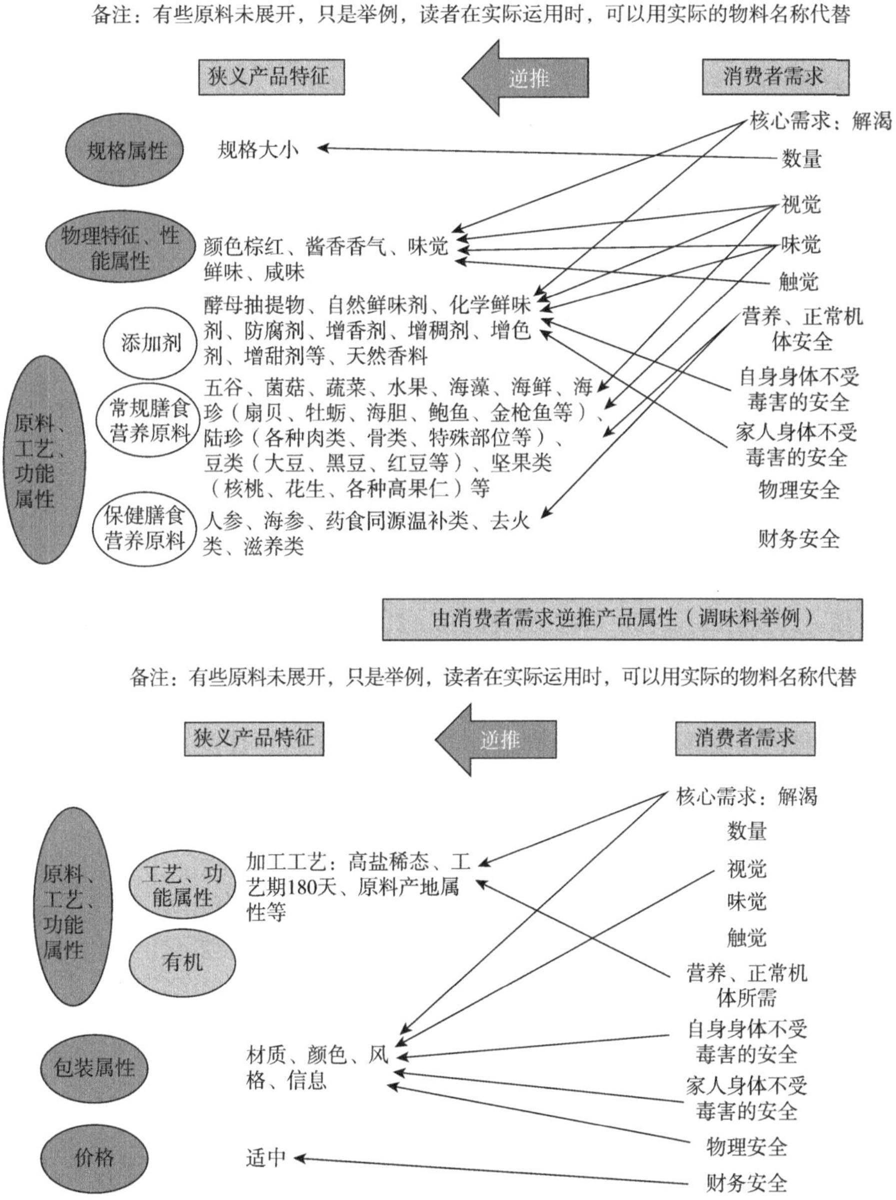

图3－6　由消费者需求逆推产品属性（调味料）

其他行业的产品也一样，只不过是具体的专业原理、原辅料和称谓不同。比如本书的属性推演、太阳能产品属性推演，如图3－7、图3－8所示（同样为保密，只是举例示意，不展开，读者可自行展开）。

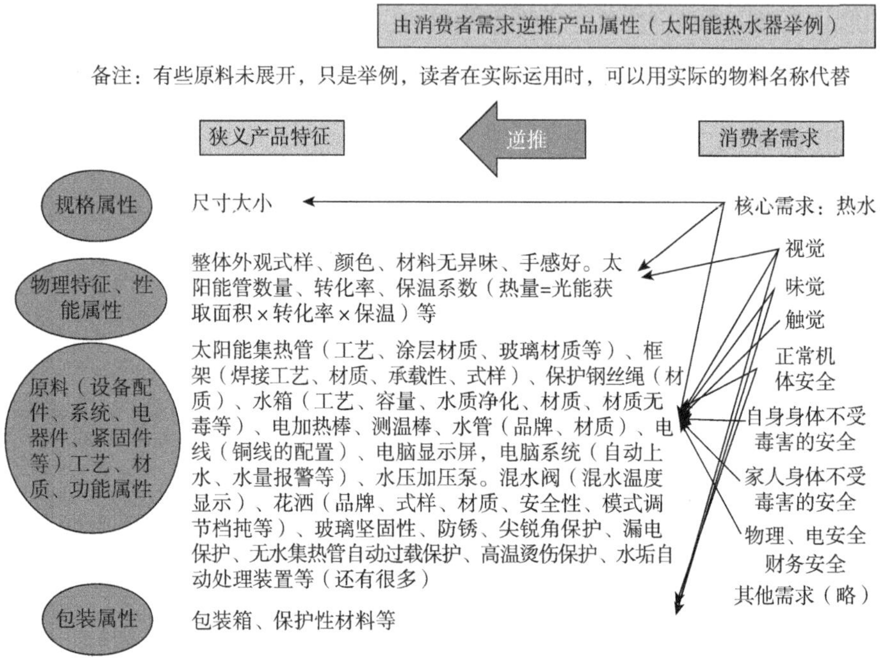

图3－7　由消费者需求逆推狭义产品属性（太阳能热水器）

每一个点都可能是产品属性点，只要你能找到别人不具备的特点，第一个占有这个属性。比如某品牌太阳能热水器，在所有的品牌都在宣传光热转换效率的概念时，推出保温强的特性：只转化没意义，更重要的是保温好，能保证最后的水温高。海尔热水器的防电墙概念也是如此。

设计服务型产品也一样，我设计客运产品时所用的推演图（为保密，同样不展开，只是示意），如图3－9、图3－10所示。

在设计接送儿童校车这一产品时，应额外考虑以下几点：

（1）需要满足父母对孩子安全性的特别重视。

①在安全属性上特别注意：车上老师的每一个细节的照顾、对孩子的关怀、驾驶的安全、防撞、车内的无毒特性等。

②停靠点的安全性。

③更重要的是，能在心理上觉得安全，这点特别重要。

（2）满足孩子：舒服、有爱、欢乐、趣味的超级需求。

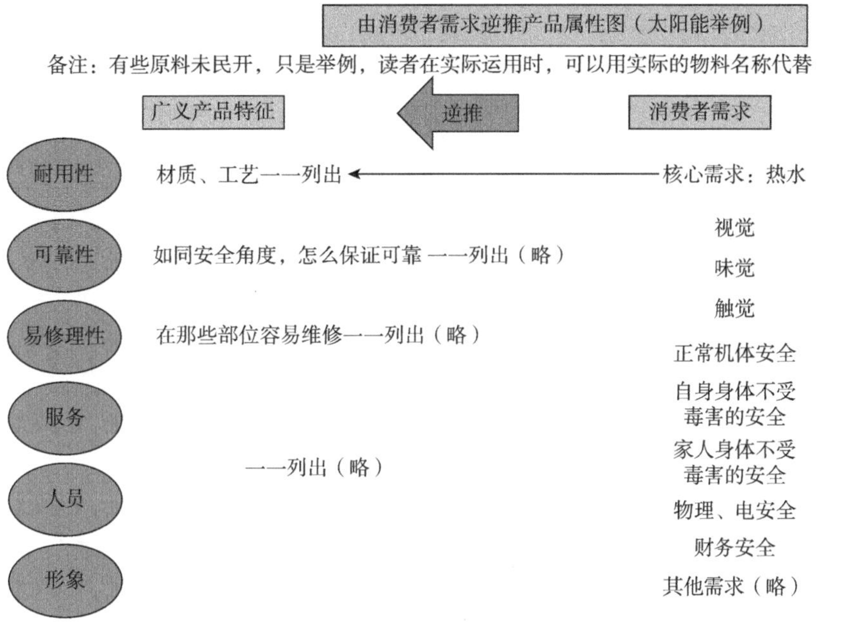

图 3－8　由消费者需求逆推广义产品属性（太阳能热水器）

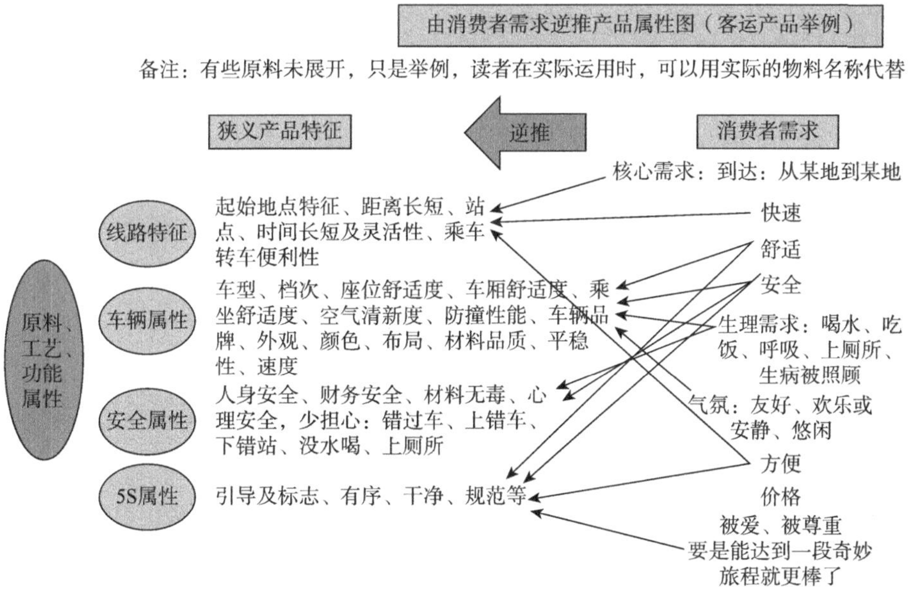

图 3－9　由消费者需求逆推狭义产品特征（客运产品）

①气氛的塑造：塑造一个交流无障碍的欢乐氛围。

②孩子喜欢的卡通形象、玩具、糖果。

③孩子喜欢的趣味游戏。

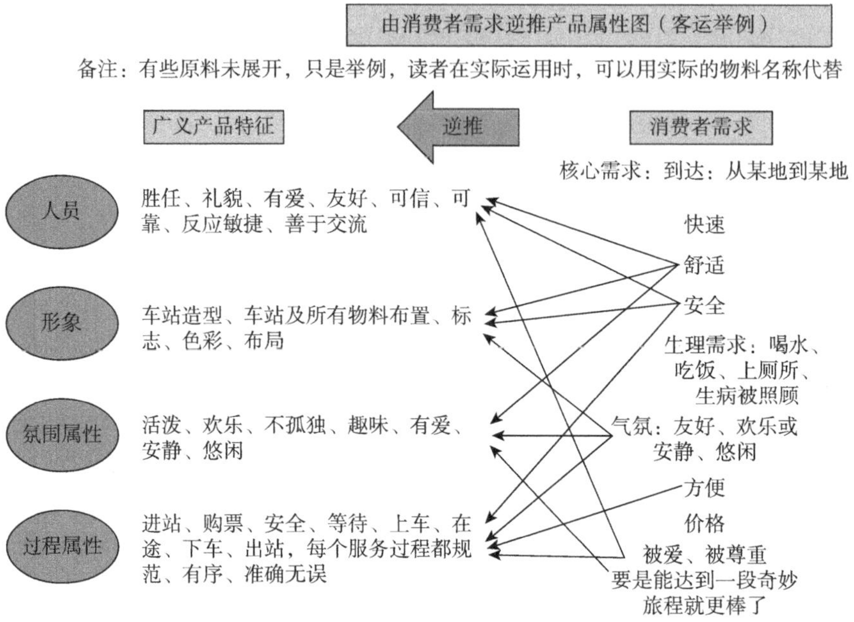

图3－10　由消费者需求逆推广义产品属性（客运产品）

④文艺展示。

⑤流动的家：被关爱。

（3）站点设计的超便利性：短距离行走、乘车转车方便。

其他行业，如设计卧室门产品，只要你考虑需求的噪声（安静、睡眠），逆推时用可以达到隔音、关门时静音的材料和工艺。

卧室门锁产品也一样。可不可以开发一款儿童卧室锁呢？安装的位置矮一些，适合儿童操作的卡通把手，甚至带经典卡通音乐，轻轻一拉就会开，加上父母从外部方便开启的无声音按键，只要你与儿童的实际需求和特性结合，就可以无限制地联想。

火灾时的指纹密码锁打不开，引发的惨剧不胜枚举，设计出一键开锁功能（机械性）装置，满足防火灾需求。

饮料产品，如可乐、纯净水、矿泉水、茶类、果汁类、奶类、功能性饮料、去火类、豆类、特殊营养类，今麦郎推出的凉白开、康师傅的喝开水，谁说不能联想骨汤类、米汤类呢？

你联想就好了，这一步天马行空，联想出无穷的产品构思点，然后去进行可行性验证，决定取舍。

2. 做出产品属性分布图

将逆推出的产品属性，同样做成网络图，如图 3－11 所示。

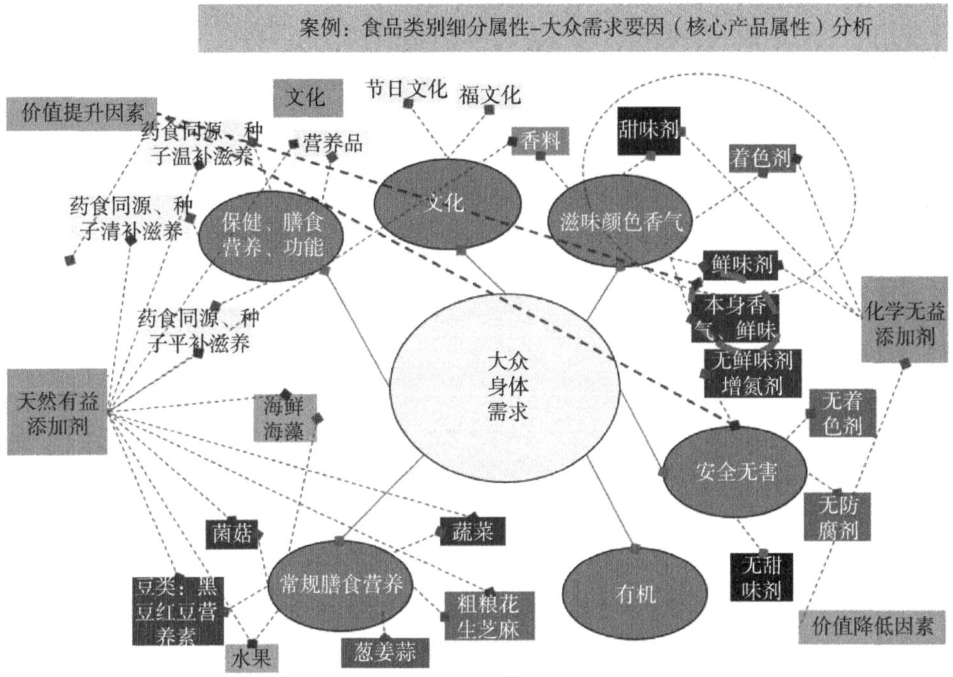

图 3－11　食品类别细分属性

位置与需求网络图一一对应、填写。

标注出价值提升和价值降低的部分。

到了这一步，需求与产品属性的分析及应用就做到了可视化。

这一阶段需要长时间不断地填充、完善。

三、制定需求：产品属性 QFD 矩阵

运用质量功能展开矩阵（QFD 矩阵）来排序客户需求与产品属性对应，制定需求及产品属性权重，如图 3－12、图 3－13、图 3－14 所示。

将产品属性列于横向列。最前一列是权重值。

消费者需求列于纵向行。

中间填写其关联性的强度。“＋”号表示关联，“＊”号表示强关联，“0”表示无关联。

分别列出本公司及标杆竞品的各自分布，做横向比较，决定本品、竞品提供

		产品属性								
（质量要求）	+=关联 *=强关联 0=无关联	重要度等级	属性1	属性2	属性3	属性4	属性5	属性6	属性7	……
客户需求	生理需求：视觉									
	生理需求：嗅觉									
	生理需求：味觉									
	生理需求：触觉									
	安全：无伤害									
	健康：有益提高									
	方便性									
	尊重：面子									
	……									

图3－12　质量功能展开QFD矩阵

食品的QFD矩阵

		产品属性								
（质量要求）	+=关联 *=强关联 0=无关联	重要度等级	颜色	香气	辣度	鲜度	不添加防腐剂、香精等	添加有益物质	设计	……
客户需求	生理需求：视觉	2	*	0	*	0	0	0	+	
	生理需求：嗅觉	3	0	*	0	0	0	+	0	
	生理需求：味觉	1	0	0	*	*	0	+	0	
	生理需求：触觉	4	0	0	0	0	0	0	0	
	安全：无伤害	1	0	0	0	0	*	0	0	
	健康：有益提高	1	0	0	+	0	0	*	0	
	方便性	4	0	0	0	0	0	0	*	
	尊重：面子	5	0	0	0	0	0	0	*	
	……									

图3－13　食品的QFD矩阵

给客户的价值大小。

在新产品开发或老产品改良阶段，一旦涉及成本不能满足原来设定的成本目

一家旅馆的QFD矩阵

		产品属性								
（质量要求）	+=关联 *=强关联 0=无关联	重要度等级	房间温度可控性	照明	家具	有线电视/网络	房间服务手册	礼貌的服务人员	机场免费车接送	……
客户需求	舒适性	2	*	+	*	0	*	0	+	
	服务	3	0	0	0	0	*	*	*	
	价格	5	*	*	*	*	*	*	*	
	安全性	1	0	0	0	0	0	0	0	
	可以舒适的阅读和工作	4	0	*	*	0	0	0	0	
	便于打电话和使用电脑	6	0	0	+	0	0	0	0	
	方便性	7	0	0	0	0	*	0	*	
	饭店内的娱乐	8	0	0	0	0	+	0	0	
	……									

图 3－14　一家旅馆的 QFD 矩阵

标，QFD 矩阵就是用来决定产品属性保留、增加、缩小、删减的关键。

权重高的，如果竞争对手已经很突出，考虑是超越、持平、略低，还是增加其他权重较高的因素来平衡？

有没有权重高，但目前竞品还没涉及的？如果能找到，这就是爆品！

如果运用低价策略，有没有目标客户群体不需要的、权重比较低的属性？可以直接去掉。

四、调查本行业的竞争产品

将本品、竞品的产品属性分别用不同颜色和符号标注在产品属性图上，可以明显看出相互之间的差异点，以及还未采用的剩余属性点。

利用 QFD 表格，分别做出本品、竞品的 QFD 分布。通过属性有无、关联度、权重来看出具体差异点及剩余消费者需求（产品属性）的重要性。

同样，也可以调查其他行业的产品，抛砖引玉，在产品属性上可以有更多的思考选择。

这一步，是开始进行产品定位化的前端准备工作。

五、寻找消费者需求的痛点

召集市场部、研发部、销售团队开展头脑风暴，寻找消费者的痛点。

将需求－产品属性 QFD 矩阵、消费者需求属性图、需求逆推产品属性图、产品属性图配合在一起，就是一整套可视化的工具。

将涵盖了消费者的需求理想状态、哪些需求是各品牌已经满足的、哪些是还未满足的、满足的程度还有重大差距的，都鲜明、具体地反映在所有图表上。

最关键的是，这套工具所体现的消费者需求、对应的产品属性及其权重信息就不仅仅存在于一人的头脑中，而是同时存在于一群人的头脑中，是进行头脑风暴的好工具。

头脑风暴的其他工具：白板、白纸、铅笔、橡皮、磁性贴。

将经过初步绘制的三图一表逐一用磁性贴固定好，周围同样固定上白纸进行延伸，将头脑风暴的每一个创意用铅笔写在白纸上，画上连接线。

评判与选定的目标消费群体的需求结合程度，可以根据属性确定目标消费群体；可以根据目标消费群体需求的权重优先级，决定属性。选择相符合的属性，毫不留情地去掉不符合的部分。

大家可以不断碰撞思维，加入自己认为正确的要素，也可以讨论每个要素的必要性及重要度，决定增加、维持还是缩小、删减。

可以在其中探讨消费者最关心的需求是什么，这个需求重要不重要？哪些能够直击其内心的需求痛点？有没有已经被竞争品牌满足的，值不值得开发？

畅所欲言，不断修正，直到找到值得开发的需求痛点！

这是结合第二篇的产品属性开发不断重复进行的过程。

第四章
产品属性与价格定位法则

产品属性和零售价之间的关系，是产品开发的核心难点。

产品属性多、强，成本就会高，零售价也高，卖得动吗？产品属性少、弱，成本就会低，零售价也低，可能会好卖，但产品力不行。

小品牌的产品好一点，可以卖高价吗？大品牌的产品差一些，卖低价才可以吗？产品需要什么属性，零售价格到底卖多少钱才能售出？这些问题都让人很纠结，困扰着一些产品开发人员。

想解决这些疑问，还是要回到购买的根本，从消费者角度来思考。

消费者选择产品，都面临一系列的选择难题。假如你是一名购买者，去购买产品，不论是大到机械设备、汽车、家电，还是小到食品、服装、洗衣粉、洗发液、牙膏，甚至一把蔬菜、一瓶水、一小包牛奶，当你站在货架前面，面临一系列同类产品，你会选择哪一个？你是如何挑选心仪产品的？你是如何在高价、低价、知名品牌、二三线品牌之间做出选择呢？消费者的选择疑问，如图 4－1 所示。

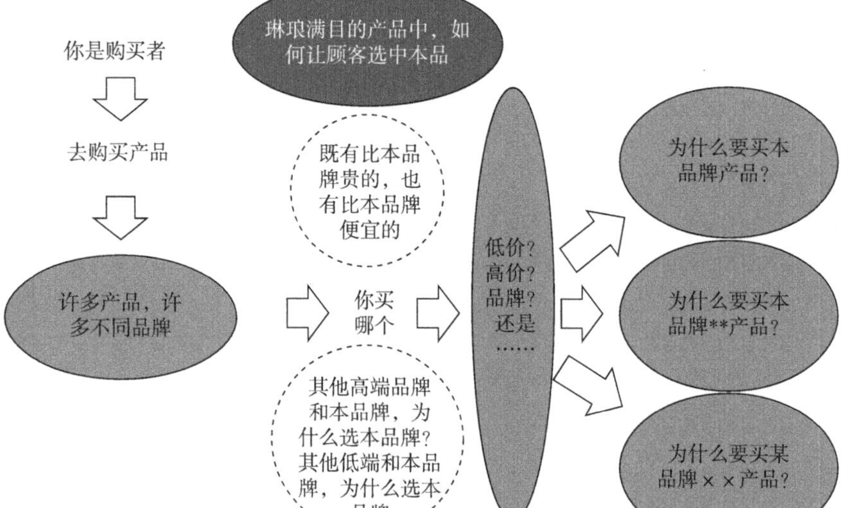

图 4－1　消费者的选择疑问

在激烈的市场竞争中，每个品牌的每一个产品都要竭尽全力地厮杀，脱颖而出，成功者才能获得消费者的青睐，如图4－2所示。

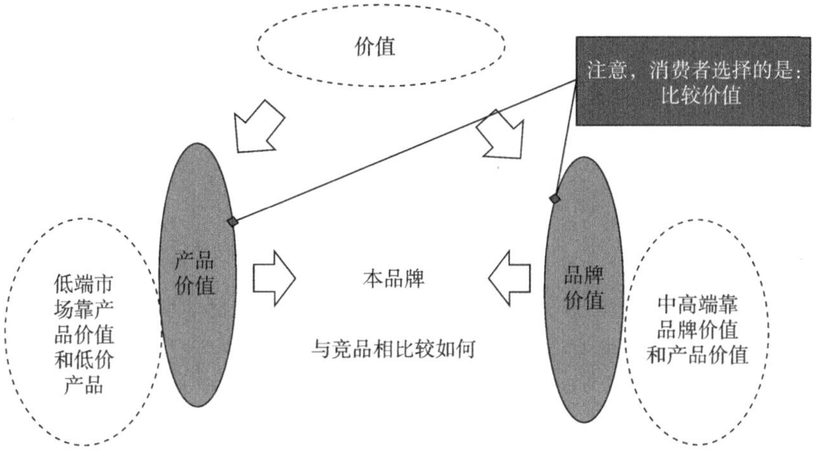

图4－2　消费者的比较价值选择

消费者做出决策的依据是不同产品的价值比较，哪个品牌带给消费者的价值比较高，消费者就青睐哪个品牌。

消费者在对产品价值的估算和实际价格之间做出权衡，产品价值估算高于实际价格，就带给消费者额外的溢价价值。品牌的产品带来的溢价价值越高，消费者选择的概率就越高。

产品价值可以相应设定为高；设定为持平；也可能受限于你的实力（就是不能超不过其他品牌），而设定为低。

价格也可以高，可以低，可以持平。

但是，这些设定为高或低都可能没关系，关键的是两者的差额部分，也就是溢价价值高，大大增加被选择的概率。

备注：上面所述是在同档次品牌比较基础上的假设。

一、简化消费者购买模型

我们根据消费者购买决策类型来建立简化模型，消费者的购买有很多类型，有考虑详尽因素的复杂型购买；有考虑有限因素的简单型购买；有依据品牌的忠诚型购买；也有认为所有品牌的产品都差不多，随时根据原来购买习惯或价格因素的惯性型购买。

但是，没关系，我们都可以将消费者的购买根据品牌力、产品力、价格力（促销力包含在其内）三大因素简化做出分析。

计算公式为：产品价值=品牌力+产品力+价格力。溢价价值为各品牌产品价值比较的差额。

1. 品牌力

在消费者心目中，你的品牌价值的排序先后，带给产品不同的价值，代表着给产品价格带来的溢价有多高。比如可口可乐和某一小品牌的可乐比较，可口可乐带来的溢价自然高，价格理所当然就高。

2. 产品力

产品力是指一系列的产品属性带来的价值的大小，是所有产品属性的累加之和。注意：关键属性的权重不一样。第二章量化的产品属性，所讲述的第5条产品属性量化表达体系的分类，消费者决策评估的补偿法、非补偿法（排序法、排除法），就在这里体现出价值。

为方便起见，我们仍用狭义产品属性图进行说明，如图4－3所示。

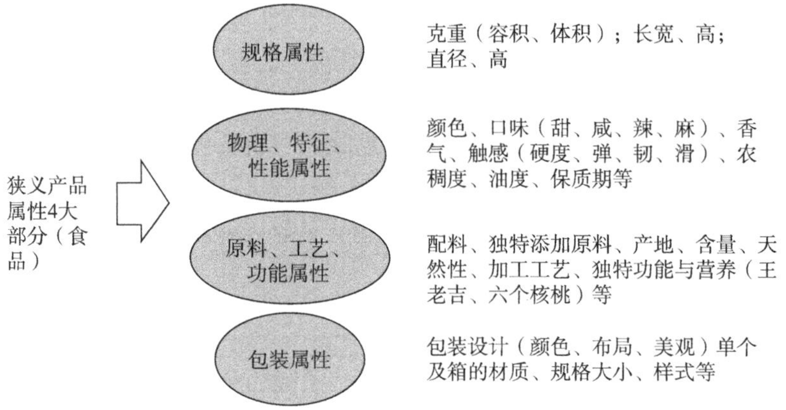

图4－3　狭义产品属性（食品）

以食品来说，规格属性是克重或毫升等；物理、特征、性能属性是口感、香气、外观、颜色、味道等基本产品属性；原料、工艺、功能属性是具体的原料属性等。包含属性越多的产品，比包含属性越少的产品具有更大的价值。

在分析的时候，简化为规格属性与其他属性。

3. 价格力

产品的实际标签价格。标签价格越高，价格力就越低。

品牌力、产品力、价格力交互影响，共同决定产品的具体属性和价格选择。

二、绘制竞争定位图

我们必须分析自己产品与竞争品牌产品的品牌力、产品力、价格力的关系，来决定产品属性与价格如何选择。

为了确定产品属性与价格策略，我们需要绘制竞争定位图，将本品和竞品的品牌力、产品力、价格力列在图上，一一分析可能策略。本书提供了弱势品牌8种法则、强势品牌5种法则作为参考，如图4－4、图4－5所示。

采用分析方法如下：

1. 将品牌分类

依据品牌力不同，分为强势品牌竞争法则与弱势品牌竞争法则。每个品牌的实力、资源不一样，那么决定开发产品时，选择的各自法则也不一样。品牌是区分的第一要素。

强势品牌代表品牌力大，弱势品牌代表品牌力小。如果你的品牌在市场上，比标杆竞争品牌力小，就依照弱势品牌规则分析。反之，则以强势品牌规则分析。

2. 选定标杆竞争产品

选择最直接竞争的、具有较大市场份额的品牌产品为标杆竞争产品，其规格及产品属性将会作为定点超越的基准，来分析其品牌力、产品属性和价格。

选择标杆竞品，要避免犯营销弱视症，竞争范围锁定过小。市场竞争可以分为四种程度的竞争。从产品替代的程度来说，分为四类竞争：品牌竞争、行业竞争、形式竞争、一般竞争。

（1）品牌竞争。以相近似的价格向同一顾客提供同样产品的公司。比如别克可以与丰田竞争，也可以同福特、本田、日产、大众竞争。但不能既同奔驰竞争，又同吉利、奇瑞竞争。

（2）行业竞争。所有生产同样产品的公司。生产方便面的厂商与生产方便面的厂商竞争，生产汽车的公司可以视所有生产汽车的公司为竞争对手。

（3）形式竞争。提供相同利益和服务的公司，如生产汽车的公司可以与摩托车、自行车甚至凡是提供能行走的产品的公司竞争，目的是为了应对跨界危机。

比如生产苹果汁与生产橙汁的分属不同的产品形式竞争，也可能在更大的同一行业里竞争，即饮料行业。

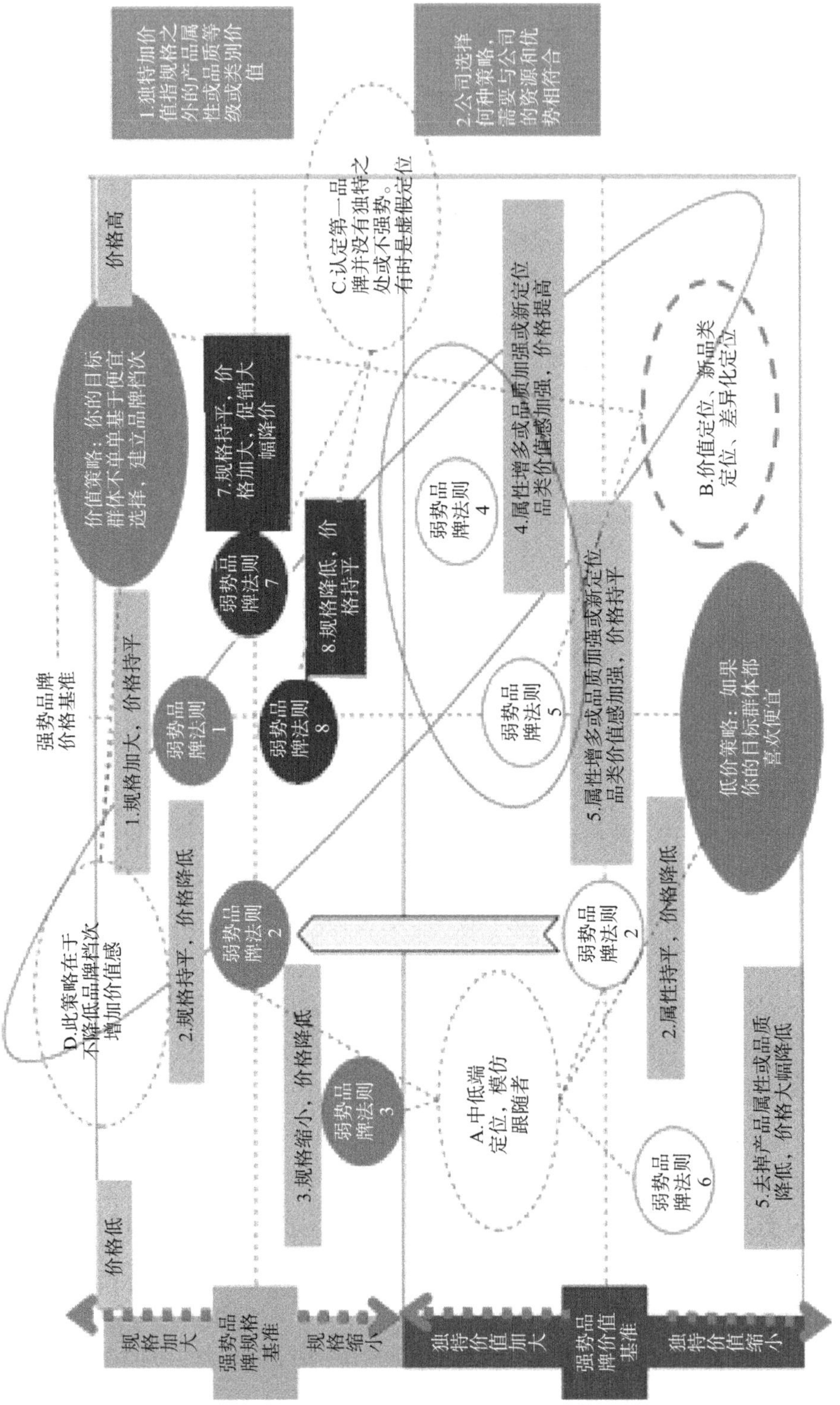

图4-4　弱势品牌产品竞争定位图

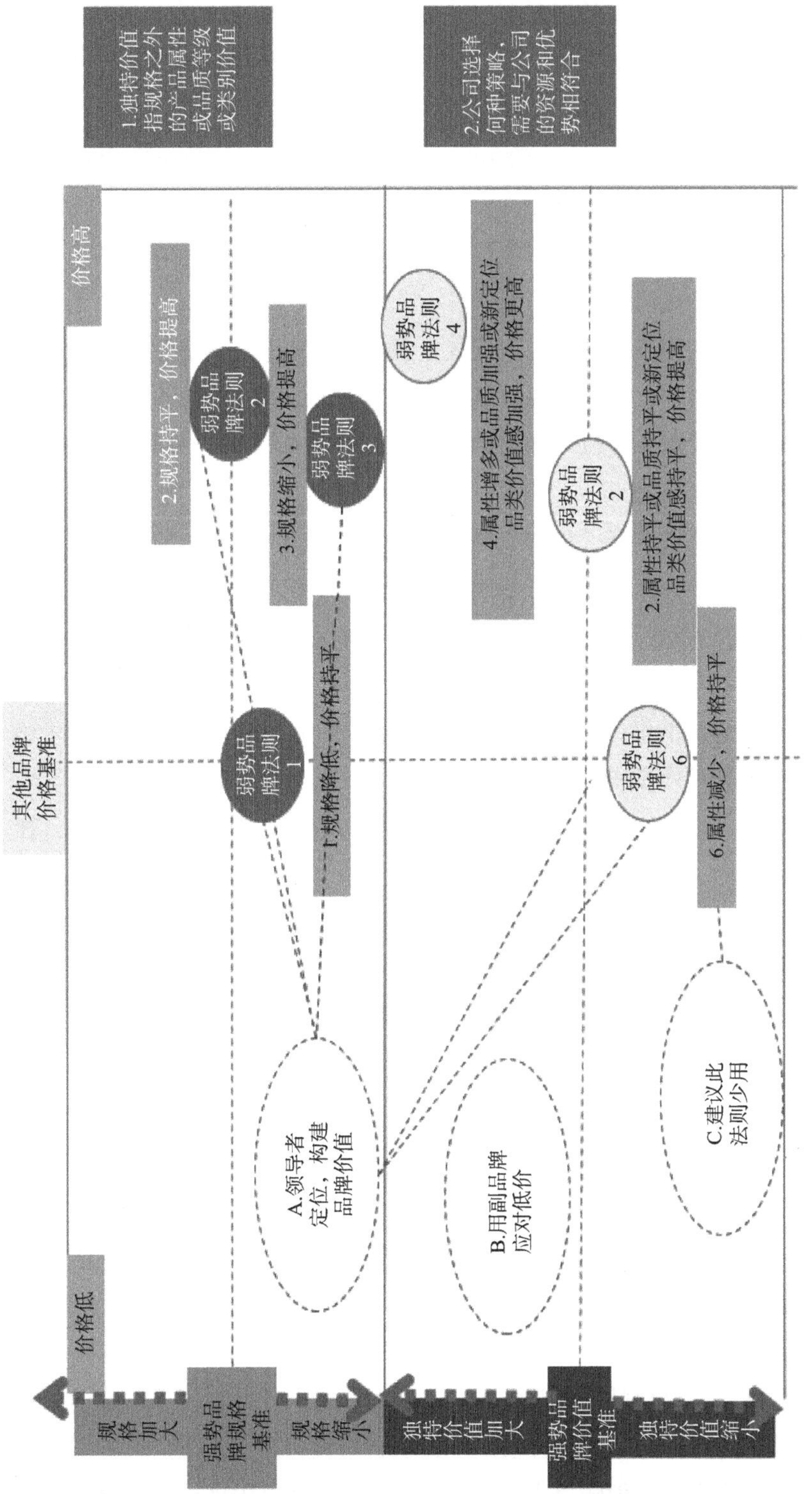

图4-5 强势品牌产品竞争定位图

还有一些新细分品类的崛起者，总是紧盯着同类品牌产品，却忘记自己是从原来的大品类里去切分市场的，其实面临的竞争形势更重要，尤其是市场领导者，导致选取的竞争者范围比较狭窄。

也有一些公司忽视了来自不同的产品形式的威胁，导致企业出现危机甚至倒闭。

如果柯达认识到自己做的不仅仅是胶卷业务，而是影像留存业务，这样数码相机的行业颠覆性威胁就非常明显了。

如果诺基亚认识到自己做的不仅仅是手机通信业务，而是消费者生活所需的所有信息沟通与留存、娱乐业务，就不至于被 iPhone 等智能手机所代替。

由于产品形式竞争，数码相机取代了传统的胶卷业务，柯达倒下了，佳能、索尼起来了。

同样，智能手机取代了手表、数码相机、传统手机、随身听等产品的市场，苹果、华为、小米等起来了，诺基亚、爱立信、摩托罗拉出局了。

做洗衣粉的，除了调查洗衣粉市场，要更加关注来自洗衣液产品及洗衣机市场的攻击。

做方便面的，不仅仅是调查速食面条，还要应对速食粉丝、速食米饭、挂面，现在还要应对外卖产品等行业。

做米醋的，除了调查米醋市场，同样要去调研陈醋、香醋、白醋、独流老醋、保宁醋市场，还要关注复合调味汁市场。

做传统酱油的，除了调查酱油市场，还要调查生抽、老抽、味极鲜市场，还要关注复合调味汁市场。

做果醋饮料的，要调查同类果醋饮料市场，也要调查饮料市场。想一想，怎样让自己的果醋具备饮料的特性，去抢夺更大的市场。

做定量包装牛肉干的，除了调查牛肉干市场，同样要去调查猪肉干、鱼肉干市场，甚至还要去调查一下散装的牛肉干、猪肉干市场，还要去看一下绝味鸭脖、周黑鸭等速休闲卤制食品市场。

做葵花子油的不仅仅要调查同类葵花子油市场，还要去调查花生油、大豆油、玉米油、橄榄油等市场。

（4）一般竞争。所有为争取相同顾客的钱展开竞争的公司。汽车公司可以与旅游、耐用品、易耗品等展开竞争。

当竞争视角打开后，产品开发的视野也自然被打开了。

康师傅认为自己是做味道市场的，所以不仅仅对标同行业的其余品牌口味，作为领导者，其调查的范围还包含全国各地的经典菜系，用于方便面口味的研发。

我在运作复合调味料时，认为不仅仅是做酱料，而是做消费者自行方便地在家烹饪菜肴的市场，因此不仅仅调查复合调味料，同样调查各种调味品市场，还要调查餐饮饭店同类菜品的味道，以饭店的主打菜来对标开发。分析如何运用复合调味料切分整个调味品市场，将品牌定位于家庭烹饪专家。

很多人不理解，我在调研市场时，怎么把整个市场都调研遍了，不管什么档次、品类的产品都买来做分析。其实，分析的是整个市场的同类目标消费者的购买选择，扩大竞争范围，防止患营销近视症，让自己开发产品时可以找到更多对应的、有竞争力的产品属性。

3. 设定竖轴

将标杆竞争品牌的规格列为竖轴，上方为大规格，下方为小规格，可以添加刻度。

我们把规格单独列出来，因为规格是最基本的属性价值因素，与价格的量化联系最紧密，简单一计算，就知道价值的大与小。

我们假设品牌力相等、其他属性相等，A 产品 400g，标签价格 10 元，B 产品 500g，标签价格 11 元。价值大小换算，将 A 换算成 500g 的价格，$10/400\times500=12.5$ 元，大于 B 的标签价格 11 元，因此，A 的价值大于 B 的价值。

特别注意：我们在分析规格时，指的是在基准线以上 20% 以内（最高 30% 以内）的变化选择，而不是倍增，规格倍增的产品进入了不同的产品线。比如 500g，可以是 400～600g；如果是 700g、1000g，或者 200g、300g，那就是不同规格类别的产品。

4. 设定横轴

将标杆品牌的价格列为基准线，定位横轴，左侧为低价格，右侧为高价格，可以加上刻度。

5. 设定另一横轴

将标杆竞品产品属性的其他因素，作为一个整体，成为另一横轴。我们设定双轴来做联动分析。

产品的属性分析，规格只是其中的一个主要因素，还有其他的很多因素，将狭义、广义产品属性的部分作为一个整体，比如食品指的就是口感、香气、外观颜色、味道等基本物理属性、原料、功能、利益属性及广义产品属性。

6. 做出竞争定位图

开发产品时，按照以上方法，按照下面的法则一一列出新产品的可能方案，标注在图上进行分析，就会有至少8种（或5种）产品方向，这就是行业的竞争定位图。

三、弱势品牌的八种基本法则

弱势品牌使用哪种法则，在实际工作中，结合企业的研发实力、资金实力和具体策略来决定。

企业具备较强的研发实力，整个新产品开发机制完善，尤其是市场部与研发部的配合效率非常高，采用产品属性增强的方法非常有效。这种策略具备长期有效效应，被模仿性的难度较高。

企业的研发实力比较薄弱，或者仅仅是策略性的进攻产品或防御，不需要投入过多的精力，规格增大与价格降低就是常用的手段。这种策略的短期效果非常明显，但容易被模仿和反击。

实际上，中小企业在运用8大法则的过程中，由于企业确实存在研发、生产的差距，经常存在的问题就是产品的物理属性（产品的颜色、口味、香气、口感、质感等方面）与领先品牌必然存在差距。如果不想单纯降价或加大规格，在考虑属性因素时，就需要加强其他属性因素，可选的方法有增加独特原料、含量、营养成分。

1. 其他属性不变、规格加大、价格持平

规格加大、价格持平，是很多小品牌常用的切分大品牌市场的手法，非常有效。有人说，规格加大，价格也加大，不可以吗？有一个基本规律，能让消费者在做出购买决策时，能简单地做出价值判断的策略为最佳策略选择。因此，当规格也大、价格也高时，绝大多数人很难立刻做出谁价值高、谁价值低的判断。

如果公司处于以下情形：公司的产品研发是劣势、产品是不太重要的策略性进攻产品、没有广告支持、没有推广支持或某些渠道（传统的个人独立小零售店）无法有效地进行特价促销等，就可以立刻拿来应用这个策略，简单、粗暴、直接、有效。

这种策略选择定位于标杆品牌同等地位，以价格持平标杆竞品，既不降低品牌的档次，又能增加价值感，还可以随时变化赠量的大小，甚至取消。

表现手法为：赠量×××，或赠量×%。

2. 其他属性不变、规格持平、价格降低

这是很多采用模仿策略的品牌经常使用的方法，直接低价攻击领导者，甚至产品的基本属性有些许的差异也没关系，总有喜欢低价格的顾客。无论如何，总能有些市场份额，至于对这个市场份额的大小是否满意，与企业的目标制定有关系。

价格差距越大，可能切分的市场份额就越大一些。

使用此策略，需要避免的陷阱是：如果品牌力差距太大，价格的幅度（标签价格及促销价格）差距不大，就会造成低不成高不就。那么，基本上判断策略失败。

如果品牌力差距不大，还不如选择法则 7 或法则 8，辅以高价高促策略比较有效。

3. 其他属性不变、规格降低、价格降低

法则 2 与法则 3，这两种策略选择低于标杆品牌的中低端定位，吸引对价格比较敏感的群体，切分的是标杆品牌的中低端群体。

4. 规格不变、其他属性提高或革新属性、价格提高

法则 4 和法则 5 的区别在于零售价格制定的不同，其他做法基本雷同，在法则 5 部分统一介绍。

5. 规格不变、其他属性提高或革新属性、价格持平

其他属性包括增加新的原料、功能、物理特性、额外的利益，主要是附加产品属性部分，或者被遗忘的核心期望属性做出突破。突破到一定程度，干脆建立一个与众不同的新属性定位。比如酱油的基本属性是酱香、上色、提鲜。海天用基本的颜色、香气区分出生抽、老抽两个核心品类。海天、李锦记、加加等最初都是在基本属性上做文章，没有太大的区别。直到欣和、味事达在基本期望属性“鲜”上做出突破，干脆建立了“味极鲜”这个全新以“鲜”为核心的类别。

今麦郎凉白开在水的工艺上做出革新，建立熟开水的类别。

法则 4 和法则 5，这两类法则是采用价值定位、新品类定位、差异化定位的典范。价格持平还是提高，取决于提供的产品额外价值和与品牌力之间的差距比较。

差距大，可以配合高价高促策略，加大促销力度，进一步拉小品牌力的差距，尤其是在新产品引入阶段，更可以借助促销力来增大产品的价值感。

法则 4 或法则 5，是很多具备较强研发能力的品牌所钟爱的方法。很多一线

品牌，也并非在每个品类或细分市场都是第一，很多时候是第二、第三甚至更落后的品牌排名。这些品牌往往品牌力相差无几，用此方法进攻，往往会奏效。比如可口可乐进入茶饮料，品牌地位低于康师傅；进入功能性饮料，品牌地位低于达能的脉动；等等。

在很多行业，产品属性增加或改变都是最常用也是最核心的方法。

产品属性的增加往往取决于独特的添加原料、产地、含量、天然性、加工工艺、独特功能、营养成分等方面。

可口可乐的美汁源果粒橙：加州阳光鲜橙、完整果肉粒，对比其他品牌的无属性橙汁。

可口可乐的原叶绿茶：原叶对比康师傅的无属性茶叶。

六个核桃：容易让人认为产品内加入了6个核桃，对比露露的核桃乳。

王老吉：去火的饮料，对比其余品牌没有这个属性。

黄金酒：五种粮食，对比其余品牌的粮食种类少。

小罐茶：聘请行业制茶大师，对比其余品牌的普通技师。

红牛："累了、困了喝红牛"，加能量，对比普通饮料。

娃哈哈营养快线：奶加水果，对比其他类别饮料。

白象大骨面：大骨汤，对比普通汤。

雅客V9：维生素糖果，对比纯糖果。

以下是各行业的演变图，大家可以更清晰地看出法则4或法则5的普遍应用，如图4－6、图4－7所示。

6. 规格不变、其他属性降低、价格大幅降低

此策略与法则2及法则3一样，都属于低价策略，尤其是当存在目标群体只需要核心属性，对于很多标杆竞品的多余花哨属性不需要而对低价格要求很高时，法则6将有很大竞争力。

注意：此策略是价格大幅降低，而不是微幅降低，这是有区别的。很多中小企业在属性的种类上可能好追赶，比如可以采用多增加原料、辅料等，但在产品的期望属性上，比如产品的色、香、味、口感等，由于企业研发、技术、生产方面的差距，却很难追赶。如果属性种类持平、期望产品属性差距较大，那么就必须大幅降低价格，这样才有成功的可能。

有很多企业在成功地运用这一法则，有些行业的领导品牌产品品质极高，定价也极高，比如红牛，作为功能性饮料的领导者，价格制定极高。乐虎采用了大幅降低主要成分牛磺酸等的含量，价格也大幅下降的方式，销量很不错，其母公

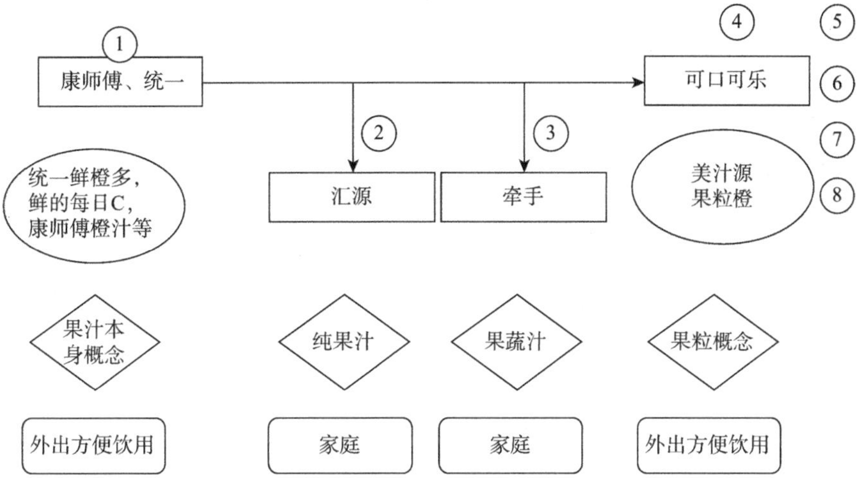

果汁的市场的诉求（细分点），初期进入市场，以水果饮料加上好的口感从水、茶、可乐碳酸饮料市场自然分割出市场。随后细分出纯类果汁（价值感）、果蔬果汁（营养）类型，定位于家庭市场（随时补充水果营养及好喝），但方便饮用的市场并未受大的影响，直至可口可乐推出美汁源果粒饮料（针对果汁饮料果汁含量低及不宜被消费者感知的缺点），诉求产品的果粒质感同时，价格定位稍高，但当年仍然在果汁饮料，稳获半壁江山

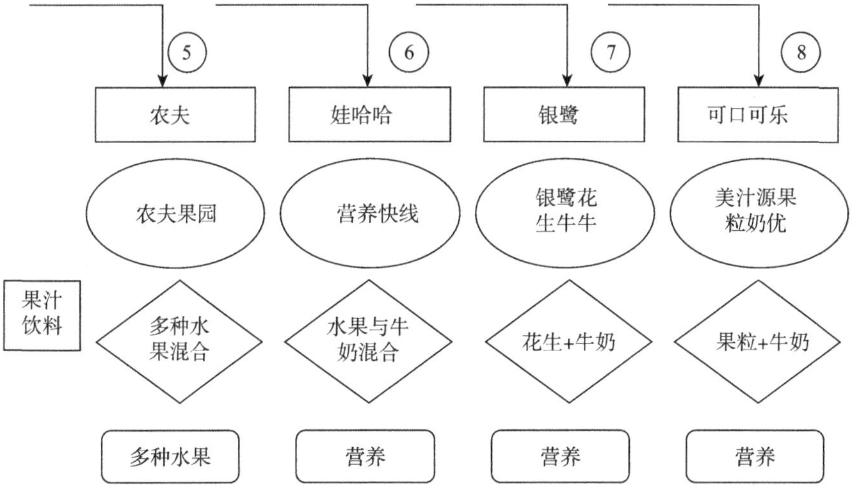

农夫以多种水果混合，但并未引消费者的追随。诉求并未针对消费者根本的利益需求点

娃哈哈以果汁加牛奶的补充营养概念，成功切分了试产一

银鹭以花生牛奶的小细分固守

美汁源以果粒加牛奶来切分娃哈哈的营养快线，尽管将取得胜利。产品属性优势+美味+营养（已经成为水果牛奶饮料的基本属性）

图4－6　果汁市场演变图

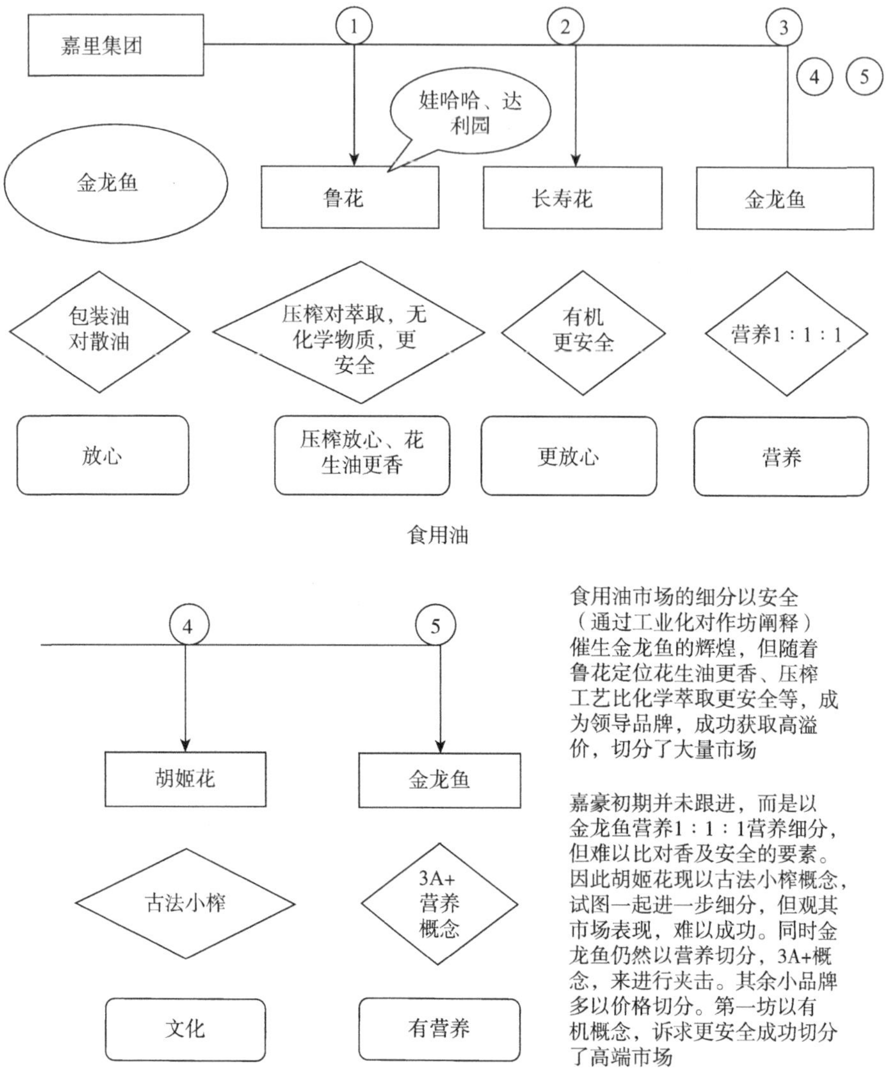

图 4－7　食用油市场演变图

司达利园旗下很多产品主要就是采用这种方式，紧贴一线品牌，销售规模和盈利额都很高。

如果两个品牌的品牌力差不多，又不想在其他属性上做文章（或者只是一个策略性的攻击产品），与其选择规格不变、其他属性（原料、品质、利益、新定位品类价值感强）降低、价格微幅降低，还不如选择法则 7 或法则 8。

7. 规格持平、其他属性持平、价格提高

法则 7 与下面的法则 8 的策略类似，统一放在法则 8 部分介绍。

8. 规格降低、其他属性持平、价格持平

法则7或法则8，借助消费者认为价格高的产品一般品质也高的基础观念认识，试图增加产品力。这两种策略经常会引入力度较大的促销手段，大幅促销意味着可以给予消费者的额外价值高，试图吸引消费者购买。

由于经常采用大幅降价手段，促销后的价格其实才是真实价格，实际作用更类似于法则1或法则2。

如果认为第一品牌并没有什么独特之处或者并不强势，比如你的品牌进入了另一个地理或细分市场，面对当地的地方性领导品牌，你的产品属性高于对方，可以采用此法则。

也可能是属于虚假的错误定位、欺诈定位，实际上产品属性比不上标杆竞争产品，最后一般都会以失败结局而告终。

这8个法则的使用，关键在于如何结合实际情况使用，结合企业的资源，灵活运用，没有好坏之分。

企业在研发能力上弱势，就限制了属性类的方案，选用低价类就是唯一选择，只不过市场份额目标制定要切合实际，不要那么高，以至于让团队达不成目标。

低价类策略需要公司的生产成本低，这是必要条件。一般企业规模到了一定程度，管理成本差不多，产品同质化比较严重，整个行业的成本就会相差不大。降低成本的方法就是降低配方用量、降低高价格的原辅料使用量、降低原料等级、简化加工工艺，或者缩减毛利率，采用较短的通路层级等方法。

最忌讳的是，不根据企业的实际状况而一意孤行。在生产成本较高的企业要求大量投入低端产品，这种情况说起来好像不可能存在，但在很多企业，营销团队就是这么要求的。

我在复合调味料的上市企业工作时，企业是以出口产品为主，因为日本的标准对产品原料及生产要求非常严格，造成生产成本不可能降下来，这是客观情况。

我接手之前，整个团队要求的都是中低端产品，因为低价产品在卖货的时候好像不费事。后来我与董事长沟通，特意提出低价产品不符合公司的实际状况，策略本身是错误的，这才扭转了整个产品方向，调整为以中高端产品方向为主，低端产品作为策略性存在。

同时，为适应这一策略，提议公司加大研发的团队配置，来适应开发增加产品属性类产品这一战略。

如果选择低价类策略，并且降价幅度较大，品牌形象定位于低端，将相得益彰，很有效。

但是，如果品牌形象不是低端或想要向高端走，这种打法会对品牌形象有致命的杀伤力，比较好的做法是换用副品牌或全新独立品牌。

如果企业具备较高的研发水平，属性增加类的策略就要远远好于低价类策略。

产品属性和价格制定其实是产品定位策略的反映，能不能成功，要注意选择潜力较大的市场，可以从目标市场的整体购买水平来判断。

中国市场的区域不平衡问题太严重，根据麦肯锡的一份报告来看，经济发达的开放城市，消费结构已经是哑铃形结构（两头大、中间小），低端和偏高端两头市场份额大，中间部分小。消费者的购买力要么较强，要么很弱。对于中间定位的产品，较强购买力的消费者不会考虑，较弱购买力的消费者还是买不起。

内陆及不发达区域，还是纺锤形结构（中间大、两头小），与哑铃形结构正好相反。

北京、上海、武汉、南京、杭州等特大型城市人口基数大，则会比较均衡。

线下部分如果无法详尽数据或量化调查，那么可采用观察法：观察相近行业的表现，辅以调取部分超市数据来推断。

线上市场，消费者结构比较均衡，毕竟天猫、淘宝、京东等的人群基数极其庞大。

四、弱势品牌新产品促销曲线

这里的促销是面向终端的消费者促销。

此处的价格，并不是标签价格，而是特价价格或其他价格减免方式（赠品及其他优惠）折合之后的数值。

红线代表新产品的价格曲线，蓝线代表标杆竞品价格曲线。

价格曲线分为两种，一种是失败的，一种是成功的，如图 4－8、图 4－9 所示。

第一种是新产品具有独特的属性，但是不做消费者告知（利益宣传），只是采用特价等方式（即便配合了试用、试吃，但只宣传特价，不做利益或属性告知，故属于此范畴），那么额外属性的价值并不被消费者知晓和认可。这意味着消费者认为价格的溢价部分不存在，那么也就进入了法则 8 的范围，一旦不具备

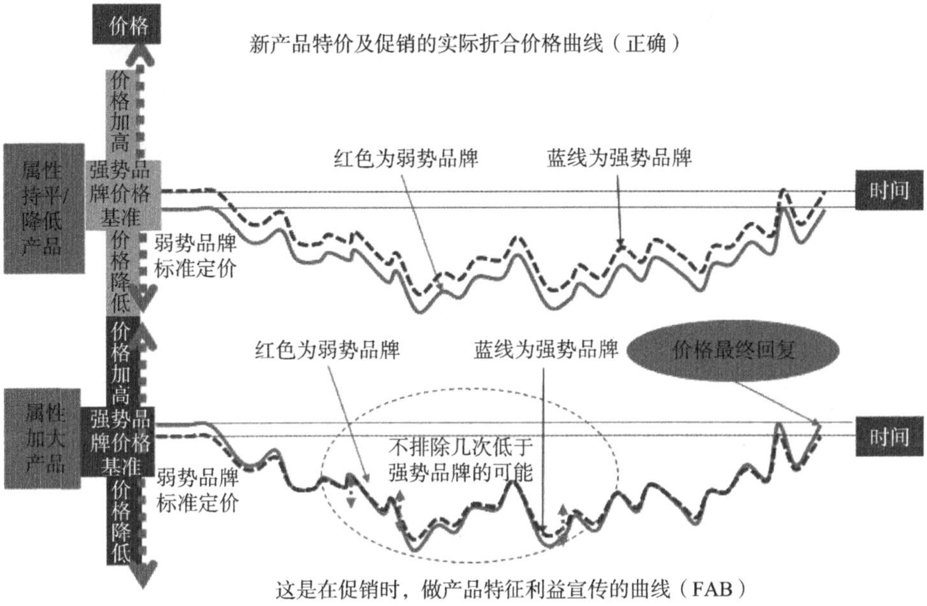

图 4－8　新产品特价及促销的实际折合价格曲线（正确）

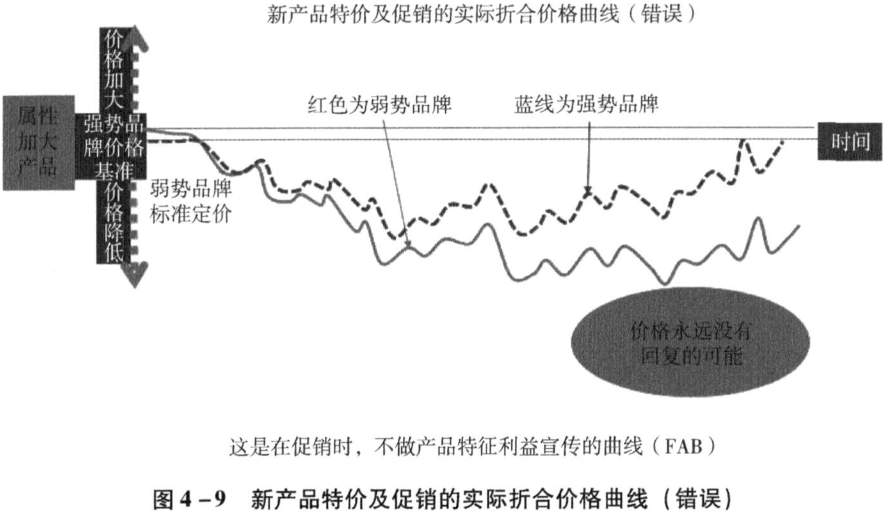

图 4－9　新产品特价及促销的实际折合价格曲线（错误）

法则 8 的使用条件，即便采用了正确的促销变化规律，由于零售价格始终上不去，造成利润较低，基本上就会失败。

第二种是配合消费者属性及利益的大量告知。促销的使用方式至关重要，一定要按照正确曲线所示意的规律来开展。

大幅促销带来的吸引力，弥补了品牌的差距；不断的产品属性和利益告知，则带来消费者的认知改变：新产品有额外的高价值。

不断变化的忽高忽低的价格，逐渐消除了消费者起初的高价格警戒和价格记忆，慢慢就会出于产品价值的购买，最终使目标消费群体认同价格较高这个事实。

值得一提的是，此处的标杆竞品价格同样也是促销后的实际价格，并非标签价格。

促销与价格结合来拉动，特价及买赠或抽奖或其他方式都可以采用。线上的操作也容易落地。

线下部分，在大中小型商超、便利店系统等运用起来可以落地。当针对系统型促销时，买赠、抽奖等人员促销方式难以大规模展开，特价因其灵活性、方便性、超市本身的易选择性等因素，是最常用的。

唯独在传统的零售店（个人小型零售店）特价难以实行，因为特价很难落地。我们说的价格，指的是终端消费者（客户）环的价格促销，并非指中间渠道商。一般采用的通路搭赠策略（比如10件搭赠1件），基本到达不了消费者手中，就被通路所截流，所以不能采用这种方式。

如果是运作区域型地方的公司，可以用针对消费者的买赠模式，有以下两种方式可以借鉴：

（1）产品、赠品塑封在一起，进行组合促销。

（2）贴贴型促销。在产品包装上加上促销贴，消费者就会知晓，大幅杜绝了渠道商的克扣。消费者在零售店兑换，公司给予补发即可。

五、强势品牌的五种基本法则

1. 其他属性持平、规格降低、价格持平

强势品牌具有很大的品牌溢价，除了自己开发独特定位的新产品外，经常会进攻同行业其他品牌的主力产品，来提高市场份额。除了下面的法则4（开发更好的产品属性，采用更高的价格），采用的方法就是法则1。

一方面，产品品质会更好一些；另一方面，经常在包装上下功夫。虽然实际规格较少，但是非常注重让产品外观看起来显得较大的设计和瓶形。

2. 其他属性持平、规格持平、价格提高

这也是常用的方法，明明白白地告诉顾客，我就是大品牌，卖的就要贵一些。

3. 其他属性持平、规格降低、价格提高

此法则运用得较少，除非认为竞争品牌与自己差距非常大，对品牌力极其自信，产品品质绝对超一流，或为了树立品牌独特的形象而采用。

4. 规格持平、其他属性提高、价格提高

法则 4 是领导品牌最常用的方法，等到其他品牌的产品销量证明有潜力时，领导品牌因为具备强大的产品开发能力，在属性上增加一些，成本可能提高或不变，就可以获取更高的溢价，带给品牌力更大的增加。比如可口可乐、康师傅、娃哈哈等常采用此法则。

5. 规格持平、属性减少、价格持平（更高）

同法则 3 一样，除非品牌极其强势，否则不建议使用，因为对品牌力的杀伤性较大。当然，如果面对的是顶级目标消费群体，品牌是一种炫耀，也就无所谓了。

六、产品价值比较方法

下面我们来分析一下消费者对两个产品的价值比对。

品牌 A，品牌力稍弱，估算 6 分，应用法则 4 来开发产品，产品力设定为原料里添加 2 种昂贵原料，有效成分提高 10%，估算 10 分，产品力已经远远大于品牌 B 产品。定价大于 B 的 20 元，为 22 元，估算 7 分，如表 4－1 所示。

表 4－1　法则 4 的运用事例

<table>
<tr><td rowspan="2"></td><td colspan="4">新产品 A（本品）</td><td colspan="4">标杆竞品 B</td><td>溢价价值比较</td></tr>
<tr><td>品牌力</td><td>规格</td><td>产品力</td><td>标签价格</td><td>品牌力</td><td>规格</td><td>产品力</td><td>标签价格</td><td>A 减 B</td></tr>
<tr><td rowspan="3">法则4</td><td>小</td><td>500 g</td><td>（1）额外增加：2 种高价值原料
（2）某一有效成分上增加了 10%
（3）更高级的包装</td><td>22 元</td><td>大</td><td>500g</td><td>标准属性</td><td>20 元</td><td>持平</td></tr>
<tr><td>市场规模分析</td><td colspan="8"></td></tr>
<tr><td>利润分析</td><td colspan="8"></td></tr>
</table>

对标品牌 B，品牌力稍强，估算 8 分，产品规格 500mL，标准属性，估算 7 分，售价 20 元，估算 8 分。

消费者综合考量，A 产品得分 6 + 10 + 7 = 23 分，B 产品得分 8 + 7 + 8 = 23 分，A 与 B 价值持平。

采用法则 5，A 的价格持平也是 20 元，得分 8 分，A 得分 6 + 10 + 8 = 24 分，大于 B，则 A 的价值高，如表 4 – 2 所示。

表 4 – 2　法则 5 的运用事例

<table>
<tr><th rowspan="2"></th><th colspan="4">新产品 A（本品）</th><th colspan="4">标杆竞品 B</th><th>溢价价值比较</th></tr>
<tr><th>品牌力</th><th>规格</th><th>产品力</th><th>标签价格</th><th>品牌力</th><th>规格</th><th>产品力</th><th>标签价格</th><th>A 减 B</th></tr>
<tr><td rowspan="3">法则5</td><td>小</td><td>500 g</td><td>（1）额外增加：1 种高价值原料
（2）某一有效成分上增加了 10%
（3）更高级的包装</td><td>22 元</td><td>大</td><td>500g</td><td>标准属性</td><td>20 元</td><td>略高</td></tr>
<tr><td>市场规模分析</td><td colspan="8"></td></tr>
<tr><td>利润分析</td><td colspan="8"></td></tr>
</table>

A 品牌定价，新品即便定价再高一点，为 23 元，估算分值再低一些，价格得分为 6 分，为 6 + 10 + 7 = 23，小于 B 产品，但只要按照促销曲线，在促销时将价格下降幅度大一些就可弥补。

我们是为了分析而设定分数，消费者未必会量化为数值，但会估算价值大小。比如会这样比较：A 比 B 差，但产品放了 × × ×，很好，价格贵 2 元多，综合起来差不多。如果有促销，现在 A 特价 19 元，比 B 还实惠，A 比 B 划算，买 A。

七、确定价格或规格幅度

产品价值 – 价格确定法则，只是提供了策略上的选定。有一个基本原则：品牌力的差距越大，需要做出的产品力的增项就越高、越多，或者价格的差距就越大；品牌力差距越小，产品力增项就越小、越少，或者价格差距就越小。

如何决定规格及价格幅度的大小，可以通过做详尽的 A&U 调研，事先尽可能地科学定价，减少误差，后期操作简便。这种方法对大企业合适。

也可以凭借经验判断，有些误差或误差较大都没关系，通过辅以控制促销的价格幅度大小来控制。这种方法对中小型企业合适。促销使用起来是比较灵活的，可以通过促销随时调整价格的变化幅度。

经验估算太乐观，价格差距留大了，促销幅度就加大；估算太悲观，价格差距留小了，促销力度就小。

制定具体数值的价格、规格或其他属性，需要配合成本等因素，这部分内容将在第八章成本与价格制定中讲述。

八、七步绘制定位战略态势图

任何法则、方法，都需要落到实处才具有实操性。将法则使用与市场竞争作战结合起来，才能确保法则对公司的市场操作起到真正的作用。

运用竞争定位图，可以穷尽新产品的可能性方案，来绘制定位战略态势图，选择最适合企业的方案。

在这一步，将竞争因素结合进来。

1. 考虑目标消费群体因素

将目标消费群体的分级，列到最左侧；将各品牌产品，放入相应的位置。

2. 考虑竞争因素

将选定的竞品标杆的产品，分别列入左侧，描述产品的规格、价格、产品属性、市场份额。

3. 形成定位战略态势图

针对每一种产品，运用竞争定位图，考虑弱势品牌的 8 个法则，穷尽新产品的可能性方案，填入右侧，同样要描述产品的规格、价格、产品属性。将每一个法则都考虑一遍，进行分析，做出可行性策略。

某品牌 A，二线区域型品牌，在消费者心目中，接受度可以。竞品 B，全国性一线领导品牌。

B 的核心产品甲，占据 60% 市场份额，为添加防腐剂、鲜味剂的产品。期望产品属性（色、香、味）极强，难以超越。1.5L 规格，售价 23.9 元，如图 4 - 10 所示。

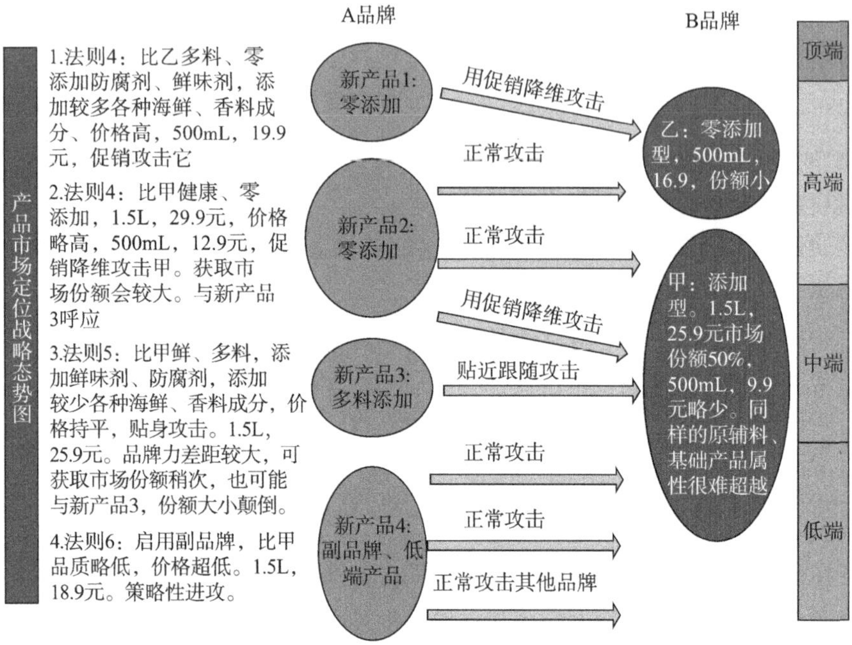

图 4－10　产品市场定位战略态势图

4. 倒推成本

在第八章成本与价格制定部分，提供具体的操作步骤和工具。

5. 开会沟通

召集研发部、市场部、销售部等主要部门沟通方向可行性，销售部负责进攻的难易度（进攻环），研发部负责产品的难易度（研发能力、成本环）。

6. 进入产品开发程序

保留成功性高的方案，作为开发方向。

7. 考虑开发顺序

利用本章的法则，有很多新产品方向可以选择，根据其研发难易度、战略的隐蔽性，选择开发时间和顺序。

属性较少、开发难度小，如图 4－10 中的法则 6 的新产品 4，可以快速上市，整体操作简单。

属性越多，研发可能越困难，如图 4－10 中对应的法则 4、法则 5 的产品，并且上市推广就要越成体系，需要的技能也越多，涉及提前培训团队、打造体系等，顺序上可以往后延。

九、法则用途

产品价值 - 价格分析，给新产品提供了定位上的分析方便，简化了决策，可以让新产品开发者逻辑化地进行新产品的定位选择。

大企业一般会配合详尽的消费者 A&U 调查及分析，尽可能地量化，减少分析的风险和误差。

中小企业一般不具备相应的资源和人才，无法做到大企业能做的那些。其实，本章提供的这个方法更具战略价值的是分析思路，而不仅仅是最后的结果。运用这些法则和方法就可以让经验的估算和判断，代替精确的数据，至少大大缩小了非逻辑分析的范围。

更关键的是，这种分析方法可以吸纳更多的人来群策群力，集合所有人的经验来做出误差较小的判断。

通过这个分析至少可以给出 8 种结果，这 8 种结果在策略上都可行，并且在产品价值上容易被消费者简单明确地感知出来。

下一步，就是对每种策略适合的目标消费群体进行分析，估算每种策略下的市场规模大小及可进入性和获得性，结合成本分析估算利润。

第二篇

产品开发实操六步

前面讲过开发产品属性的十三项工作，这十三项工作涵盖了产品属性开发的实际工作，我分成六大步骤，每一章对应一个步骤。

我们从这六大步骤，逐一来讲述实际的落地操作。

打造市场部，要先从推广部分（常规促销支持、活动支持、人员销售支持）打造，给销售团队提供强有力的行销服务支持，让一线作战有强大的动力。

然后，着重培养产品开发人员，与研发对接，开发新产品。

在本篇，我们将以真实的人员工作来模拟整个开发过程。开发产品人员小王，是个毕业一年的新员工。

第五章
第一步：市场调查及分析

任何新产品的成功导入，第一步就是调研市场，获取市场的基本信息和数据。没有调查支持的新产品是有风险的，因此，只要有条件做市场调查，就必须进行。

本章着重讲述几个既简单又能落地的调查方法，并详细说明步骤。

一、基本市场调查及分析

1. 为什么做市场调查

为什么要使用市场调查，如图 5－1 所示。

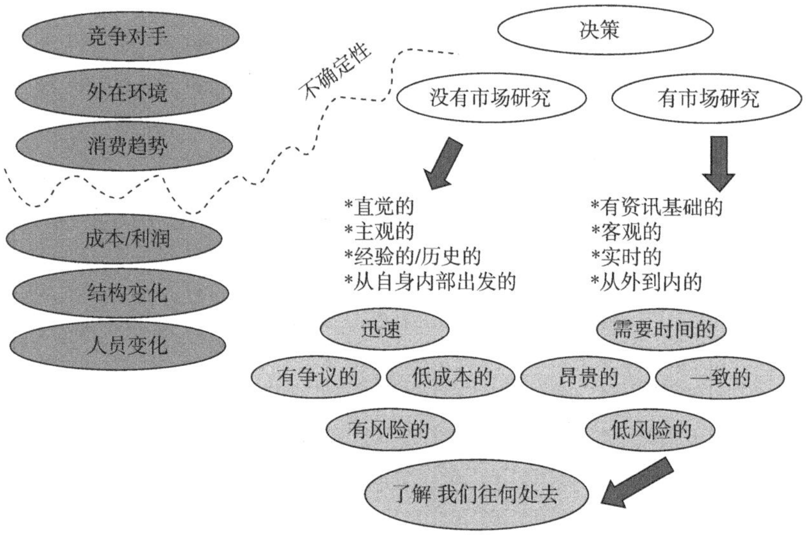

图 5－1　为什么要使用市场调查

市场的环境存在太多的变化和不确定性，还要受限于企业的资源限制，如果不进行市场调查研究，仅凭工作人员的直觉和经验，虽然可以快速和低成本地做出判断，但风险太大。

市场调查可以给我们提供一些科学的分析和判断，虽然耗费时间和精力，但会大大降低风险。

2. 市场调查的方法概念

营销调研（Marketing Research），对那些可用来解决特定营销问题的信息所进行的设计、收集、分析和报告的过程。实际上，它就是资料收集，是一种经过严密的规划、有系统的方法去收集资料的工作。

按调查的基本方法分为两类：一手信息（实地调查法）和二手信息（文案调查法）。

实地调查法：通过实地的调查取得初级/一手资料，为解决特定问题而进行专案取得。

文案调查法：通过现有的次级/二手资料，为其他目的而非为解决当前问题，所收集现存的资料或数据。

也可分为定性调查和定量调查，如图 5－2 所示。

	定性调查	定量调查
· 研究内容	· 动机、态度、决定过程	事实、意见、行为
· 支持体	· 口头表达的信息	数字、尺度
· 调查方式	· 深访、座谈会、观察	入户面访、街坊、电话、信函
· 分析方法	· 心理分析，经验/灵感	统计分析
· 深广度	· 深度探测	广度探测，多方面和表面

图 5－2　定性调查与定量调查

定性研究与定量研究的优点和不足，如图 5－3 所示。

· 定性研究的优点：
- 深层次、多角度、多种方式（如投射技术等）获得信息，而且受时间的限制较少
- 客户可以根据研究的进展，适当调整研究的重点
- 项目的总费用相对较低，时间较短

· 定性研究的不足：
- 不具有以样本推断总体特性，不能统计分析
- 提供描述性的资料，而非“硬性”的数据

· 定性研究的优点：
- 研究可以推断这个市场总体的情况
- 可以做大量的统计分析，找出主要因素
- 提供有意义的跟踪数据比较

· 定性研究的不足：
- 项目的总费用相对较高，时间较长
- 研究过程中内容不可更换
- 相对可控性差

图 5－3　定性研究与定量研究的优点和不足

企业所进行的调查有很多种，主要有：使用习惯与态度（A&U）、行业调查、产品概念测试、产品测试、产品组合分析、品牌（产品）名称研究、包装研究、价格研究、消费者追踪等，如图 5－4 所示。

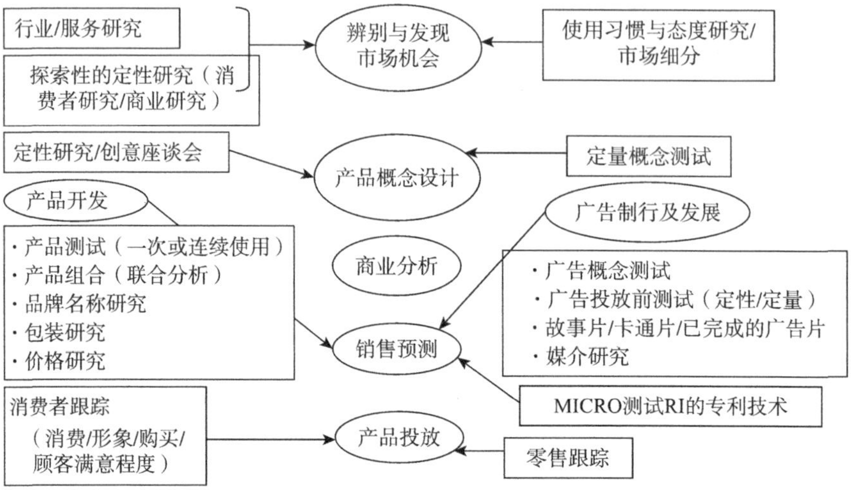

图 5－4　企业市场调查类型

新产品经常做产品属性测试，主要目的是：衡量产品的被接受程度；与竞品比较，消费者是否偏好新产品；找出最能吸引顾客的特性组合；新产品的必须改良点；分析产品的强弱点，帮助制定宣传策略；产品与定位的符合程度。

我们可以看到，测试内容包括以下几点：

（1）口味测试。

（2）命名测试。

（3）包装设计测试。

（4）包材测试。

（5）容量测试。

（6）价格测试。

（7）竞争性产品研究。

本书主要讲述企业能落地、简便易行的产品口味测试、一般行业调查、A&U调查等基本工具。

3. 市场调查的步骤

企业进行市场调查要遵循以下步骤：

（1）确定市场调查的必要性。

（2）定义要调查的问题。

（3）确立调查目标。

（4）确定调查设计方案。

（5）确定信息的类型和来源。

（6）确定收集资料的方法。

（7）问卷设计。

（8）确定抽样方法及样本容量。

（9）收集资料。

（10）统计、资料分析。

（11）撰写最终调查报告。

大型公司可以招收专业人才或购买专业调研公司数据，但中小型企业很难，这里介绍几个简单、实效的方法。

开始市场部的产品开发工作，公司现有的基础资料是很少的，怎么办？

带团队、指导团队的第一要义就是，切记不要强灌，很多的工具、图表，切记生硬地抛给团队使用，要引导他们做出来，在这里会通篇贯彻这个思路。

我：“小王，我们现在需要开始开发新产品、改进现有产品，你以前接触的少，但我想问问你想先从哪里开始？”

小王：“张总，产品开发需要研发部去解决，我紧盯他们就可以了吧？”

我：“好啊，你先去与研发团队对接一下吧，了解一下怎么开展工作。”

小王去做对接，很快就回来找我了。

小王：“张总，我去研发部对接了，我认为研发部有很大问题。”

我：“怎么了？我已经对接一年了都没发现问题，说来我听听。”

小王：“研发部讲了一大通产品开发的技术问题，他们要怎么去加强现有产品，从哪些技术角度来进行，想采用什么工艺来做。”

我：“没太大问题啊，研发专业就是做这个的，不与你谈这个，他们谈什么？你觉得问题出在哪里？”

小王：“可我怎么觉得这些并不能给我们带来市场上的竞争力。按照他们说的，我怎么感觉不出就一定能赢过竞争对手呢？”

（所以，市场部的产品开发人员，一定要具备最基础的作战理念：你去与别人战斗，自始至终都要想着如何才能胜出竞争品牌。）

我：“那你觉得怎么才能让他们开发出胜过竞争对手的产品呢？这应该是谁的责任呢？”

小王：“研发部不会去市场上调查吗？他们只要去看就可以啊？”

我：“研发部只是会应用专业技术去开发产品，专业上都是高手，天天在研发室里工作。”

虽然研发人员也确实必须了解你提到的这些，平常也要走市场了解情况（研发人员的市场思维也很重要），但他们确实很难有太多时间去市场，更别说去做你说的这些工作。

除了没有时间外，这些工作也要有很专业的能力才可以，研发部不具备这些专业能力，他们做这些既不专业又浪费时间。因此，从分工角度看，这不是他们的职责，他们也做不好。

你认为哪个部门是天天在市场上呢？

小王：“只能是我们来告诉他们这些信息。”

我：“对。市场部就是企业内接触市场、分析市场、去了解前面所提到问题的部门。你的那些困惑也正是研发部的困惑，他们不好直接来问你，怕引起部门矛盾和让你难堪。要是换了别人去，恐怕早就不会这么温柔了。

我让你去，我特意提前交代研发部的同事，只与你讨论他们专业部分的事，就是让你感触市场部要具备产品开发的最重要职责，那就是提供给研发部确切的信息，确保开发出的产品在上市前就已经能成功。”

小王：“这次深有体会，那我们怎么开始呢？”

我：“你觉得应该怎么进行呢？”

小王：“既然要胜过竞争品牌，就必须先了解他们，我先去市场做调查吧。”

我：“对，你需要先去调查一下市场，并且从中感受每个品牌对消费者需求的关心和做法。你知晓先调查了解哪些部分吗？”

小王：“不太了解，我虽然学过什么是产品，但是不知道怎么具体下手。”

我：“那就分两个步骤开始吧。第一步，先做市场的一般调查，获取基本信息，包括包装上的信息和广宣物上的信息；第二步，获取产品本身的实体信息，这需要专业的比对测试。这两步是最基本也是最重要的，做起来并不难，但价值最大。”

小王兴致勃勃地开始做基本的市场调查。一开始带着笔记本，将调查结果都记到笔记本上。但很快他就发现，一到超市，站时间长了，就会被超市人员驱逐，很受打击。

小王：“张总，怎么超市总赶人呢？”

我：“超市可能怀疑你是竞争对手的市场调查人员吧，他们很警觉的。”

小王：“我明明不是啊。”

我：“碰到困难，要自己想办法去克服，没有人天生就会。不要一碰到问题就被打倒，自己想想办法。”

小王及整个市场部一顿鸡飞狗跳，好不忙活。

市场人员经常去调查市场，如果这一关攻克不了，会出大问题。实际上，第一次做市场调查，购买样品的方法更合适，但是，并不是所有的竞争品牌的产品都要购买，有些信息也无法去购买，所以还是要让他们去体会、自己去开发方法，去学会如何做市场调查。

后来，我针对如何调查市场，做了培训，团队才深有感悟。这些方法都是我20多年的实战总结，大家可以尝试采用。当然，还有很多方法，要在实践中不断去勇于摸索才可以体会。

4. 如何进行市场调查

调查的方法一般有一手信息和二手信息。

一手信息是自己通过直接进行的调研或测试获得的信息；二手信息是通过资料、文献、消费者调查报告、档案、其他人等获得的信息。

一手信息的优点是直接、真实、信息复杂、量大，缺点是耗时耗力、样本数低；二手信息的优点是快，缺点是准确性低、不保证，复杂信息很难获得。

一般是两种方式综合进行，只要通过一定方法去验真伪就可以。

去超市做市场调查，一手信息的一般常规方法是抄写、拍照、调取超市数据，或购买大数据；二手信息是通过询问业务员或理货员获得简单的信息。

比如以下方法：

（1）哪个产品卖得好，可以通过询问超市内自己厂家的卖货员即可获得，或者通过业务人员去询问采购人员获得。

（2）品牌、规格、价格、产品包装属性等信息可以通过抄写或拍照、购买样品等方式获得，但这种方式往往会被店内人员阻止。

（3）实地调查。可以推着购物车，里面放一些产品，找个没人的地方抄下来，或者采用录入手机微信的方式发给自己。调研过程中，一定要注意细节，将店名、地址、竞品信息在手机中简化重点统计，并传到自己的微信中，便于后期查询。出门后，整理成标准格式，如图5－5所示。

结束后，要统一录入标准表格。

如果不购买样品，需要产品照片，推着购物车到隐蔽地方，拍照后归还即可。

（4）有些产品是做餐饮批发市场，或农贸市场，没有价格标签。一般采用以下两种方法：

①如果是市场调查，有经销商或业务员或熟悉的人，可以让他们带着去熟悉的地方直接询问，有熟人在场，老板一般都会回答。

图 5－5　微信调查事例

②如果没有相熟人员去直接调查，就要用一些技巧了。

像餐饮产品，如果问批发商的售价（卖给饭店的价格），直接说自己是哪家饭店的，老板让出来询问价格，来决定从谁家进货，聪明一点的，找个差不多的饭店，拍个门头，记下地址就可以，以防老板问的时候答不上来。这样你可以问到很多品牌的真实信息。

如果是调查批发商的毛利空间，直接带着公司产品去，或者拍下照片，记下产品类别、规格、价格，以厂家身份直接问老板加多少钱卖才会比较满意，这样就会得到比较准确的回答。

5. 市场调查工具

小王和市场部，调查了几天市场后，觉得记在笔记本上不好整理，太混乱，经常忘了一些信息，还要回头重新找。

小王："张总，我们记录的有些乱，不好区分。"

我："那怎么办？"

小王："能不能设计一个表格，让我们拿着去对照着看，这样也不会忘掉。"

我："我觉得挺好，你可以设计出来，我帮你修改一下。"

最后，设计一套基础表格。

终端调研表，如表 5－1 所示。

表 5-1　终端调研表

店铺名称：　　类型：　　区域：　　调查员：　　日期：

品类	主品牌	副品牌	品名	规格（净含量：mL、L）	包装（写“1”）						卖点、工艺点等有价值信息摘录	零售价（元/桶·瓶·袋）	备注
					普通玻璃瓶	磨砂玻璃瓶	塑料瓶	塑料桶	塑料袋	其他（注明）			

这张表用于了解产品结构，分析整个市场所有品牌基本的规格、价格分布，以及制定最终零售价。

中间部分一定要空白，而不是提前打好线，有时现场记录时，因为每个产品的信息会较长，每个人写的字大小不一样，就会写多行，会非常混乱，空白处就可以自己写完随手画上线。

填写说明：

（1）分大卖场、CVS、小型超市、小型个人零售店、餐饮通路等特通渠道单独调查。

（2）请调查具有代表性的超市：大卖场、百货超市、小型连锁超市、CVS 便利店等，各大系统都要调查，每个系统选择 3 家以上的店，防止单店铺货遗漏。

（3）小型个人零售店选择每区代表性的店 10 家以上。

（4）餐饮通路，每个市场选择至少 10 家。

（5）瓶装请分玻璃（普通、磨砂）、塑料瓶、塑料桶、其他（请注明）等分列。

（6）请提供调查点的此类产品整体陈列照片，能分辨出单品包装正面为佳。

主竞品通路价盘调查信息表，用于了解产品通路结构，即中间商的毛利需求，用于倒推成本及制定价盘所用，如表 5-2 所示。

表 5－2　主竞品通路价盘调查信息表

备注：本表是尽最大可能获取有价值信息，尤其销售额、市占率部分为主观描述

区域	品牌	副品牌	品名	规格 mL	瓶形	传统通路												直营通路（元/瓶）					
						代理商（元/瓶）			二批商（元/瓶）			零售商（元/瓶）			常规促销方式描述	销售额	市场占有情况	直营卖场进价	零售价	利润率	返利政策	销售额	市场占有情况
						进价	出价	利润率	进价	出价	利润率	进价	零售价	利润率									

1. 如果销售额和市占率没有单品的，请填写品牌数据
2. 竞品的促销常规方式一定要填写，尤其是涉及促销方法及力度

6. 信息整理

调查后得到的信息，需要按照品牌别、品类别整理，录入 EXCEL 表格，形成本竞品信息表，用于分析，如表 5－3 所示。

表 5－3　本竞品信息表

品牌	类别	品名	规格（mL）	零售价 元	等级
A 品牌	其他	A 品牌儿童有机酱油	160	28.8	0.90
A 品牌	其他	A 品牌有机醇酱油	500	54.8	0.90
A 品牌	其他	A 品牌淡然有机酱油	500	68.0	0.90
A 品牌	味极鲜	A 品牌味极鲜	380	8.9	1.20
A 品牌	味极鲜	A 品牌味极鲜	300	5.8	1.20
A 品牌	味极鲜	A 品牌味极鲜酱油	500	11.8	1.20
A 品牌	味极鲜	A 品牌味极鲜酱油	1000	14.5	1.20
A 品牌	味极鲜	A 品牌味极鲜酱油	1300	15.9	1.20
A 品牌	味极鲜	A 品牌味极鲜酱油	1800	23.5	1.20
B 品牌	老抽	B 品牌老抽王	500	6.9	0.40
B 品牌	老抽	B 品牌老抽王	800	10.9	0.40
B 品牌	老抽	B 品牌老抽王	1280	22.2	0.40
B 品牌	老抽	B 品牌老抽王	1900	21.5	0.40
B 品牌	老抽	B 品牌精选老抽	1750	17.5	0.40
B 品牌	其他	B 品牌海鲜酱油	500	11.6	0.80
B 品牌	其他	B 品牌黄豆酱油	1900	13.0	0.80
B 品牌	其他	B 品牌凉拌酱油	500	8.7	1.00
B 品牌	其他	B 品牌零添加头道酱油	480	28.8	1.00

本竞品信息表基本包含规格别、价格别两大主要信息，在确定成本、产品属性多少、零售价时需要用到。

一些关键指标，如级别分类标准等，一定要列入，这是产品属性分级的基础部分。

做完市场调查，整理完产品基本的信息表格后，小王及整个市场部都精神一振，心里有了底气，市场上所有竞争品牌的产品的规格、价格、卖点都知道了。

但小王新的问题来了。

小王："张总，有的产品价格高，有的产品价格低，有的品牌名气大，有的品牌名气小，价格制定不一样，有的品牌稍微差，但是价格定得比知名品牌还高，也没见到产品上写着什么独特的卖点，真值吗？我们自己品尝了，可大家觉得各有千秋，都挺好吃，都有各自喜欢的。"

我："你们怎么品尝的？是比对着来的吗？"

小王："是比对着来的。"

我笑了笑："比对测试，是很专业的测试，不遵循专业的程序，不同产品的味道相互干扰，你们根本测试不出准确的结果。尤其是只要某一个细节疏忽，同样的产品，可能得出与别人完全相反的结论，对吧？"

小王："是啊，我与小李就对这款产品在鲜度上的结论相反。小赵与小黄，对于那个产品的结论也相反。"

我："那你准备怎么办？有什么方法吗？这些结论相反的信息，你提供给研发部，他们怎么判断？"

小王："肯定有人是错误的，不可能同样的产品得出相反的结论。"

比对测试，必须遵循一定的专业程序来操作，其中有很多细节需要注意。

二、产品属性比对测试

产品属性的比对测试是确定狭义产品属性的物理特征及性能属性的重要工具。以食品来说，有颜色、口味（甜、咸、辣、麻）、香气、触感（硬度、弹、韧、滑）、浓稠度、油度等。

产品属性的比对测试全称为双品比对循环测试，是指选取一定基数的消费者，按照配额分布选取，先试吃一种测试产品，回答问卷（产品喜好度及属性指标等），稍作休息再试吃另一种测试产品，继续回答问卷（两种产品的偏好度对比），两种产品循环测试。测试结果只有本竞品的喜好度之比在7∶3，或者最低为6∶4才会允许通过。

测试的这些产品属性都具有可以量化的特征，可以用比对测试来比较本品和竞争产品的属性高低，以及消费者喜爱程度的高低。

1. 测试时机

对产品进行口味比对测试，一般有以下六种情形：

（1）新品上市前测试。

（2）新品量产上市后，产品力确认。

（3）老产品精进测试。

（4）主竞品的新品上市，做比对测试。

（5）销售异常产品的研究测试。

（6）既有产品的不定期测试。

我们以新产品上市前为例来做说明，其余情形都一样。

针对产品属性的单独测试，分为外部测试与内部测试，测试时一般都会提供属性量度表，用数值来打分。后面将会讲到量度表的设置。

2. 外部测试

外部测试是在某一固定场地选择一定基数的样本人群，进行喜好度的测试。很多大企业会分不同地域、不同级别城市来进行测试。

外部测试多用于比较测试，需要提供场地租赁费用并给予参加测试的人员一些礼品。

我最早进入康师傅企业供职企划部时，在产品力方面特别重视针对消费者的外部比对测试。

方法是寻找繁华街市的一个饭店，谈好场地租赁事项，借用上午的空闲时间（12 点用餐前的高峰来临前结束）。准备好测试样品和物料，特别要准备好赠送的礼物。样本一般选择 100 ~ 200 个。

人员分好组，一共三组。

一组人员去寻找合适的目标消费群体，不可以随便选择，要找精准的目标消费群体，但往往很难寻找。

一组准备试吃品，本品和对标竞品都要按照标准加工程序提前准备好（错过最佳使用时间就倒掉），将本品和竞品贴好编码。

测试时是盲测，到底哪个产品是本品，哪个产品是竞争品牌的产品，只有准备人员知晓，测试人员和被测人员完全不知道。

还有一组是经过培训的专业测试人员，拿着问卷和量度表引导被测试人员品评。

测试完成后，做出专业的测评报告并提交产品组，用于产品力分析和调整。

这就是康师傅的方便面、饮料、糕饼等产品，在开发上能如此精准地对标竞品的根本所在。

这种外部测试非常耗费时间和精力，一般是在新产品内部测试完成后，为了慎重和防止偏差而做的。

3. 内部测试

一般企业只要在内部测试方面加强，基本就成功了 80% ~ 90%，再加上经验判断就足够了。但是，大部分企业经常忽视内部测试，从而导致出现严重后果。

在研发人员开发产品的过程中，以及市场人员确定每一批次样品时都要做对标比对测试。

最忌讳的就是只品尝自己的产品，觉得好吃就可以，因为食品行业高度发达，很多食品都会觉得好吃，不比较绝对分辨不出差异。

做非比对测试，这种情况只适用于全新产品开发、没有对标竞品的情况下，比如康师傅方便面的很多新味道开发，在市面上根本没有这种口味，是根据具体的餐馆菜品开发出来的，也只能做非比对的喜好度测评。

内部测试分为研发人员开发期间的开发测试、市场部人员样品测试、大型内部测试。

根据产品使用方法的不同，又分为直接测试和应用测试两种。

直接测试是对产品本身品尝比对。如果产品单独食用，进行直接测试；即便是产品要配合其他产品食用，在开发期间也可以做直接测试。

应用测试是将产品在实际应用中，完全实景去测试，一般用于产品加入或配合别的产品食用的情况。比如酱料是炒菜时添加的，那就炒成菜品后进行测试。

我在前面提及的公司，在后期完善了市场部与研发部的样品测试的标准步骤，非常重视竞品样品，提前给研发人员提供样品，没有或用完了就立刻安排去购买，确保其开发时一定是比对品尝。

研发人员开发，直接比对着竞品，品尝酱料本身做定点超越。市场部在中间参与的时候，也是品尝酱料本身，直接进行产品属性比较。当时做炒菜酱的开发，大型内部测试必须是应用测试：炒完菜后的比对测试。

下面着重说一下大型内部测试。

大型内部测试一般是从公司内部人员中选取样本，或邀请一些外部人员来参与，样本数尽可能在100左右，实在不够，少一些也可以。

4. 完全公平原则

完全公平原则，就是本品和竞品的所有测试条件和方法是一样的。不完全公平的测试，是掩耳盗铃。

比如进行内部大型测试和封样测试，应用组提前准备好确定菜式的原配料，市场部人员在一旁严格控制，完全公平炒菜，时间、火候、用量都尽量完全一样。

也就是说，本品和竞争产品的炒菜条件必须完全一样，这一点非常重要。主辅料一起切完后，用量必须用天平来称量，包括葱花、佐料等；液体调味料用量度勺量取，两口锅必须同时炒制，同一名厨师，按照研发制定的标准工艺，炒法一致、时间一致。盛取时用一样的盘子，一样的筷子或勺子。品尝时，必须都保持一定温度再品尝。

5. 准备问卷

小王在设计问卷和量度表环节，简直是猫抓耳朵干着急。问卷和量度表确实需要专业表格。问卷调查是市场调研中最有效也是经常使用的一种定量调查方法，一直被业内人士看作是制胜的法宝。

在问卷调查中，问卷设计是非常重要的一个环节，甚至决定着市场调研的成功与否。

一份好的问卷需经过相当审慎而周密的计划，因为不当的问卷设计足以毁掉整个调研工作，浪费企业大量的时间、人力和经费。

问卷的设计必须专业，如表 5 –4 所示。

表 5 –4　产品内部口味比对测试问卷

测试日期：　　　　　　　　　　　　　　　　　　　　**编码：**

序号	姓名	部门	年龄	性别	产品	整体评价 分值越大越好！10 分最好！		外观视觉（看）				气味（闻）	味道（尝）			其他评价
						分值	原因（请一定注明）	色泽	亮度	挂壁附着性	浓稠度	香气	咸度	甜度	鲜度	
					A											
					B											
					C											
					D											
					E											
					F											

测试问卷包含所要测试的产品属性、人员特征要素和统计要素、产品名称、日期、问卷编码、基本特征、姓名、年龄、性别。

问卷编码需要提前打印。

问卷上产品整体喜好度部分必须注明“分值越大越好”，并且注明原因，这个原因是参加测试者的最直观感觉。

分项喜好度，上面需标注：动作是看，气味是闻，味道是尝。这些与现场测试主持人的程序是对应的。

属性的设定需根据每种产品的物理特性分别设定，比如颜色、油度、鲜度、咸度、甜度、酸度、辣度、酱香气、稠度、弹性、爽滑度等。

一张A4纸，打出3份问卷，分隔开使用。

6. 测试量度表

测试量度表是以量化的分值来显示，分为两种。

一种是单一量度，1～10分，分值越大越好。比如整体喜好度，10分最佳。某种属性，消费者认为越高越好，就要采用单一量度。比如鲜度、蔬菜丰富度、牛肉含量等量度。

另一种是对称量度，中间0分最好，分值越接近0分越好。对称量度，既清晰地表明消费者对某种属性的最佳程度判断，也清楚地表明测试产品的差异值。比如酸度，并不是越酸越好，有些人喜欢很酸，有些人喜欢微酸，这就要用对称量度。比如0分最佳，正值一端是非常酸，负值一端是不酸，测试后统计结果是A产品得2分，B产品得－1分，虽然2分大于－1分，但是－1分更接近于0分，B比A好，A比B酸度高出3分（分数相减之差）。

测试量度表要加上每个分值的语义描述，让参加测试的人员能根据自己的判断，清楚地对每种产品属性打分。

至于使用哪种量度，根据消费者的认知来决定。

如果不好界定，就使用对称量度，既可以测试出两个产品的鲜度喜好，也可以得出鲜度的差异值，只需要在统计时注意分值的代表意义。

测试量度表和测试问卷一起，参加测试的人员人手一份，对照填写问卷。

一款调味料的产品测试量度表，如表5－5所示。

一款牛肉酱的产品测试量度表，如图5－6所示。

7. 测试程序说明

测试，要去掉任何利用记忆、猜测的动作，以科学的控制摒除人为主观因素的影响。

（1）测试前，请准备好问卷、笔、一次性水杯、水及测试样品所用的相关用具，比如品尝碟、小勺等。请不要在现场放置能看出品牌的物品。

（2）测试每一个产品时，请将不同品牌的产品进行编号，贴在测试容器的显眼处。品牌与编号对应只有测试主持人知晓，建立好编号对照表。

竞品请选择相同或相近价位、产品类别相同或相近，也就是本产品的直接竞争对手，而不是不同价位或不同产品类别。

一个产品对应一个竞品，两两或多品测试。

表 5－5　调味料的产品测试量度表

1.整体评价	10	9	8	7	6	5	4	3	2	1	0
	极好	非常好	很好	好	稍好	一般	差	稍差	很差	非常差	极差
2.颜色（偏棕红）	5	4	3	2	1	0	–1	–2	–3	–4	–5
	太深	非常深	很深	深	稍深	正好	浅	稍浅	很浅	非常浅	极浅
3.亮度	10	9	8	7	6	5	4	3	2	1	0
	极好	非常好	很好	好	稍好	一般	差	稍差	很差	非常差	极差
4.挂壁附着度	10	9	8	7	6	5	4	3	2	1	0
	极好	非常好	很好	好	稍好	一般	差	稍差	很差	非常差	极差
5.浓稠度	10	9	8	7	6	5	4	3	2	1	0
	极稠	非常稠	很稠	稠	稍稠	一般	稀	稍稀	很稀	非常稀	太稀
6.香气	5	4	3	2	1	0	–1	–2	–3	–4	–5
	太香	非常香	很香	香	稍香	正好	浅	稍浅	很浅	非常浅	不香
7.咸（甜）度	5	4	3	2	1	0	–1	–2	–3	–4	–5
	太咸（甜）	非常咸（甜）	很咸（甜）	咸（甜）	稍咸（甜）	正好	淡	稍淡	很淡	非常淡	不咸（甜）
8.鲜度	5	4	3	2	1	0	–1	–2	–3	–4	–5
	太鲜	非常鲜	很鲜	鲜	稍鲜	正好	差	稍差	很浅差	非常差	不鲜

备注：① 对称量度表以越接近0分为最佳；10分量度表分值越高约好。② 比对测试，比对完后再填写

尽量不要同时测试多个产品，最佳是 2 个产品直接比对，3 个尚可，3 个以上不建议。

编号要求次序混乱，不能被猜出。

（3）提供量度表，供被测试人对照着填写数据。

（4）如果有多个口味测试，请分别测试，测试完一个口味，再测试下一个口味，不要混测。

（5）测试动作分为三个步骤：第 1 步是“尝”，分别品尝；第 2 步是“看”，看量度表；第 3 步是“打分”，打分时，不要凭记忆，必须查看对应此项的量度表，再行打分，然后填写到相应栏内。如不确定，可再次品尝，以自身喜好做判

表5－6　牛肉酱的产品测试量度表

1.整体评价	10	9	8	7	6	5	4	3	2	1	0
	极好	非常好	很好	好	稍好	一般	差	稍差	很差	非常差	极差
2.颜色	5	4	3	2	1	0	−1	−2	−3	−4	−5
	太深	非常深	很深	深	稍深	正好	浅	稍浅	很浅	非常浅	极浅
3.油度	5	4	3	2	1	0	−1	−2	−3	−4	−5
	太油	非常油	很油	油	稍油	正好	油浅	油稍浅	油很浅	油非常浅	油极浅
4.牛肉丰富度	10	9	8	7	6	5	4	3	2	1	0
	极好	非常好	很好	好	稍好	一般	差	稍差	很差	非常差	极差
5.其他内容物丰富度	10	9	8	7	6	5	4	3	2	1	0
	极好	非常好	很好	好	稍好	一般	差	稍差	很差	非常差	极差
6.浓稠度	10	9	8	7	6	5	4	3	2	1	0
	极稠	非常稠	很稠	稠	稍稠	一般	稀	稍稀	很稀	非常稀	太稀
7.香气	5	4	3	2	1	0	−1	−2	−3	−4	−5
	太香	非常香	很香	香	稍香	正好	浅	稍浅	很浅	非常浅	不香
8.咸（甜）度	5	4	3	2	1	0	−1	−2	−3	−4	−5
	太咸（甜）	非常咸（甜）	很咸（甜）	咸（甜）	稍咸（甜）	正好	淡	稍淡	很淡	非常淡	不咸（甜）
9.牛肉味（炸酱味）	10	9	8	7	6	5	4	3	2	1	0
	太咸（甜）	非常咸（甜）	很咸（甜）	咸（甜）	稍咸（甜）	正好	淡	稍淡	很淡	非常淡	不咸（甜）
10.鲜度	5	4	3	2	1	0	−1	−2	−3	−4	−5
	太鲜	非常鲜	很鲜	鲜	稍鲜	正好	差	稍差	很浅差	非常差	不鲜
10.鲜度	5	4	3	2	1	0	−1	−2	−3	−4	−5
	太鲜	非常鲜	很鲜	鲜	稍鲜	正好	差	稍差	很浅差	非常差	不鲜
11.鲜度	5	4	3	2	1	0	−1	−2	−3	−4	−5
	太麻	非常麻	很麻	麻	稍麻	正好	差	稍差	很浅差	非常差	不麻
12.辣度	5	4	3	2	1	0	−1	−2	−3	−4	−5
	太辣	非常辣	很辣	辣	稍辣	正好	差	稍差	很浅差	非常差	不辣

备注：①对称量度表以越接近0分为最佳；10分量度表分值越高越好。②比对测试，比对完后再填写

断，不存在谁比谁更准确之说。分高了不一定好，分低了也不一定不好，你怎么认为，就怎么填写。

（6）第一项整体喜好度比对，请分别品尝后填写分值，再进行分项测试。

剩余分项比对，也是每一项比对完后，再进行下一项。

不要等品尝完后，一并填写所有测试项分值。

（7）品尝另一个产品前，请尽量喝水清空味觉。让唾液滋润过舌头，让味觉恢复原状。

（8）打分时，注意两个量度，对称量度表和非对称量度表，对称量度表0分为最好，非对称量度表，分值越高越好。本品与竞品得分可以相同。

（9）测试完成后，统计测试数据的分布情况，做改进分析。

（10）测试样本请尽量按性别、年龄、地域、部门等分布平均，不要过于集中。样本数越多越好，尽量达到100份。

（11）测试时不要处于过饱或过饥状态，不要吃刺激味觉的食品（辣、酸、甜、苦、咸等），以防味觉失常。

（12）测试问卷，要求填写项不得漏项，提交时请仔细检查，严禁相互讨论，严禁事先诱导，每个人独立完成问卷。

8. 提前制定应用标准

任何产品，尤其涉及应用型测试，必须由研发人员提前制定出本产品的应用标准，按照本品和竞品所标明的使用方法严格操作。

我所在的康师傅企业，有一套极其严格的方便面冲泡标准。后来做复合酱料产品，研发组必须提供酱料与原料的比例；做烘焙产品，必须提供加工工艺。

例：康师傅拌面的测试冲泡标准。

建议食用规格：干拌面或“食面八方”袋面。

食用方法：冲泡。

水温：100℃。

水量：水线，约600mL。

冲泡时间：细面条4min，宽面条4.5min。

泡面操作标准流程：

（1）把面饼放入滤水盒内，倒入蔬菜包中的脱水蔬菜。

（2）加入开水，盖过面饼（约600mL），盖上盒盖，并将酱包放在盒盖上预热。

（3）4（或4.5）min后将水沥干（直到出水口的水不能连成一条线时止），剩余10～15mL水。

（4）以备用剪刀将面体十字状剪开，便于面条分配。

（5）把粉包里的粉倒入，再将酱包里的调味酱挤出加入。注意：不要与粉重叠放置，并将酱料全部挤净与面条搅拌。

（6）用筷子将面条顺时针搅拌约10次，再用筷子将面条边挑起边搅拌，至面条上的酱色均匀为止。

第3～6的步骤，整个过程注意时间控制在1min以内。

在进行第二次拌面前，用开水冲洗一下滤水盒，碗内不要有残留的料包或面条等。

康师傅采用严格的比对测试操作标准，才能确保测试的科学性。否则，产品每次泡出来都会是不一样的结果。

比如在做烘焙粉产品时，就要提供烘焙粉的标准工艺，严格按照标准操作，如图5－6所示。

成品名称	抹茶蜜豆马芬蛋糕			成品规格	
样品编号	DGF06	用粉量	80g	制作日期	
工艺流程	工艺描述及参数设定				
配粉过筛 ↓					
原料混合备用 ↓	DGFF06 80 g 蛋黄 1个 牛奶 40 g 黄油 50 g 合计 171 g				
打发 ↓	将蛋黄和软化后的黄油打发				
混合 ↓	将牛奶和粉放入打发液中进行混合，然后放入少许蜜豆				
倒入蛋糕模具 ↓					
去泡 ↓	将蛋糕模具稍微震动几下，将不均匀的大气泡去除				
烘烤	温度：120℃　时间：40～50min（因烤箱不同时间温度可适当调节）				

图5－6　抹茶蜜豆马芬蛋糕工艺

9. 测试过程控制

要提前准备好所有的物料，提前订好邀请的人员，测试前再一一通知到位。否则，来的人员错过产品的最佳品尝时间，出来的结果是没有意义的。

注意：口味有严重偏好的；经常吃重油重辣食物的；有味觉障碍的；研发人员。邀请人员时，这四类人员排除在外。

涉及提前准备的物料工具，一定要提前准备好。

提前摆好道具，准备好问卷和量度表。

应用类的测试，严格安排人员按照标准制取，保持公平性，以防偏差，加工现场不允许研发人员进入，以防出于偏爱而影响操作人员。

每个测试品的编码必须确保只有编码人一人知晓。测试人员询问时回答不知道。

测试过程要设置唯一控制全场的主持人，主持人要经过严格培训，尤其是熟悉测试程序。

主持人现场统一调控步骤，对不按照测试程序进行的人员给予警告，直至取消测试资格。

测试过程中，主持人要统一步骤，一步步按照测试表的顺序，引导所有人员统一进行。

测试开始前，主持人进行规则宣导。

品尝者按照要求，在主持人的引导下进行品尝。绝不允许交互讨论，更不允许看别人的分数高低来打自己的分数。

不断提醒测试程序中的重点要求，发现错的操作，大声提醒并督促其改正。

中间不断强调动作三步骤：第 1 步是“尝”；第 2 步是“看量度表”；第 3 步是“打分”。打分时，不断强调对照量度表，分值高与低无所谓，只是个人喜好而已，分高了不一定好，分低了也不一定不好，你怎么认为就怎么填写。

设置好专门检查人员，确保按照规则进行，及时收取填好的问卷。

小王作为主持人，经过一场场严格的洗礼，就像一场小型的活动，同样要有计划、有组织、有控制地工作，同时也锻炼了管理能力。

填写的问卷实样，如表 5 - 7 所示。

表 5 - 7　× × 产品内部口味比对测试问卷

测试日期：4 月 20 日

<table>
<tr><th rowspan="2">姓名</th><th rowspan="2">部门</th><th rowspan="2">年龄</th><th rowspan="2">性别</th><th rowspan="2">产品</th><th colspan="2">整体评价（分值越大越好！10 分为最好！）</th><th colspan="4">外观视觉</th><th>气味（闻）</th><th colspan="3">味道（尝）</th><th rowspan="2">其他评价</th></tr>
<tr><th>分值</th><th>原因（请一定注明）</th><th>色泽</th><th>亮度</th><th>挂壁附着度</th><th>浓稠度</th><th>香气</th><th>咸度</th><th>甜度</th><th>鲜度</th></tr>
<tr><td rowspan="2">陈强</td><td rowspan="2">流通</td><td rowspan="2">33</td><td rowspan="2">男</td><td>A</td><td>8</td><td>更鲜一点</td><td>2</td><td>5</td><td>6</td><td>6</td><td>4</td><td>2</td><td>2</td><td>4</td><td></td></tr>
<tr><td>B</td><td>7</td><td>偏淡一点</td><td>3</td><td>6</td><td>7</td><td>6</td><td>3</td><td>2</td><td>2</td><td>3</td><td></td></tr>
</table>

10. 统　计

在统计环节，小王拿着问卷，快要哭了，问：这么多问卷，怎么统计？一个人统计岂不是需要很多天？

统计工作绝不可以一个人进行，需要团队的力量。

当每次经过一番努力，认为产品可以达到设定标准的时候，都需要进行大型内部测试，进行统计分析，得出改进方向，然后再继续研发，再测试，再统计。一个产品，经过很多轮这样的反复，时间就很重要。如果在统计环节浪费大量的时间，就会非常不合适。

统计过程要能够追溯、核查，一旦某个人统计错误，可能就会出现完全相反的结论，那么损失就大了。

小王该怎么办呢？

这需要提供一套统计过程可供后续追溯、核查的工具，如表 5 – 8 所示。

统计过程如下：

统计前，筛选出不合格问卷，不予以统计。比如填写不完全的问卷，填写的属性分值出现明显偏差的问卷，等等。

安排参加统计人员，分发问卷。

统计人员需要详细填写姓名、时间、统计的问卷编码范围，以利于后续核查。

在统计表内，画“正”字，正字是 5 笔，容易识别，也容易计算。

分值的统计可以借助电脑软件，在 EXCEL 表格中只要输入数值，就可以自动快速地计算求和值和平均值，有利于节省时间。但需要将 EXCEL 表格打印出来，附在统计表后，以备核查和存档。

认真核查统计问卷，很容易出现某个分值的失误，而出现统计的系统性错误。

有些问卷的某些打分出现偏差，只要不是明显错误，可以进行纠偏使用。

复查错误的，需要重新统计，将原统计问卷及复查后的问卷一并存档。

某产品口味测试比对表统计问卷，如表 5 – 9、表 5 – 10、表 5 – 11 所示。

11. 做出雷达图

统计工作完成之后，用雷达图清晰、准确地展现出测试品牌的产品属性。雷达图是一种可以同时展现多产品、多属性比较的可视化图表，远比表格实用。

小王兴致勃勃地拿着统计完成后的表格给我看。如表 5 – 12 所示。

表 5－8　产品内部口味比对测试统计表

统计人员：　　　　统计时间：　　　　所统计问卷编码范围：从＿＿＿＿至＿＿＿＿

产品	项目		整体评价统计	外观视觉（看）				气味（闻）	味道（尝）		
				色泽（棕红）	亮度	挂壁附着性	浓稠度	香气	咸度	甜度	鲜度
A	喜好人数	统计区									
		小计									
	分值	统计区									
		小计									
B	喜好人数	统计区									
		小计									
	分值	统计区									
E	分值										

1. 喜好人数时统计的时候，是比较得分，不是单一计喜好度，每一份问卷中，得分最高的视为赢，计数，其余的不计数，比如整体喜好度，A 得 9 分，其余品牌得分小于 9 分，那么这一份问卷的只能计到 A 品牌 1 次，其余不计。对称量度表最接近 0 分的计，如果有都得同样分数，那么，分别计一次。画正字

2. 统计分值时，将每个得分写在统计区内，累加。平均得分为所有得分加起来，除以有效问卷

表 5－9　某产品口味测试比对表（初稿）

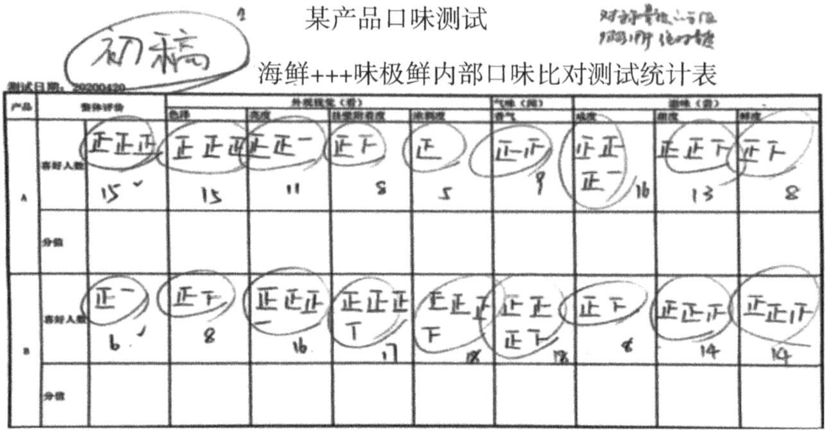

初稿

某产品口味测试

海鲜+++味极鲜内部口味比对测试统计表

测试日期：20200420

产品	整体评价		外观视觉（看）				气味（闻）	滋味（尝）		
			色泽	亮度	挂壁附着度	浓稠度	香气	咸度	甜度	鲜度
A	喜好人数	正正正 15	正正正 15	正正一 11	正下 8	正 5	正丌 9	正正正一 16	正正下 13	正下 8
	分值									
B	喜好人数	正一 6	正下 8	正正正一 16	正正正丁 17	正正正下 18	正正正下 18	正下 8	正正丌 14	正正丌 14
	分值									

表 5－10　某产品口味测试比对表（复核稿）

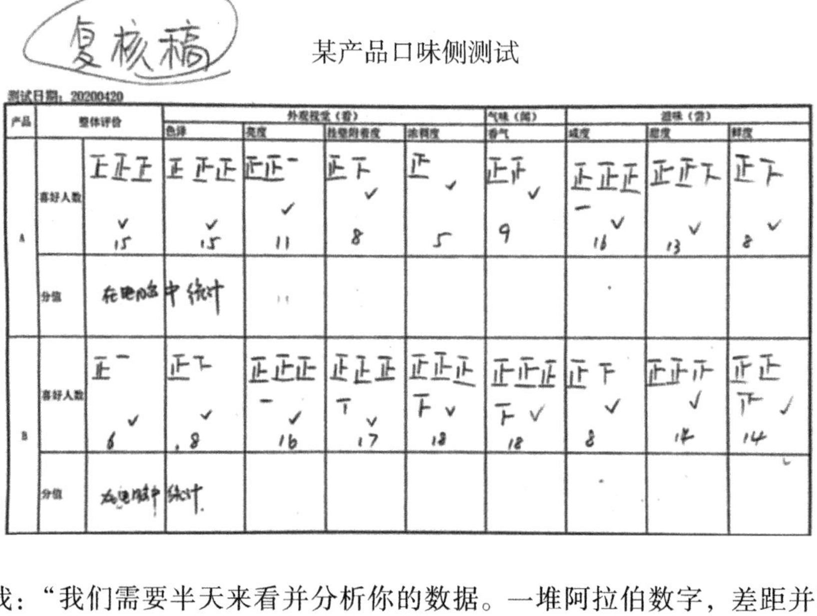

复核稿

某产品口味侧测试

测试日期：20200420

产品	整体评价		外观视觉（看）				气味（闻）	滋味（尝）		
			色泽	亮度	挂壁附着度	浓稠度	香气	咸度	甜度	鲜度
A	喜好人数	正正正 15	正正正 15	正正一 11	正下 8	正 5	正丌 9	正正正一 16	正正下 13	正下 8
	分值	在电脑中统计								
B	喜好人数	正一 6	正下 8	正正正一 16	正正正丁 17	正正正下 18	正正正下 18	正下 8	正正丌 14	正正丌 14
	分值	在电脑中统计								

我："我们需要半天来看并分析你的数据。一堆阿拉伯数字，差距并不大，很难得出结论。"

小王："那怎么办？写得很清楚啊。"

我："分析结论，是用于团队沟通的，一群人快速地查看数据去分析、判断、讨论。如果数据太多、太繁杂，看数据花费的时间很长，讨论是很难展开并进行的，一定要借助图表，用图表对照着来做测试报告，这样会更省事。"

小王："什么图表？条形图？柱形图？只能表达一个属性啊，还得一大堆图。"

表 5－11　某产品口味测试比对表（统计表）

岛鲜味极鲜产品内部口味比对测试统计表

某产品口味测试比

测试日期：20200324

产品		整体评价统计	色泽	亮度	挂壁附着性	浓稠度	香气	味道（尝）咸度	甜度	鲜度
A	喜好人数	正T 7	正 5	正T 7	正 6	正 6	正一 6	一 1	正 4	正一 6
	分值	8+9+8+8+8+8+7	4+3+2+3+3	2+7+8+5+5+7+5+7	2+8+9+9	5+5+5+6	4+1+2+3+3+2	3	1.5+3+2+3	1.5+3+4+4+2+2
B	喜好人数	一	T	T	下	正	正	正一	正	T
	分值	7	2+2	8+8	6+7+8	1+5+5+8	4+1+2+3	2+5+5+3+3+5	2+2+4+3+5	2+5
C	喜好人数									
	分值									
D	喜好人数									
	分值									
E	喜好人数									
	分值									

1、喜好人数时统计的时候，是比较得分，不是单一计喜好度，每一份问卷中，得分最高的视为赢，计数，其余的不计数，比如，整体喜好度，A得9分，其余品牌得分小于9分，

2、统计的分时，将每个得分写在统计区内，累加，平均得分为所有得分加起来，除以有效问卷数

统计时画正字，赢了划一杠，P 铅笔/橡皮。

表 5－12　完成后的统计表

	整体喜好		色泽		亮度		挂壁	
	人数	得分	人数	得分	人数	得分	人数	得分
本品牌	33	7.88	54	7.09	34	7.39	33	6.62
A 品牌	22	7.32	34	7.11	17	7.07	27	7.32
B 品牌	23	7.04	20	7	35	7.33	24	7.04
C 品牌	26	7.65	34	7.2	35	7.26	39	7.1
D 品牌	27	7.78	21	7.47	36	7.33	42	6.44

	香气		咸度		甜度		鲜度	
	人数	得分	人数	得分	人数	得分	人数	得分
本品牌	44	0.28	51	0.41	39	0.24	34	0.26
A 品牌	38	0.41	33	0.53	37	0.52	22	0.24
B 品牌	39	0.21	40	0.31	31	0.18	23	0.48
C 品牌	18	0.18	34	0.39	27	0.26	31	0.26
D 品牌	30	0.71	31	0.4	27	0.29	25	0.48

我："雷达图。"

小王："我不会用啊。"

我："来……"

第1步：将数据格式整理成表格，人数和分值单独做两个表，如表5-13、表5-14所示。

表5-13　人数表

喜好人数	整体喜好	色泽	亮度	挂壁
本品牌	16	21	31	37
A品牌	34	35	29	28
B品牌	24	43	32	17
C品牌	27	38	18	15
D品牌	24	41	26	32

表5-14　分值表

	整体得分	亮度得分	挂壁得分	鲜度得分
本品牌	7.88	7.09	7.39	6.62
A品牌	7.32	7.11	7.07	7.32
B品牌	7.04	7	7.33	7.04
C品牌	7.65	7.2	7.26	7.1
D品牌	7.78	7.47	7.33	6.44

第2步：用鼠标选中表格（全部覆盖），点击工具栏"插入"，选择插入图表，如图5-7所示。

图5-7　插入图表

第3步：选择雷达图。会看到有几种图示，选择带图标标记的，点击“确定”，如图5－8所示。

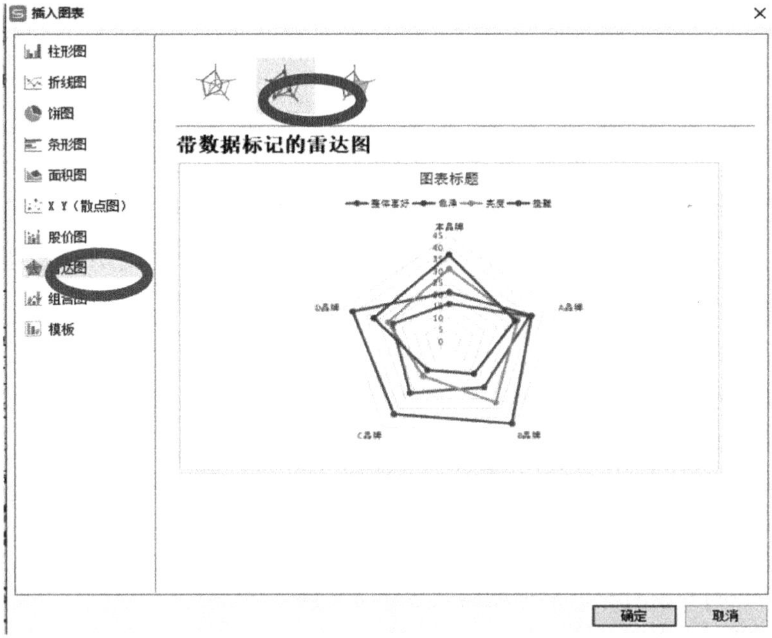

图5－8　选择带数据标记的雷达图

第4步：得到雷达图，稍微调整大小格式等美观度，如图5－9所示。

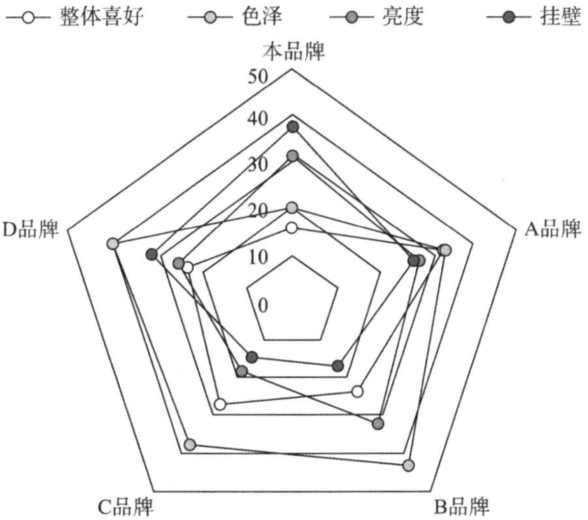

图5－9　得到雷达图

喜好人数	整体喜好	色泽	亮度	挂壁
本品牌	16	21	31	37
A 品牌	34	35	29	28
B 品牌	24	43	32	17
C 品牌	27	38	18	15
D 品牌	24	41	26	32

续图 5-9

小王："明白了，多个品牌的多个属性比较非常直观地显示出来，很容易进行分析。"

我："做完雷达图，下一步就是做测试报告。你先去把图表都做出来，再到我这里来学习做测试报告。这个就不考你了。"

小王兴奋地去做图表了。

12. 测试分析报告

测试报告是对测试结果的汇报，着重要体现以下几点：

（1）注明测试时间、参加测试人数、有效问卷数。

（2）样本数说明。

（3）测试使用标尺说明：因为看测试报告的人看不到量度表，不清楚分值代表的意义，所以需在做测试报告的时候，对每种量度分值代表的意义做一个说明。

（4）整体喜好度及最终喜好度的得分。

（5）每个品牌产品的每一项测试在每个标尺上得分的具体分布。

（6）分析本品在整体喜好及每个属性上的表现如何，是处于优势还是劣势，在哪些属性上是优势，在哪些属性上处于劣势。

（7）确定属性调整方向，哪些属性需要调整，哪些属性不需要调整，对标哪个品牌的哪个属性。这些都需要提前明确产品属性和价格定位，结合具体情况确定。如果已经对新产品的属性做了定位，那么如何调整就很清晰了；如果在还未进行属性定位的前期，则不做调整。

（8）本部门领导注明审批意见。

（9）研发部门召集相关人员，召开调整沟通会。

很多企业的传统报告都是 A 报告这种类型，缺点是传递信息不清晰，无法讨论、沟通。

不合格报告，如图 5-10 所示。

结论

A 品牌喜好人数占比 69%，排名第一。

本品喜好人数占比 27.6%，排名第二。

C 品牌喜好人数占比 10.3%，排名第三。

在测试中，本品在香气、甜度、鲜度三项胜出，其余维度均与竞品有较大差异，仍需进行调整。本次调整，建议选 A 品牌为标杆竞品。

一、分项结论

1. 色泽

本品色泽稍浅，得分与竞品差异不大。

2. 亮度

亮度不足，与竞品对比差异明显。A、B 产品亮度均被认定为稍好以上。

3. 挂壁附着度

本品挂壁附着度差，喜好人数仅占 10%，差异大，需在该维度进行调整。

4. 浓稠度

情况与挂壁附着度一致。

5. 香气

胜出，味道适宜，不会太香。

图 5-10　不合格报告

一份正式的测试报告，会清晰地展示信息，提供给研发部完整的建议。合格的正式报告，如表 5-15 所示。

表 5-15　合格正式报告

A 品牌产品口味测试报告

测试目的：了解 A 品牌某产品口味对 B 品牌产品的消费者喜好度和接受度

测试方式：闹市定点拦截测试　　　　测试场地：×××××××××

一、测试地点/城市：______××______　　　　测试时间：××年××月××日

二、测试品牌：A：××口味　　面饼批号：××年××月××日　　冲泡加水量：600mL

　　　　　　　B：××口味　　　　　　　××年××月××日

三、样本数：____90____　　有效样本数：____88____

年龄	男	女	合计
18～24	18	20	38
25～35	26	24	50
合计	44	44	88

指标描述程度标尺说明：

1-1. 平均指标值分布：（满分为 10 分）

5 分标尺分布：	[3 及以上]	[1，2]	0	[-2，-1]	[-3 及以下]
	非常过	较过	刚好	较低	非常低

续表 5-15

10 分标尺分布：	[8 及以上]	[6，7]	5	[3，4]	[2 及以下]
	很好	好	普通	较差	很差

测试结果：

1. 总体喜好（满分 10 分）

测试结果	实际测试结果	
	A	B
最初喜好度平均分	7.31	6.55
最初喜好度对比%	69%	31%
最终喜好度平均分	7.61	6.80
最终喜好度对比%	69%	31%

整体喜好度分值分布：

	样品	[8 及以上]	[6，7]	5	[3，4]	[2 及以下]
最初整体喜好度分值分布	A	55%	26%	11%	8%	0%
	B	24%	55%	16%	6%	0%
最终整体喜好度分值分布	A	61%	27%	10%	1%	0%
	B	30%	48%	22%	1%	0%

2. 喜欢 A 或 B 的原因分析（记录第一提及）

原因说明	喜欢 A 人数	占比	原因说明	喜欢 B 人数	占比
海鲜味浓	47	77%	海鲜味清淡适中	12	44%
味道鲜	8	13%	味道鲜	7	26%
咸度	1	2%	咸度	2	7%
汤色	3	5%	汤色	2	7%
菜肉丰富	1	2%	菜肉丰富	1	4%
面体滑爽	1	2%	面体筋斗	1	4%
			油量适中	2	7%
合计	61	100%	合计	27	100%

续表 5－15

3. A、B 口味的各项得分

序号	测试项目	A 平均分	B 平均分	结果分析
1	香气如何（5 分）	0. 20	－0. 47	A 香气适中，B 较淡
2	汤色深浅（5 分）	0. 32	－0. 53	A 汤色稍深，B 较淡
3	菜肉丰富感（5 分）	－0. 17	－0. 58	A 菜肉丰富度较好，B 较差
4	汤味整体评分（10 分）	7. 18	6. 43	A 的口味要明显好于 B
5	咸度如何（5 分）	0. 01	－0. 23	A 咸度适中；B 稍淡
6	油量（5 分）	0. 44	－0. 15	A 油量略过；B 的油量适中
7	海鲜味喜好如何（10 分）	7. 18	6. 43	A 的海鲜味要明显好于 B
	海鲜味（5 分）	0. 57	－0. 61	A 海鲜味略重、B 较淡

4. 指标值分布

序号	测试项目	5 分标尺分布	[8 及以上]	[6，7]	5	[3，4]	[2 及以下]
		10 分标尺分布	[3 及以上]	[1，2]	0	[－2，－1]	[－3 及以下]
1	香气如何（5 分）	A	1%	25%	67%	5%	2%
		B	0%	13%	39%	43%	6%
2	汤色深浅（5 分）	A	0%	28%	66%	6%	0%
		B	0%	1%	50%	47%	2%
3	菜肉丰富感（5 分）	A	0%	6%	73%	22%	0%
		B	0%	5%	45%	50%	0%
4	口味整体评价	A	45%	39%	9%	7%	0%
		B	27%	42%	26%	5%	0%
5	咸度如何（5 分）	A	0%	14%	70%	16%	0%
		B	0%	13%	53%	34%	0%
6	油量如何（5 分）	A	0%	35%	61%	3%	0%
		B	0%	11%	65%	24%	0%
7	海鲜味喜好如何（10 分）	A	47%	41%	6%	7%	0%
		B	31%	38%	25%	7%	0%
	海鲜味（5 分）	A	7%	32%	56%	6%	0%
		B	0%	7%	42%	43%	8%

续表 5－15

5. 前后选择不同的原因分析

类型	由不喜欢变喜欢的原因	人数
最初喜欢 A，后喜欢 B	A 太油腻，B 较鲜	1
最初喜欢 B，后喜欢 A	A 海鲜味浓，B 较清淡	1
合计		2

四、督导员结论建议（督导员根据实地测试情况填写）

1. 从整场测试的情况来看：本品基本上以 7∶3 胜过竞品，突出优势在于汤体海鲜味浓；

2. 两个产品口味差异明显，本品汤浓，香气大，汤色深，海鲜味重；而竞品清淡，味道鲜；

3. 从现场反应看，绝大部分男性喜欢本品，而接近一半的女性喜欢来一桶，原因是男性的口味较重，而女性喜欢清淡的比例较男性要大很多；

五、产品人建议（各公司产品人签核意见）：

企划部主管：　　　　　　　　产品人：　　　　　　　　报告人：

下面是另一个较为完善版的测试报告。

某产品内部测试报告

测试时间：4 月 20 日

参加测试人数：20 人，有效问卷 20 份

一、整体评价

本品××喜好人数占比 75%，胜出。

竞品××喜好人数占比 30%。

本品与竞品喜好人数（量表调整前），如图 5－11 所示。

由于考虑地区情况，山东人对于鲜度、香气的追求，且样本数量有限（仅有 20 份），若使用对称量度表得不出最佳结论。现将鲜度、香气的量度表更改为 10 分量度表，本次以最大值进行喜好人数判定。

量表调整后，本品在色泽、鲜度、咸度、香气方面均胜过竞品，无须进行调整。甜度与竞品略有差异，在亮度、挂壁附着度、浓稠度方面有 1 分左右的差异。

本品与竞品喜好人数（量表调整后），如图 5－12 所示。

二、分项评价

1. 色泽

颜色较竞品颜色浅。在结论上，本品胜出。

2. 亮度

亮度不足，与竞品对比有所差异，但差异不大，可不调整。

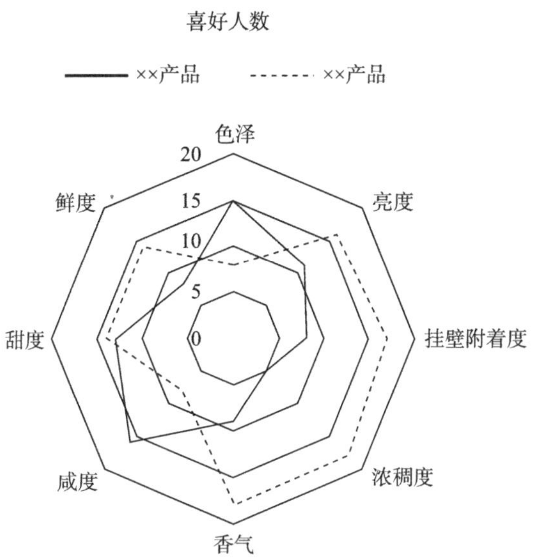

图 5－11　本品与竞品喜好人数（量表调整前）

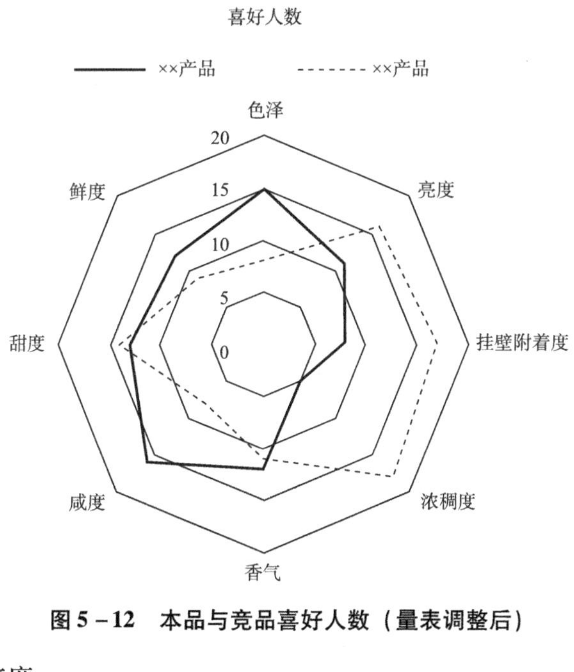

图 5－12　本品与竞品喜好人数（量表调整后）

3. 挂壁附着度

挂壁附着度稍差于竞品。

4. 浓稠度

情况与挂壁附着度一致。

5. 香气

本品胜出，可不调整。

6. 咸度

本品胜出，可不调整。

7. 甜度

本品胜出，可不调整。

8. 鲜度

本品胜出，可不调整。

本品与竞品平均得分，如图 5－13 所示。

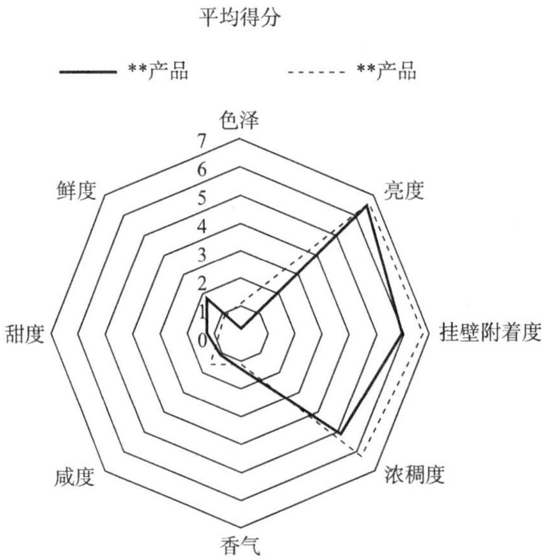

图 5－13　本品与竞品平均得分

三、测评结论

本品在色泽、鲜度、咸度、香气方面均胜过竞品，不进行调整；甜度与竞品差异不大；在亮度、挂壁附着度、浓稠度仅有 1 分左右差异，差异不大，考虑不进行调整。

产品测评通过，可做封样。

（报告模板结束）

因为信息明确，此份测试报告是沟通的便利工具，管理者可以发表详尽的建议与决定。

某产品内部测试报告

测试时间：4 月 20 日

参加测试人数：20 人，有效问卷 20 份

一、整体评价

A 产品喜好人数占比 75%，胜出。B 产品喜好人数占比 30%。如图 5－14 所示。

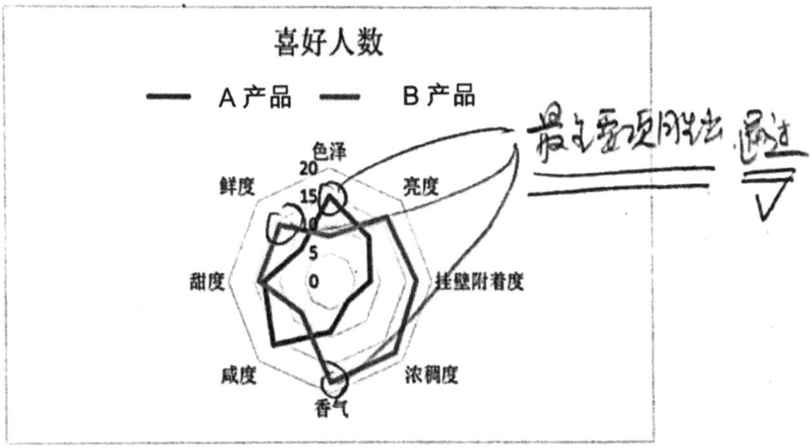

图 5－14　本品与竞品喜好人数（量表调整前）

由于考虑地区情况，山东人对于鲜度、香气的追求，且样本数量有限，仅有 20 份，若使用对称量度表得不出最佳结论，现将鲜度、香气的量度表更改为 10 分量度表，本次以最大值进行喜好人数判定。如图 5－15 所示。

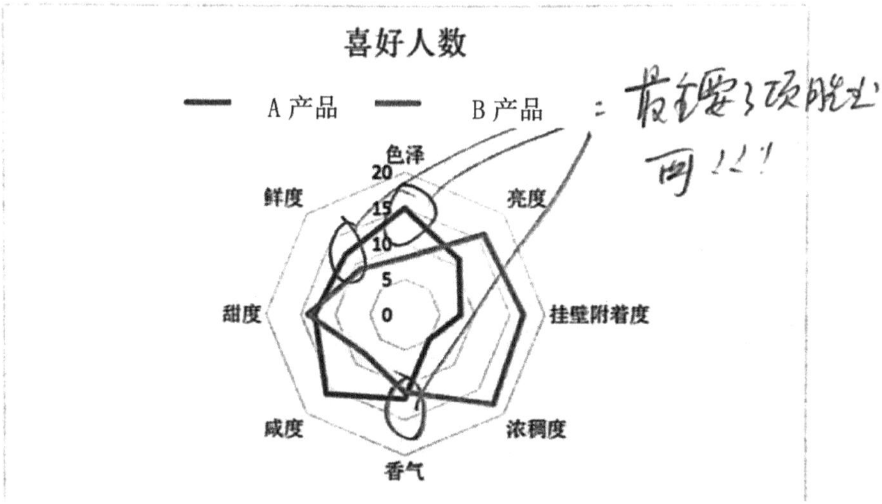

图 5－15　本品与竞品喜好人数（量表调整后）

二、分项评价

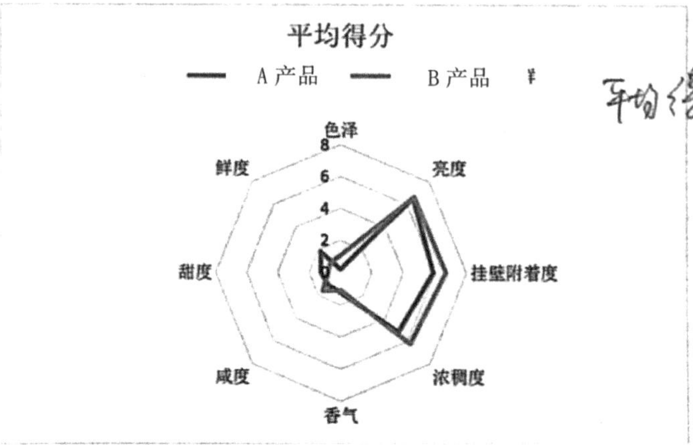

图 5－16　本品与竞品平均得分

三、消费者 A&U 调查及分析

A&U 调查为目标消费者选取、产品定位、产品属性设计、包装设计、推广、宣传等提供相应决策支持。

调查内容一般包含以下几点：

（1）消费者基本信息：年龄、性别、收入、职业、教育程度等。

（2）使用（食用）因素：使用目的、产品属性（口味）喜好、品牌喜好、包装喜好、使用量、产品使用方法。

（3）购买因素：购买人、购买原因、购买影响因素、购买时机、购买频率、购买量、购买境况、购买渠道。

（4）消费者信息搜集方面：信息来源、偏好的信息渠道等。

操作起来比较耗费时间、人力。一般要求间隔一定周期进行一次，或因为新产品的相关信息太少，不得不做。

本书提供几个落地实用的工具：调研方案、调研问卷设计、调研分析报告。建议大家无论如何也要做一下调查，收集相关信息，再结合经验，就基本够用。

1. 调研方案

以下是我在韩国乐天服务时，一款产品的消费者调研方案。方案简单，执行有效。如图 5－17 所示。

目录

一、背景

公司目前准备上市新产品香口软糖2个口味：柠檬、青葡萄，进行消费者测试。

二、调研的目的

1. 调研产品的口味喜好度。
2. 调研产品的酸甜喜好度。
3. 调研产品的购买目的。
4. 调研产品的分量合适度。
5. 测定产品的包装喜好度。
6. 调研产品的零售价格。
7. 调研消费者的单次购买量（家庭、个人）。
8. 调研消费者的购买频率（家庭、个人）。
9. 调研消费者的购买地点（家庭、个人）。

三、调查种类

定量调查。

四、数据搜集方法

采用人员访谈法搜集一手资料。

五、调研对象、区域、方法

1. 目标对象：小学生。

图5－17　调研方案

2. 区域：选取2家重点小学。

3. 方法：问卷调查。

六、抽样方法

1. 抽样方法：采用分层配额抽样。

2. 样本容量：240份（2个学校）。

3. 单个学校的样本点分配。

年级	样本量分配（张 OR 份）		总计
	女	男	
1～2年级	25	25	50
3～4年级	25	25	50
5～6年级	25	25	50
合计	75	75	150

七、调研时间

八、调研人员

调研员。

九、调研用具

学校	问卷（份）	圆珠笔（支）	礼品（巧克力派送包，草莓派单包）	品尝品（粒）	外包装样式
	150	1	各160共320包	两种口味各160共320	清嘴包装盒各2条，装香口软糖2条
	150	1	各160共320包	两种口味各160共320	清嘴包装盒各2条，装香口软糖2条
合计	300	2	各320共640包	各320共640	8

续图5－17

十、附件：控制卡片、调研问卷

控制卡片（　　）

年龄	男		女	
	序号	问卷编码	序号	问卷编码
1～2年级	25		25	
	24		24	
	23		23	
	22		22	
	21		21	
	20		20	
	19		19	
	18		18	
	17		17	
	16		16	
	15		15	
	14		14	
	13		13	
	12		12	
	11		11	
	10		10	
	9		9	
	8		8	
	7		7	
	6		6	
	5		5	
	4		4	
	3		3	
	2		2	
	1		1	

备注：请仔细填写此卡片，将相对应的问卷编码填写相应栏中，用来防止遗漏。

续图 5－17

香口软糖调查问卷

编码：

同学，你好！我们正在进行新产品的上市调查，请问你是否经常食用糖果？（在空格内打√）

□经常食用（继续访问）　□偶尔食用（继续访问）　□从来不吃（结束访问）

请你品尝一下产品，并请依你的喜好程度与实际情况给下面的项目进行评分。（分数高低与任何一种回答都是正确的），写在空格中。

一、你认为产品的酸甜度如何？青葡萄______　鲜橙______　建议：______________________

很好	好	比较好	一般	比较差	差	很差
7	6	5	4	3	2	1

二、你认为产品的整体口味如何？青葡萄______　鲜橙______　建议：______________________

很好	好	比较好	一般	比较差	差	很差
7	6	5	4	3	2	1

三、你认为本产品的单粒分量如何？________

A. 还可以　B. 太多了　C. 稍微多一些　D. 稍微少一些　E. 太少了

四、你认为本产品采取以下包装，你更喜欢哪一种？（出示包装）____________

A. 清嘴包装盒　B. 原有条形装

五、本产品的零售价格在2.5～3.5元，你认为比较合适的零售价应该是________元。

六、你为什么购买糖果？（可复选）________

A. 自己吃　B. 与要好的同学一起吃　C. 聚会吃　D. 其他目的（请注明）________

七、你家人通常多久购买糖果一次？________

A. 1周2次或2次以上　B. 1周1次　C. 2周1次　D. 1月1次

E. 其他（请注明）________

八、你自己通常多久购买糖果一次？________

A. 1周3次以上　B. 每周2～3次　C. 每周1次　D. 2周1次

E. 其他（请注明）________

九、你通常每次购买多少？________

A. 1包/条　B. 2～3包/条　C. 3包/条以上　D. 其他（请注明）________

十、你家人购买时通常每次购买多少？________

A. 1包/条　B. 2～3包/条

C. 3包/条以上　D. 其他（请注明）________

十一、你家人通常在哪里购买？（可复选）________

A. 大卖场（如家乐福、佳世客）　B. 超市

C. 便利店（如友客便利）　D. 小零售店

十二、你通常在哪里购买？（可复选）________

A. 大卖场（如家乐福、佳世客）　B. 超市

C. 便利店（如友客便利）　D. 学校旁的小零售店

被访者资料：

被访者姓名：________　被访者性别：________　年龄：________

续图5－17

2. 过滤问卷和辅助卡片

有些时候，如果对群体选择有设定，需要加过滤问卷和相应的辅助卡片，如图5－18、图5－19所示。

您好！我们是××公司的访员，现在正在进行一项关于方便面的消费者调查，请问您是不是愿意接受我们的访问？

1. 否（停止访问）

2. 是（继续访问）

××您的年龄是卡片上的哪一个？（出示CARD1，选择15～30之间的继续访问，否则停止）

××您的职业是卡片上的哪一个？（出示CARD2，选择1\3\6\7\8\9\10者继续访问）

××请问您最近一个月内有没有吃过方便面？

（1）没有（停止访问）

（2）继续访问）Q1－1：请问您吃过哪些牌子的方便面？

____

（如果说出的牌子大多是高价碗/袋面者继续访问）

过滤问卷不得向受访者出示

图5－18 过滤问卷

CARD1

年龄：

（1）15岁以下
（2）15～20
（3）21～25
（4）26～30
（5）30以上

CARD2

职业：

（1）机关、事业单位干部
（2）军人
（3）专业人员（工程师/技术员/教师/医生/律师等）
（4）失业/待业
（5）营业员/服务员/工人
（6）私营企业业主
（7）管理人员
（8）个体户/个体小店主
（9）学生
（10）一般职员（销售/市场/秘书/文员等）
（11）其他（请注明：　　　　）

图5－19 辅助卡片

3. 消费者资料统计

如果需要详细的目标消费者资料，那就做得详细些，如图5－20所示。

4. 线上调研

可以运用电商平台，配合小礼物，由客服进行一次网上调研。问卷可以设计得复杂一些，如图5－21所示。

谢谢您的合作，下面我再确认一下您的相关资料

背景资料：

性别：（1）男　（2）女

年龄：（1）15～20岁　（2）21～25岁　（3）26～30岁

职业：（1）机关，事业单位干部　（2）管理人员　（3）专业人员（工程师/技术员/教师/医生/律师等）　（4）一般职员（销售/市场/秘书/文员等）　（5）私营企业业主　（6）个体户/个体小店主　（7）学生　（8）其他（请注明________）

婚姻状况：（1）已婚　（2）未婚　（3）不想说

家庭人数（一同居住）：（1）1人　（2）2人　（3）3人　（4）4人以上

个人收入状况：（1）无收入　（2）1000元以下　（3）1000～1500元　（4）1500～2000元　（5）2000～3000元　（6）3000～4000元以上　（7）4000元以上

受教育程度：（1）小学　（2）中学　（3）大学　（4）大学以上

图5－20　消费者资料

调查问卷

1. 您从哪里知道××品牌××产品酱的？________

A. 网络　B. 广播　C. 路牌等户外广告　D. 朋友介绍

E. 店铺陈列　F. 其他（请说明）________

2. 您购买××产品酱时，注重哪些方面因素？

第一因素是：________　第二因素是：________　第三因素是：________

A. 包装　B. 颜色　C. 品质　D. 口味

E. 价格　F. 营养功能　G. 概念　H. 宣传

I. 名称　J. 方便性　K. 优惠让利

L. 其他（请注明）________________________________

3. 在您的食用经验中，您认为什么样的××产品酱才是你想要的？

____

4. 请问以下口味，你更喜欢哪些，请按照喜欢顺序排序，最喜欢的请排第1位________________

A. ××产品　B. ××产品　C. ××产品　D. ××产品

你自己还喜欢哪些口味，请列明：________________________________

5. 请问您是出于什么原因购买××产品酱？________

A. 日常吃××产品需要　B. 烧烤用

C. 做菜用　D. 新产品尝试一下

E. 当作礼品送人　F. 其他

（请注明）____

6. 您对这种产品有何评价？

非常满意　满意　一般　不太满意　很不满意

7. （针对"一般""不满"的消费者）为什么不满意？

____

8. 以后还会继续食用吗？________

为什么？____

图5－21　调查问卷

9. 您通常什么时候食用：________

A. 早餐　B. 午餐　C. 晚餐　D. 消夜　E. 加餐

10. 通常多久吃一次________

A. 一周 5 ~ 6 次　B. 一周 3 ~ 4 次　C. 一周 1 ~ 2 次　D. 一周 1 ~ 2 次

E. 一月 1 次　F. 2 ~ 3 月一次　G. 3 个月不到一次

11. 您通常在什么地方食用？________

A. 学校　B. 单位　C. 家里　D. 旅途中

E. 其他________（请注明）

12. 这种牛排酱通常是由谁购买的？________

A. 自己　B. 父母　C. 其他来源________（请注明）

*若回答 B 或 C 则跳转第 16 题

13. 您通常在什么地方购买牛排酱？________

A. 大卖场　B. 超市　C. 百货商场　D. 食品店/副食店

E. 网络　F. 其他________

14. 您每次购买的数量________

A. 1 袋　B. 2 袋　C. 3 ~ 5 袋　D. 5 袋以上

E. 整箱购买

16. 您通常购买什么价格的牛排酱？________

A. 5 元以下　B. 5 ~ 8 元　C. 8 ~ 10 元　D. 10 ~ 15 元

E. 15 ~ 20 元　F. 20 元以上

16. 您知道的吃牛排时用的酱品牌有哪些？________________________________

____

17. 您对您知道的品牌的酱有什么评价？（见后附 17 答题卡，请自己列明，勾选即可）

18. 您见过这种组合装吗？________（进行产品描述）

A. 见过　B. 没见过

19. 这种组合装产品推出后，您是否会考虑在今后购买食用？________

A. 肯定会　原因是：________________________________

B. 可能会　原因是：________________________________

C. 不一定　原因是：________________________________

D. 可能不会　原因是：________________________________

E. 肯定不会　原因是：________________________________

您还希望加入什么产品？________________________________

20. 如果这种产品，价格 × ×元，您会考虑购买吗？________

|——————|——————|——————|——————|

肯定会　可能会　不一定　可能不会　肯定不会

21.（针对“不一定”“不会”）为什么不愿购买？

____

22. 你可能购买的价格是多少？________

A. 10 元以下　B. 10 ~ 15 元　C. 15 ~ 20 元　D. 20 ~ 25 元

E. 25 ~ 30 元　F. 30 元以上

23. 您最常去的娱乐场所：

A. 体育馆/健身房　B. 歌舞厅/迪厅（吧）

续图 5 - 21

C. 电影院　　D. 公园/游乐场

E. 咖啡厅/茶艺馆网吧　　G. 其他________（请说明）

24. 您最喜欢的休闲方式：

A. 休息/睡觉　　B. 旅游　　C. 歌舞　　D. 逛街/购物

E. 运动　　F. 看书/听音乐　　G. 其他________

谢谢您的合作，请确认一下您的相关资料：

背景资料：

1. 性别________

A. 男　　B. 女

2. 年龄：________

A. 15～20 岁　　B. 21～25 岁　　C. 26～30 岁　　D. 30～45 岁

E. 45 岁以上

3. 职业：________

A. 机关、事业单位干部

B. 管理人员

C. 专业人员（工程师/技术员/教师/医生/律师等）

D. 一般职员（销售/市场/秘书/文员等）

E. 私营企业业主

F. 个体户/个体小店主

G. 学生

H. 其他（请注明________________）

4. 婚姻状况：________

A. 已婚　　B. 未婚　　C. 不想说

5. 家庭人数（一同居住）：________

A. 1 人　　B. 2 人　　C. 3 人　　D. 4 人以上

6. 个人收入状况：________

A. 无收入　　B. 2000 元以下　　C. 2000～3000 元　　D. 3000～5000 元

E. 5000～7000 元　　F. 7000～10000 元以上　　G. 10000 元以上

7. 受教育程度：________

A. 小学　　B. 中学　　C. 大学　　D. 大学以上

8. 答题卡

	××品牌			
食用方便				
口味好				
配料丰富				
价格便宜				
容量大				
容量适中				
容量适合胃小的人				
促销活动多				
看上去高档				

续图 5－21

适合儿童食用				
适合男性食用				
适合女性食用				
有多口味可选择				
到处都可买到				
适合家中食用				
适合外出食用				

续图 5－21

5. 统计分析报告

最后，做出统计报告，为产品定位分析提供科学依据，一般使用各种图表表达，如图 5－22、图 5－23 所示。

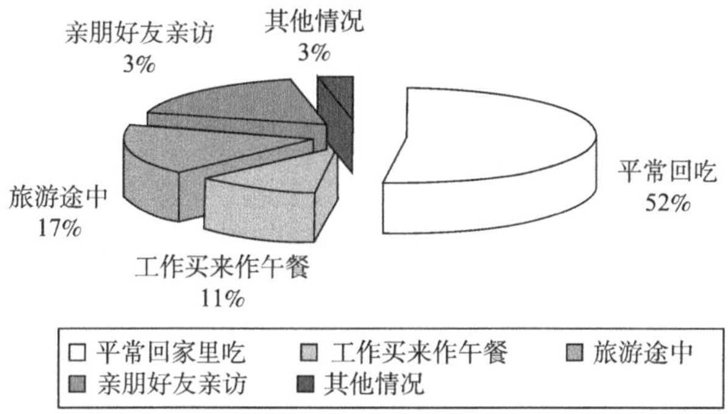

在消费者的食用境况中，消费者买回在家里吃占比52%，新朋好友来访的占比17%，旅游途中食用占比17%，工作作午餐占比11%，后三项的占比与消费群体的选择有关系

图 5－22　食用境况分析

产品由功能产品向休闲食品过度，凉爽、解渴是消费者食用×××的主要原因，但解馋已成为一个重要需求

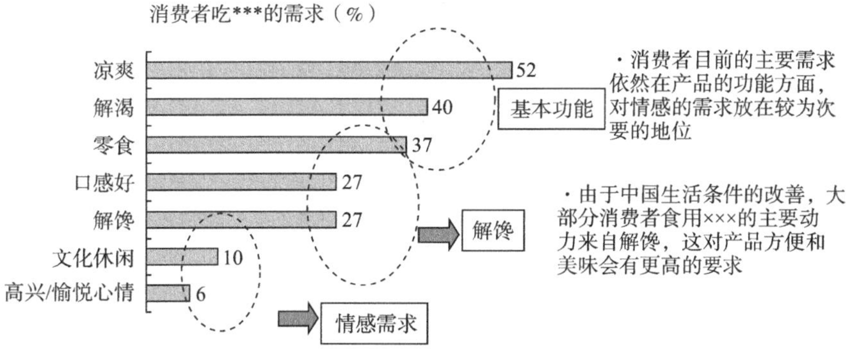

图 5－23　消费者购买使用原因分析

四、配料、包装信息调查及分析

这一步涉及狭义产品属性范围的具体产品原辅料及包装规格、形式、卖点的信息整理和方向讨论。

市场部开发产品属性和概念信息，要找到与众不同的独特定位，首先应该知道别的竞争品牌都有什么特点，单凭记忆又能保存多少信息，怎样才能简便、清楚地找到与其他品牌的不同之处。

市场部与研发部沟通产品属性开发方向，因为缺乏相关的行业及竞品属性信息，经常陷入个人主观上的争论。

市场部可能很清晰市场上竞争品牌的产品，也掌握消费者的需求趋势，经常有很好的属性方向和想法，但是不懂技术工艺，不知晓能否实现这些方向和想法。而研发部对市场部所掌握的信息知道得比较少或不全面，由于信息不对称，从专业思维和尽量减少麻烦的角度考虑，研发人员会直接否定市场部的新想法，导致双方陷入争执。

做新产品沟通，仅仅让别人靠相信你的人品而去相信你的方案吗？如何才能清晰地表达出你所开发的新产品是真的与众不同呢？

你需要一套信息工具可以完整地、清晰地展现给大家，还原你的定位过程，让别人一起参与进来，所有人都清晰地看着，依据同样的信息可以做出与你相同的判断。如果他们判断不同，恭喜你，也可能找到了新的方向或修正了你的错误。

其实，产品和包装已经说明了产品的一切属性，只要你去挖掘，一定会找到相关信息。如果还不够，那就再看看广告和宣传材料。

进行产品配料、包装展示的信息收集，可以设计标准格式的表格，做成标准属性对比图。从购买样品到调查收集信息，大约需要 1 周时间。

1. 购买样品，或拍照

主要的竞争品牌产品，最好购买至少 3 份样品，1 份用于市场部主持的品尝，1 份用于研发比对之用，最好再留存 1 份，用于查看和展示留档。

2. 信息收集，录入表格

获取的这部分信息未来用于属性定位的竞品信息比对，并作为整个行业的各品牌档案，进行留存。

这一步工作非常重要，每间隔一段时间就要补充相关新品的信息。将品牌名称、副品牌名称、产品类别、系列、规格、包装形式、保质期、主要指标含量、配料、卖点、使用方法、工艺、价格（按渠道类型、取样）等录入表格，如表5－16所示。

竞品产品信息汇总表，是购买样品的记录，在每个渠道、每个系统，价格都不一样，不能都只顾卖样品吧？必须进行前面的基本调查，填写到本表的不同系统的价格栏里，所表5－17所示。

3. 形成产品配料及包装属性图

信息摘录完成后，更重要的是用于分析。表格里的信息过于复杂和全面，不利于分析和沟通之用，需要做成图示化展示，相关信息及比对会非常清晰可见。

以食品为例，如图5－24、图5－25所示。其余类型产品，依各自类型产品的狭义和广义产品属性对应列入即可。

制图要点：

（1）一定要按照类别来做，不要按照整个行业无区分地都做在一张表里，导致信息太混乱，无法使用。比如分析酱油时，将生抽、老抽、味极鲜、各种鲜分开分析，结果一目了然。

（2）将产品类别写在中心的圆圈内。

（3）分别将产品主配料、增鲜剂、防腐剂、香精、色素、甜味剂、规格、主成分含量、包装形式、卖点等进行分区。

（4）将价值提升区域、价值降低区域分成两大部分。注意：价值是提升还是降低，要以消费者的需求来界定，以消费者当下的认知潮流和趋势来区分，而不是以个人或行业的意见进行区分。比如在健康潮的影响下，各种化学添加剂就是价值降低区域。

（5）每一区，列入本品及主要对标品牌的相应产品属性。每一条线代表一个品牌的产品，本品与最重要的竞争品牌要紧挨着排列，一一写入。如果一张图无法全部列入所有的品牌，就再制作一张，本品还是要列入。分析时，只要打印出来，并列放在一起就可以。

（6）将非常独特或重要的信息，用红色圆圈圈出来，便于沟通，利于识别与讲述。

（7）将本品与竞品的主要差异点，列在图的右侧。

（8）可以用此图，召集有关人员，召开产品属性方向沟通会，包含市场部、销售部、研发部人员，集合所有人的认知经验，进行头脑风暴。

表 5－16　竞品产品信息汇总（品牌 A 与品牌 B）

产品品牌：品牌 A	规格（mL）	质量等级	保质期（月）	包装	主要卖点	食用方法	氨基酸态氮含量	发酵方式
品牌 A 金标生抽	500	特级	18	塑料瓶	精选原料、色泽红润、味道鲜美和谐	点蘸、凉拌、制馅、小炒	≥1.2g/100mL	高盐稀态
品牌 A 零添加头道酱油	480	特级	18	玻璃瓶	品质升级更美味，头道酱油 0 添加	佐餐凉拌烹调炒菜	≥1.0g/100mL	高盐稀态
品牌 A 特级金标生抽	500	特级	18	塑料瓶	色泽红润、味道鲜美和谐、鼓香纯正	点蘸、凉拌、制馅、小炒	≥1.2g/100mL	高盐稀态
品牌 A 特级味极鲜酱油	1600	特级	18	塑料瓶	酱液红褐、鲜艳有光泽、鼓香浓郁、口感自然、醇厚有回味	点蘸、凉拌、烹饪菜肴	≥1.2g/100mL	高盐稀态
品牌 A 特级味极鲜酱油	500	特级	18	塑料瓶（pet）	鼓香纯正、鲜味十足	佐餐凉拌、烹调炒菜	≥1.2g/100mL	高盐稀态
品牌 A 特级味极鲜酱油	1900	特级	18	塑料桶	酱液红褐、鲜艳有光泽、鼓香浓郁、口感自然、醇厚有回味	点蘸、凉拌、烹饪菜肴	≥1.2g/100mL	高盐稀态
品味 A 特级一品鲜酱油	500	特级	18	塑料瓶	点蘸鲜虾	点蘸、凉拌、制馅、小炒	≥1.2g/100mL	高盐稀态
品牌 A 味极鲜酱油	1600	特级	18	塑料桶	富含第一道原汁，0% 添加香精香料	点蘸、凉拌、烹饪菜肴	≥1.20g/100mL	高盐稀态
品牌 A 海鲜酱油	500	一级	24	玻璃瓶	色泽亮丽、鲜美可口、口味清而不火、保留食材原有风味	点蘸、凉拌	≥0.80g/100mL	高盐稀态

续表 5－16

产品品牌：品牌 A	规格（mL）	质量等级	保质期（月）	包装	主要卖点	食用方法	氨基酸态氮含量	发酵方式
品牌 A 凉拌酱油	500	一级	24	玻璃瓶	鲜味十足、清甜爽口	捞拌粉面、凉拌菜肴、点蘸鱼虾	≥1.0g/100mL	高盐稀态
品牌 A 精选生抽	500	三级	24	玻璃瓶	特惠装（美味不打折、价格更实惠）	小炒、凉拌、做汤	≥0.40g/100mL	高盐稀态
品牌 A 老抽王	1280	三级	18	塑料桶	色泽红壮乌润、味道咸甜适口	浓香菜肴上色入味	≥0.40g/100mL	高盐稀态
产品品牌：品牌 B	**规格（mL）**	**质量等级**	**保质期（月）**	**包装**	**主要卖点**	**食用方法**	**氨基酸态氮含量**	**发酵方式**
品牌 B 有机酱油	160	特级	18	玻璃瓶＋纸盒	儿童、有机酱油	适用于佐餐、凉拌、烹调炒菜，宝宝辅食调味	≥0.90g/100mL	高盐稀态
品牌 B 有机酱油	500	特级	24	玻璃瓶	有机酱油，0 添加	适用于佐餐、凉拌、烹调炒菜	≥0.90g/100mL	高盐稀态
品牌 B 有机酱油	900	特级	24	塑料瓶	有机酱油，0 添加	适用于佐餐、凉拌、烹调炒菜	≥0.90g/100mL	高盐稀态
品牌 B 红烧酱油	500	特级	24	玻璃瓶	为红烧菜肴量身打造	可用于各式红烧、烹调炒菜	≥0.90g/100mL	高盐稀态
品牌 B 特级酱油	500	特级	18	玻璃瓶	无添加防腐剂、减盐 26%、非转基因脱脂大豆	佐餐凉拌、烹调炒菜	≥1.20g/100mL	高盐稀态
品牌 B 原汁酱油	500	特级	18	玻璃瓶	6 个月酿造期，自然酿，0 添加	可用于佐餐凉拌或烹调炒菜、炖菜	≥1.00g/100mL	高盐稀态

续表 5-16

产品品牌：品牌 B	规格（mL）	质量等级	保质期（月）	包装	主要卖点	食用方法	氨基酸态氮含量	发酵方式
品牌 B 味极鲜酱油	1300	特级	24	塑料桶	味达美味极鲜酱油	佐餐凉拌、烹调炒菜	≥1.20g/100mL	高盐稀态
品牌 B 味极鲜酱油	500	特级	24	塑料瓶	味达美味极鲜酱油	佐餐凉拌、烹调炒菜	≥1.20g/100mL	高盐稀态
品牌 B 味极鲜酱油	1000	特级	24	塑料瓶	味达美味极鲜酱油	佐餐凉拌、烹调炒菜	≥1.20g/100mL	高盐稀态

表 5-17 竞品产品信息汇总（原料与辅料）

品牌 A 原料与辅料	直采	家乐福	大润发	沃尔玛	卜蜂	外阜	电商
水、非转基因脱脂大豆、非转基因黄豆、小麦粉、食用盐、谷氨酸钠、白砂糖、5-呈味核苷酸二钠、5-肌苷酸二钠、酵母抽提物、苯甲酸钠、三氯庶糖	6	8.6		5			
水、非转基因黄豆、小麦、食用盐、白砂糖、酵母抽提物	20.8		21.4	22			
水、非转基因脱脂大豆，非转基因黄豆，小麦粉，食用盐，谷氨酸钠，白砂糖，酵母抽提物，苯甲酸钠，三氯蔗糖	7		9.8	9.5			
水、非转基因脱脂大豆，非转基因黄豆，小麦，食用盐，谷氨酸钠，白砂糖，酵母抽提物，苯甲酸钠，三氯蔗糖、5-呈味核苷酸二钠、5-肌苷酸二钠	20			24			25.8
水、非转基因脱脂大豆，非转基因黄豆，小麦，食用盐，谷氨酸钠，白砂糖，酵母抽提物，苯甲酸钠，三氯蔗糖、5-呈味核苷酸二钠、5-肌苷酸二钠	7	12.9		11	12.8		
水、非转基因脱脂大豆，非转基因黄豆，小麦，食用盐，谷氨酸钠，白砂糖，酵母抽提物，苯甲酸钠，三氯蔗糖，5-呈味核苷酸二钠、5-肌苷酸二钠	20.9		28.8	30			
水、非转基因脱脂大豆，非转基因黄豆、小麦粉、食用盐、谷氨酸钠、白砂糖、酵母抽提物、苯甲酸钠、三氯蔗糖	7		9.8	6.9			

续表 5 – 17

品牌 A 原料与辅料	直采	家乐福	大润发	沃尔玛	卜蜂	外阜	电商
水、非转基因脱脂大豆，非转基因黄豆，小麦，食用盐，谷氨酸钠，白砂糖，酵母抽提物，苯甲酸钠，三氯蔗糖	24		23. 5	24			
水、非转基因黄豆、小麦、食用盐、白砂糖、谷氨酸钠、干贝、5 – 呈味核苷酸二钠、5 – 肌苷核二钠、苯甲酸钠、三氯蔗糖	8	12. 2		10. 8			
水、非转基因脱脂大豆、非转基因黄豆、小麦、小麦粉、食用盐、谷氨酸钠、白砂糖、酵母抽提物、苯甲酸钠、三氯蔗糖、甘草酸铵	10. 5						7. 1 – 11. 5
水、非转基因脱脂大豆、非转基因黄豆、小麦、小麦粉、食用盐、谷氨酸钠、5 – 呈味核苷酸二钠、5 – 肌苷酸二钠、焦糖色、苯甲酸钠、三氯蔗糖	5					3. 9 – 7. 6	
水、非转基因脱脂大豆，非转基因黄豆，食用盐、焦糖色、小麦粉、谷氨酸钠，苯甲酸钠，三氯蔗糖、5 – 呈味核苷酸二钠、5 – 肌苷酸二钠	16. 9	19. 6					
品牌 B 原料与辅料	**直采**	**家乐福**	**大润发**	**沃尔玛**	**卜蜂**	**外阜**	**电商**
水、有机脱脂大豆、有机小麦、食用盐	29. 9	27. 5	28. 8	28. 7			
水、有机脱脂大豆、有机小麦、食用盐	36. 9	36. 9	36. 9		35. 8		31. 6 – 35. 8
水、有机脱脂大豆、有机小麦、食用盐		64. 9	53. 8		53. 8		
水、非转基因脱脂大豆，小麦、食用盐、焦糖色、白砂糖、谷氨酸钠、酵母抽提物、5 – 肌苷酸二钠、三氯蔗糖、甘草酸三钾	10		13. 3	12. 8			
水、非转基因脱脂大豆，小麦、食用盐、白砂糖、谷氨酸钠、酵母抽提物、甘草酸三钾	11. 9	11. 9		13. 5			
水、非转基因脱脂大豆，小麦、食用盐	17. 2	15. 6		15. 9			

续表 5 - 17

品牌 B 原料与辅料	直采	家乐福	大润发	沃尔玛	卜蜂	外阜	电商
水、非转基因脱脂大豆，小麦、食用盐、白砂糖、谷氨酸钠、酵母抽提物、5 - 肌苷酸二钠、甘草酸三钾、三氯蔗糖	16	15.8	15.7				
水、非转基因脱脂大豆，小麦、食用盐、白砂糖、谷氨酸钠、酵母抽提物、5 - 肌苷酸二钠、甘草酸三钾、三氯蔗糖	7.5	10.7		9.5			
水、非转基因脱脂大豆，小麦、食用盐、白砂糖、谷氨酸钠、酵母抽提物、5 - 肌苷酸二钠、甘草鞋酸三钾、三氯蔗糖	11.2		12.9	17.9	12.9		15.9

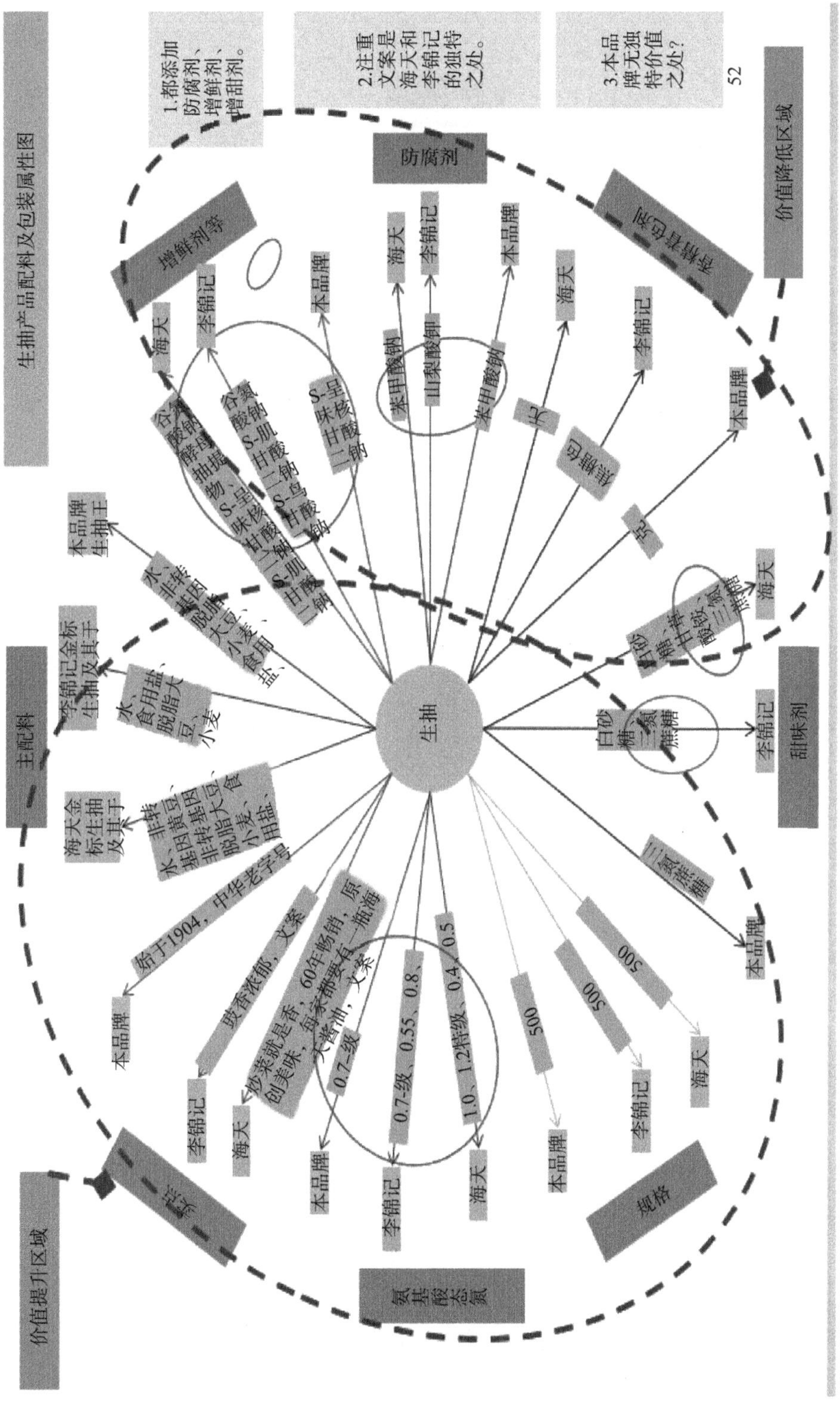

图 5－24　生抽产品配料及包装属性图

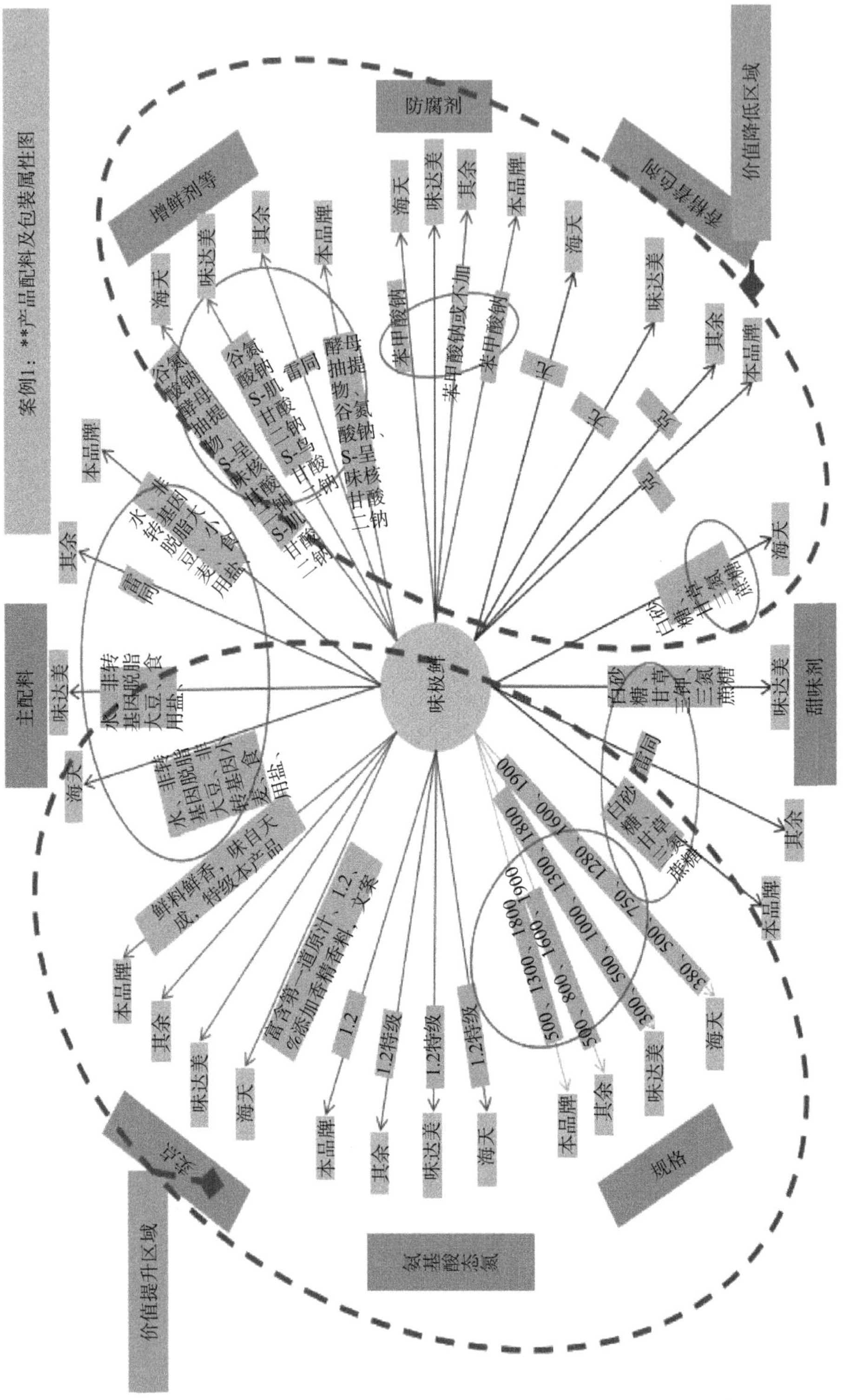

图 5－25　××产品配料及包装属性图

市场部及销售部掌握市场及消费者需求，依据此图可以判断需求现状及趋势。

研发部掌握工艺及原辅料的专业知识，则可以粗略判断工艺的可行性。

以此展开讨论，将所有可能的具体产品属性都记录下来，用于研发部把握开发方向。

五、相关信息调查及分析

这部分包括公司信息、生产信息、研发信息等的收集调查，用于品牌属性、产品概念、卖点和推广话术等的制定。

一般包括以下信息：

（1）公司简介及公司发展史（含重大事件）。

（2）公司认为的企业形象和想要塑造的企业形象描述。

（3）公司认为自己胜过其余品牌的优势描述。

（4）每类产品的生产技术工艺、独特性特点、成本等的优劣势及与竞品的区别（尤其是认为胜过竞品的信息点）。

（5）每类产品的原材料、特性、产地及独特性描述。

（6）每种产品的出品率及品质描述。

（7）产品成品与竞品的比对优缺点描述。

这些信息散落在人事行政、研发、采购等部门，需要详细收集，越详细越好。由于这些部门市场敏感性低，对很多重要信息熟视无睹。所以，除了让各部门自行描述外，还要结合实地调查和访问等方法进行。

这些信息可能蕴含胜过竞争对手的独特的地方，或可以改进的有价值信息，要努力去寻找，这是个不断累积的过程。

六、产品结构调查及分析

这项工作是重中之重，为后面的产品开发提供科学的数据支持。

当我们选定了产品每一个定位方向，比如类别、规格、属性、价格等，都需要看一下所定位方向的潜力有多大，未来的发展前景如何。

开发的新产品攻击谁，攻击哪些地方，必须选取份额比较大的市场才有意义。

如果错误地选择了一个潜力小的市场，未来产品也没有大发展，那么所有的工作都是徒劳无功。

因此，需要运用在这一步工作里分析出的结论去判断。

小王："张总，这比较困难，需要分析数据吧？"

我："没错，这一部分需要数据。必须做，因为只有分析数据，才能做出数量化的确定，而不仅仅是凭借直觉，直觉配合数据偏差就会少很多。"

小王："是的。但是，怎么获取数据呢？"

我："大企业一般购买数据，中小企业资源有限，比较难，但不意味着不能做。"

一般有以下几个办法：

1. 市场数据获取办法

有以下四种数据信息来源：

第一种：超市系统数据。通过相熟的系统采购获取系统数据、门店数据，数据周期在一年之内就可以。这个只要有客情，难度不会太大。

第二种：经销通路数据。通过相熟的经销商人员、分销渠道商询问调查来获取，虽然数据精确度差些，但是大趋势不会错。

有这两个办法相互补充，做出判断的精确度虽然比不上大数据，但也足够用了。

第三种：行业数据。行业报告会披露一些发展趋势，可拿来平衡一下前面的误差。

第四种：本公司的数据。分析公司的产品结构，对照整个市场的结构表现，来观察公司的产品结构的偏移程度。

2. 数据分析类型

基本数据类型有四种：规格别分析、产品类别分析、价格别分析、品牌别分析。

针对整体市场、每种渠道、公司自身，分别做这四类分析。

3. 整理成表格

建立表格，按照一定格式编辑好，如表 5－18 所示。

表 5－18　市场数据

系统/区域	品牌	品名	类别	规格（mL）	销售额

表格一定包含区域（超市）、品牌、品名、规格、价格、销售额等核心信息，至于类别，自己加列填写就可以。

各超市提供的信息格式不一致，只要包含以上信息，自行整理即可。

4. 规格分析

圆环的内环为各品牌这个规格的 **SKU** 总数，外环为各规格的销售额占比。**SKU** 为品项数，也就是有多少数量单品。

（1）先将规格、**SKU** 数量、销售额数据整理成表格，如表 5－19 所示。

表 5－19　规格、SKU 数量、销售额数据

规格	SKU 数量	销售额/元
1000mL 左右	21	101773
1500～2000mL	25	59157
500mL 左右	60	38284
500mL 以下	15	8292
800mL 左右	8	5738

（2）制作圆环图

用鼠标选中全部表格。

点击“插入”工具栏，选择“饼图”里面的圆环图，如图 5－26 所示。

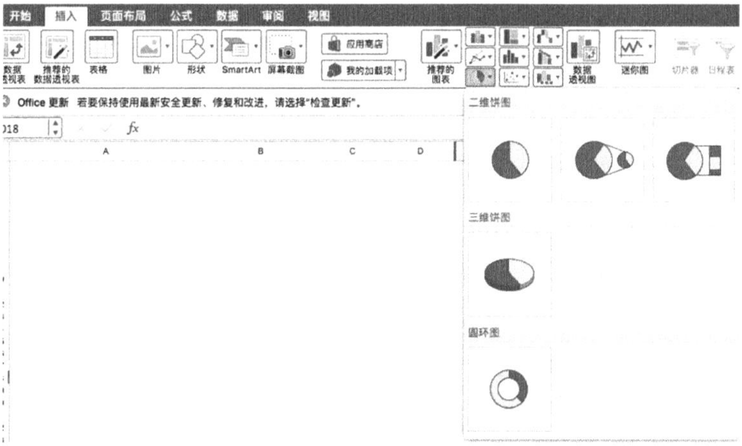

图 5－26　插入圆环图

制作完成的圆环图，如图 5－27 所示。

鼠标点中圆环图，打开图表设计工具栏，如图 5－28 所示。

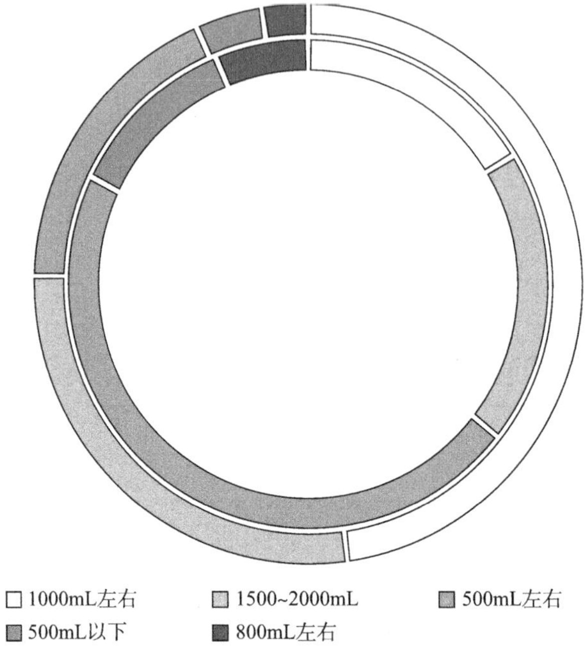

图 5－27　圆环图

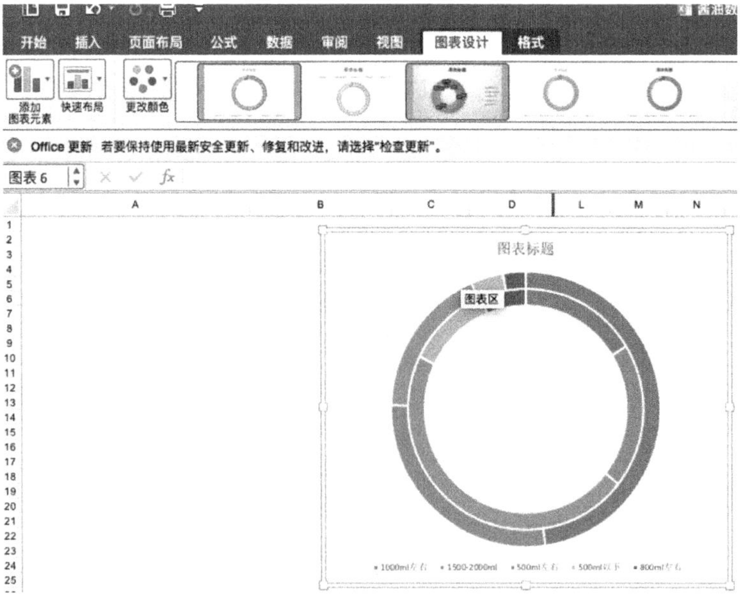

图 5－28　打开图表设计工具栏

添加主题、数据标志、标签、布局，如图 5－29 所示。

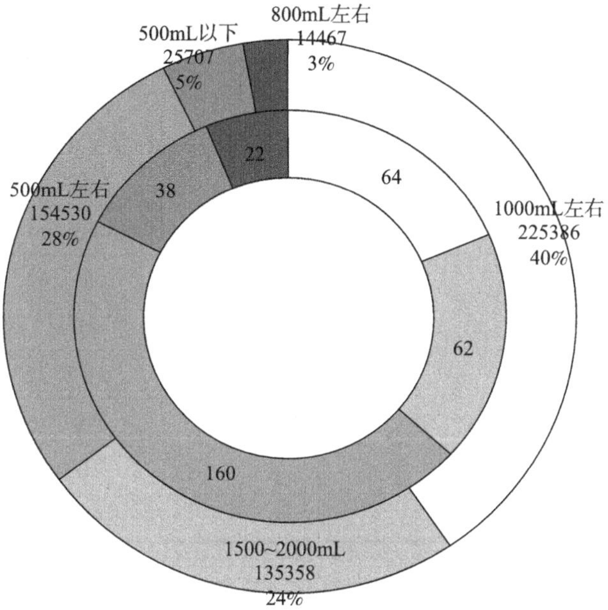

图 5－29　添加主题、数据标志、标签、布局

（3）根据图表分析、制定公司新产品规格策略，如图 5－30 所示。

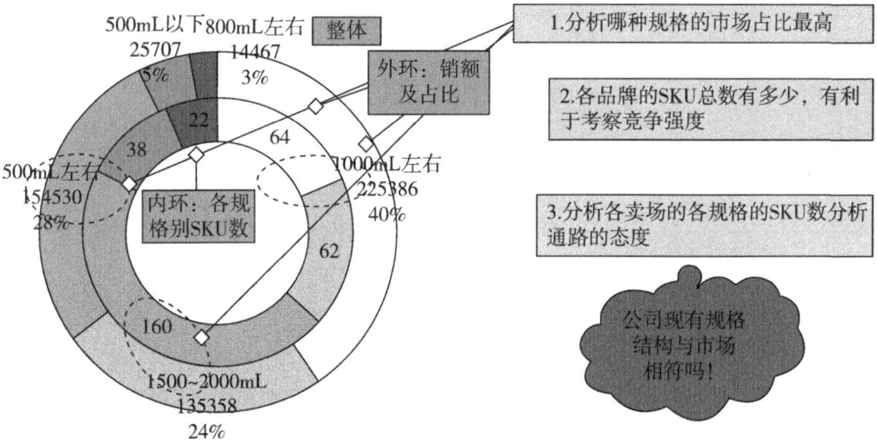

图 5－30　公司新产品规格策略

5. 类别分析

将类别、销售额数据整理成表格，如表 5－20 所示。

表5－20 类别、销售额数据

类别	销额/元
味极鲜	130241.81
各种鲜	31731.75
生抽	17711.6
老抽	11580.07
特级	6838.74
无属性	6637.67
其他	4561.7
黄豆	1839.72
海鲜	1101.46
有机	1000.1
合计	213244.62

制作饼图，饼图比较简单，不再详述其做法。

根据图表分析、制定公司产品类别策略，如图5－31所示。

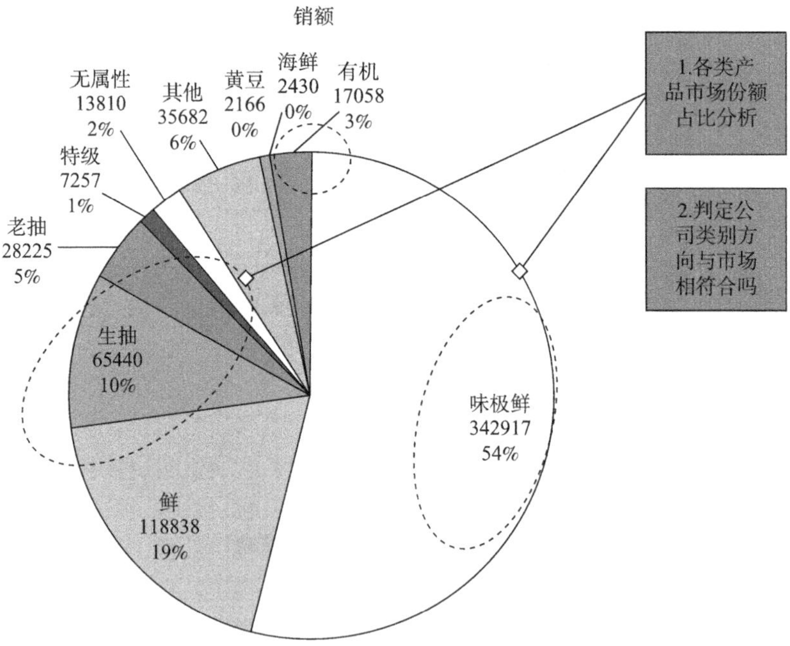

图5－31 公司产品类别策略

6. 价格分析

（1）将价格带、SKU 数、销售额、各 SKU 平均销售额整理成表格，如表 5－21所示。

表 5－21　价格带、SKU 数、销售额、各 SKU 平均销售额数据

价格带	SKU 数	销售额	元/SKU
15～20 元	26	101, 103	3888. 59
20～25 元	14	49, 868	3561. 98
5～10 元	43	28, 819	670. 215
10～15 元	25	17, 743	709. 708
25 元以上	13	10, 604	815. 671
5 元以下	8	5, 108	638. 468

（2）制作圆环图。

（3）根据图表分析、制定公司价格带策略，如图 5－32 所示。

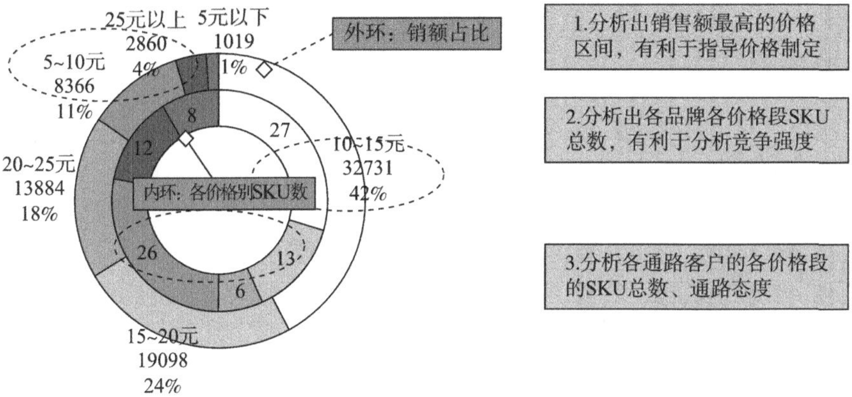

图 5－32　圆环图

7. 品牌分析

（1）整理成表格，如表 5－22 所示。

表 5－22　品牌、销售额数据

品牌	销售额/元
A 品牌	74128. 8
B 品牌	21464. 1

续表 5－22

品牌	销售额/元
C 品牌	21202. 2
D 品牌	21140. 9
E 品牌	16379. 4
F 品牌	10369. 2
G 品牌	4591. 9
H 品牌	3294. 1
I 品牌	1621. 1
J 品牌	931. 4
K 品牌	627
L 品牌	463
M 品牌	163. 9

（2）制作饼图。可以加上每个品牌 SKU 分析，做成圆环图。

（3）进行图表分析、确定各品牌的强弱，选择攻击或防御的对象，如图5－33 所示。

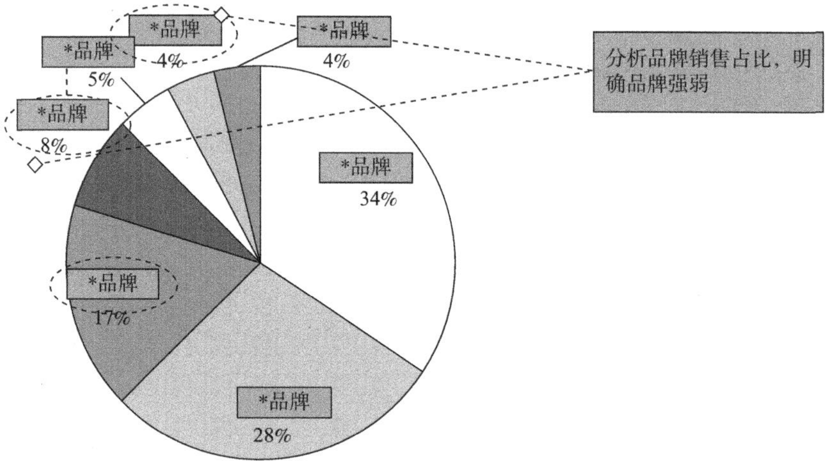

图 5－33　饼图

第六章
第二步：目标消费者分析

在竞争激烈的市场，任何产品都不可能把消费者一网打尽，只有在计划经济、短缺经济、垄断经济时期才存在这种可能性。

每一个消费者，都有属于自己的独特需求、偏好、使用行为、购买行为、个性等。在大消费品市场，也不存在一个产品只针对一个单独的消费者的情形，没有经济性，除非你的客户是超级富豪或工业型客户，才能实现定制。

将具有相同或类似需求的消费者放在一起进行分析，满足其相同部分的需求，并且做到有利可图。对于产品开发者来说，就是最正确的事情。

一、消费者细分

细分消费者市场的依据，包括以下几点：

（1）地理变量。地区、城市规模、人口密度（城区与郊区）、气候（热带还是温带）。

（2）人口变量。年龄、性别、家庭规模（几口人）、家庭类型（合租、自家人住）、家庭生命周期、家庭月收入、职业、教育、宗教、种族、民族、国籍。

（3）心理变量。社会阶层（下层、中层、上层）、参照群体、生活方式（变化型、参与型、自由型、稳定型）、个性（冲动型、进攻型、交际型、权力型、自负型）。

（4）行为变量。追求利益（价值、健康、便利、低成本、时尚、体形娇小、展示成功）、时机（一般时机、境况时机）、使用者的地位（从不使用者、曾经使用者、潜在使用者、首次使用者、经常使用者）、使用频率（不使用、少量、中量、大量）、忠诚度、准备阶段（不了解、了解、熟知、感兴趣、想买、打算买）、对产品的态度（热情、肯定、不关心、否定、敌视）等。

细分消费群体，往往采用多变量因素组合细分。大企业一般用详尽的市场调查和专业的分析工具，或者聘请著名的咨询公司来做此项工作。组合年龄、行为特征、心理特征、价格、利益（功能）等，进行详尽的 A&U 调查，并出具详尽的报告。

国内某著名品牌产品通过严密的 A&U 调查后，得出的核心消费者细分特征描述，如图 6－1、图 6－2、图 6－3、图 6－4 所示。

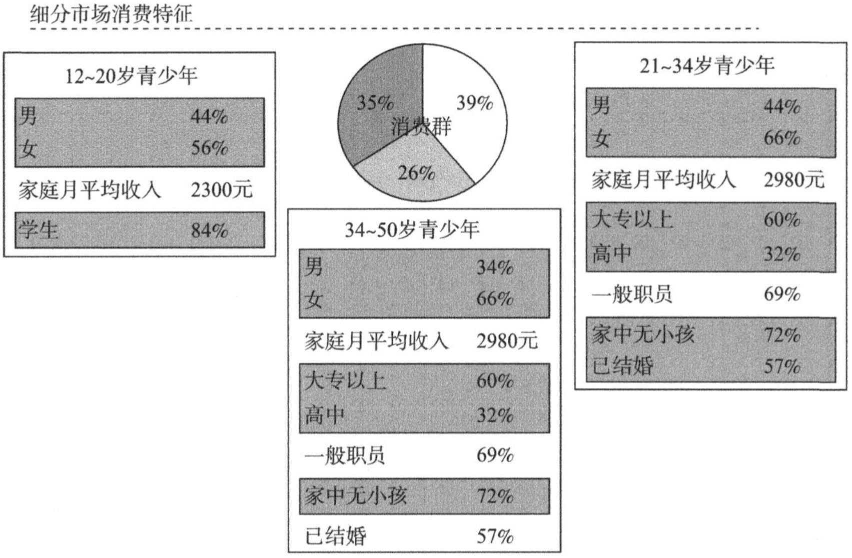

图 6－1　细分市场消费特征

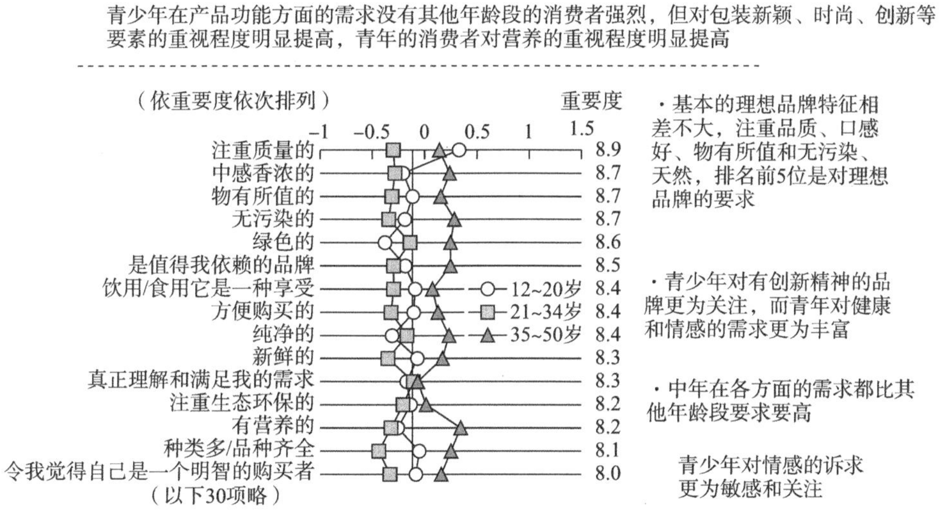

图 6－2　青少年的需求

中小企业没有详尽的数据和专业人员，通过观察和分析领导者及标杆竞品的产品，也足以得出可以用于实际开发的结论。

当目标消费群体确定后，需求、产品属性偏好、信息渠道、个性、行为等特征就会趋于一致，开发产品就会有方向和目标。

核心消费者的特征

12~20岁表少年

·以学生为主，消费的经济来源主要是父母，夏季每天会吃冰激凌

·对产品的可见因素较为重视（如吃法新颖、包装诱人）

·广告、新产品和品牌会对其购买有较大的影响

·对价格的承受能力较强

·对产品的功能需求较为简单，好吃、多口味、新颖、凉爽是其主要需求

·对品牌的情感特征较为敏感同，追求个性、时尚、创新和轻松愉悦的生活

青少年对情咸需求较为敏感，在一定的功能的支持下，突出产品的情感诉求，是赢得消费者的有利手段

图6-3　核心消费者的特征

图6-4　某品牌咖啡消费者描述

二、按照收入（价格）来进行分析

收入（价格）分析是最基本的分析方法。需要绘制品牌（产品）分布图，可以采用横向列图，也可以采用纵向列图，如图6-5、图6-6所示。

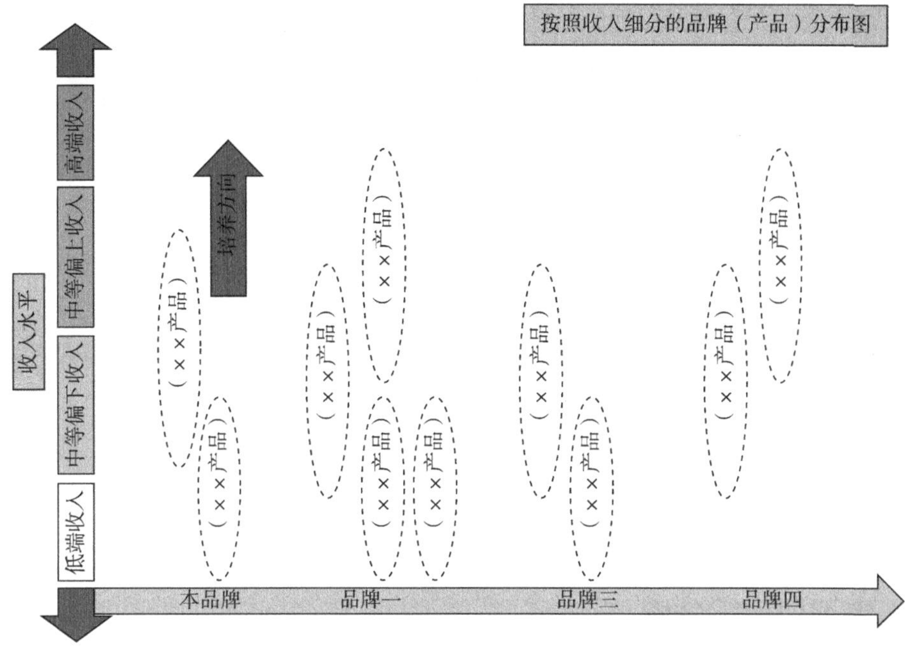

图6-5　按照收入细分的品牌（产品）分布图（纵向列图）

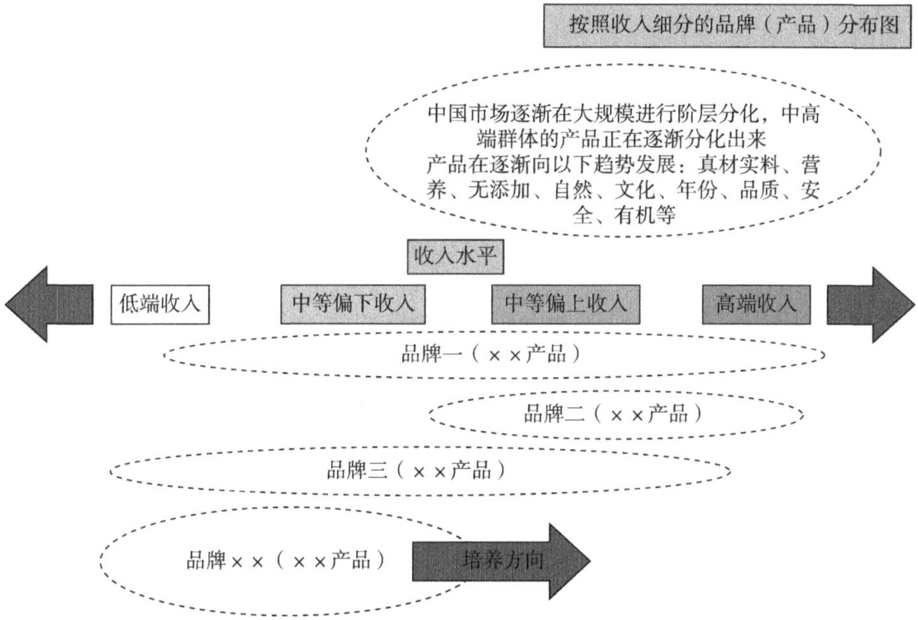

图6-6　按照收入细分的品牌（产品）分布图（横向列图）

1. 竖轴，分列纵向的收入分级

由于很多产品有不同的规格，仅仅是分量不同而已，目标消费群体却是同一个，如果按照规格别来列，会非常混乱。因此，按照价格统一折算成某一标准规格来进行分析。

2. 横轴，分列不同品牌的产品

本品列在最左边，依次按照与本品竞争的重要度向右分列。依据消费者收入级别分列产品，用圆圈或矩形表示。

可以将最重要的产品属性、价格等写入圆圈内。参见第四章产品属性与价格定位法则中的七步绘制定位战略态势图里。

应用此图，可以很明显地分析出本公司的产品线的优劣势和产品的发展方向，以及每个产品的进攻或防御对手。

三、消费价值观分析

这一部分，我们运用著名咨询公司麦肯锡的一些数据来分析（数据可在麦肯锡公开网站上查询）。

中国的中产阶级人群，正以非常快的速度增长。目前，仍然是以北上广深及沿海的发达城市、一线省会城市居多，但正在向内陆、二三线城市蔓延。

经济发达地区的消费结构，正以中间收入消费群体居多的纺锤形结构，向两头（高收入人群、低收入人群）大、中间小（中收入人群）的哑铃形结构发展。也就是说，这些地区，高端、低端的产品都会有很大潜力，而处于中间价格带的产品市场规模会缩小。

到2022年，上层中产阶级和大众中产阶级的占比会达到76%（其中，上层中产阶级占比达54%，大众中产阶级占比达22%），贫困阶层占比极低，如图6－7所示。

麦肯锡预计，到2022年，中国二三线城市的中产阶级占比将达到76%，一线大城市缩小至8%，如图6－8所示。

新一代中产阶级的消费价值观，也在悄悄地变化。乐于尝试新产品、愿意支付高价格、崇尚个性展现的小众品牌，如图6－9所示。

近几年，宝洁、高露洁、联合利华等大品牌在洗化领域的败退，大量中国自有小众品牌的崛起、替代，明显地展现出了这种趋势。

比如云南白药、舒适达、舒客等以健康、独特地保护牙龈、去火、乳酸菌

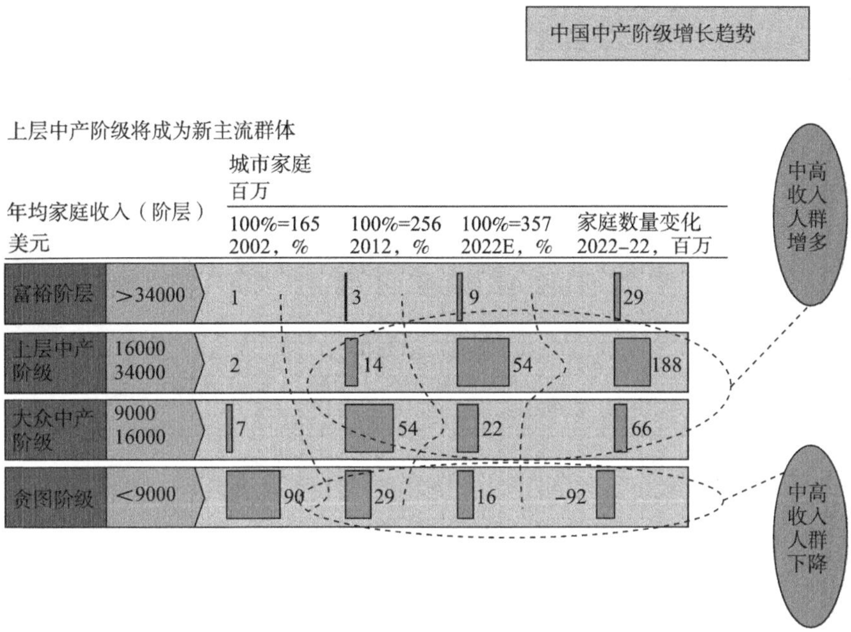

图6–7　中国中产阶级增长趋势

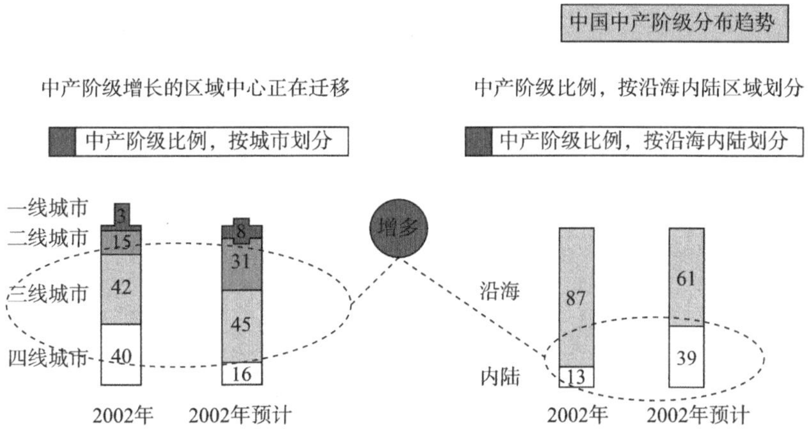

图6–8　中国中产阶级分布趋势

等诉求纷纷后来居上，并位居前列；立白、雕牌、超能逐渐取代汰渍、碧浪等。

新生代上层中产阶级选择的产品更倾向于健康、营养、绿色、有机、价值感，如图6–10所示。

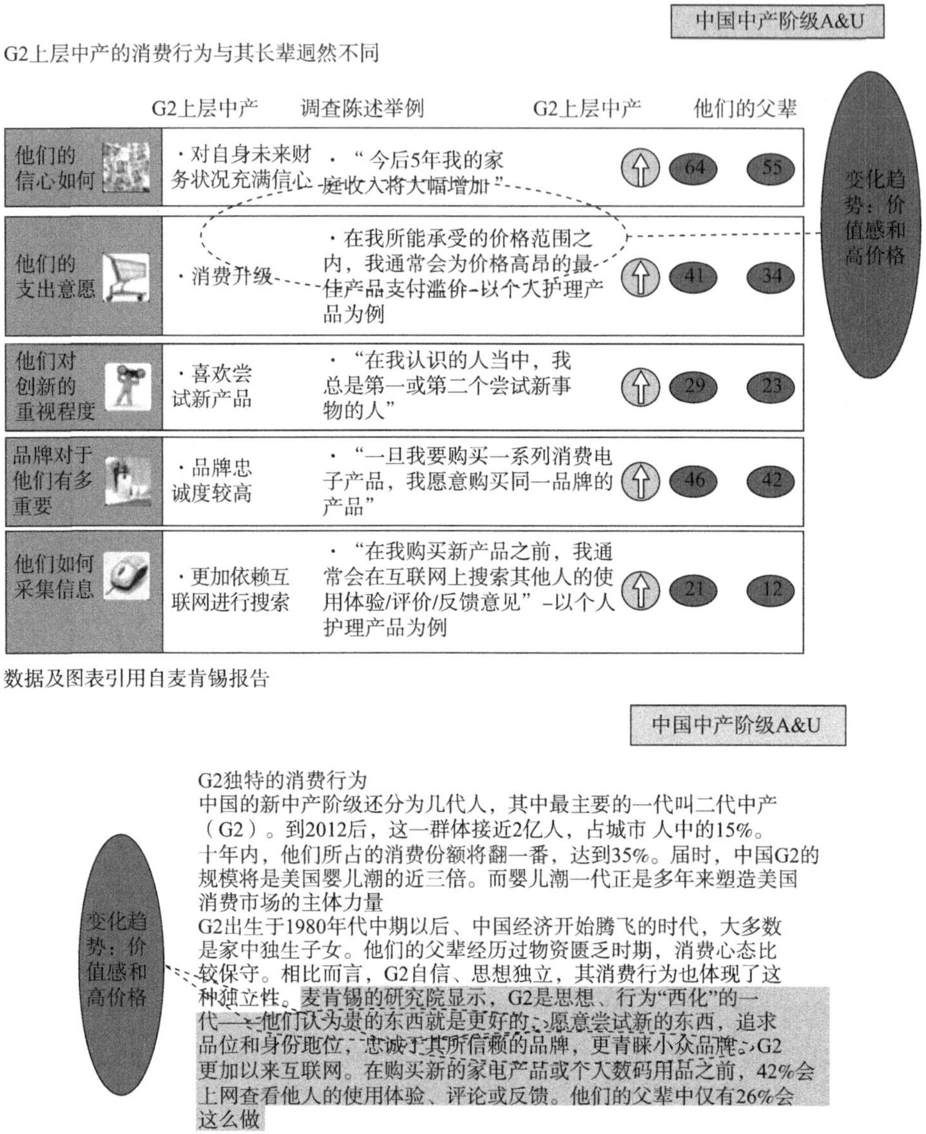

图 6-9　中国中产阶级 A&U

四、消费者个性分析

随着电商经济的崛起，新生代消费者更容易聚集在一起，相互影响和同化，越来越重视个性的释放。新生代消费者有以下 4 个方面的主要特征：

（1）个体的聚集（Individual gathering）。一群有共同兴趣、爱好的消费者聚

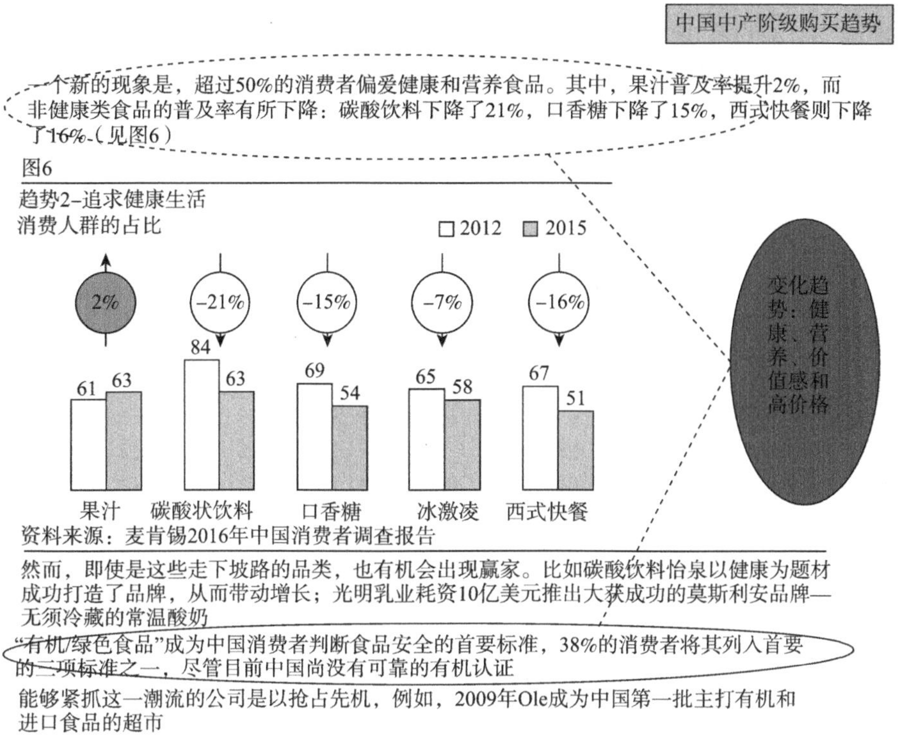

图 6－10　中国中产阶级购买趋势

集在各类门户、垂直网站，从而形成“有共同目的”的“个众”，也就是粉丝经济。

（2）互动的沟通（Interactive communication）。新一代消费者越来越重视互动，参与进去，进行体验。我们是“主”，也是“客”。抖音等短视频平台的兴起就是证明。

（3）在里面（Inside）。网络的普及使人们可以轻易地就“进去”，并长时间地待“在里面”，网民与网络之间具有巨大的“黏”性。实际上，是网络互动社区时空里面“聚集的个众”，具有既不连续又不离散的“稠性”特征。

（4）“我”的个性化（I）。这不仅指个性表达，还指个性需求、个性交流等个性化特征。

许多消费品在包装上体现个性化，统一的小茗同学，可口可乐的各种歌词瓶、台词瓶、昵称瓶都体现了年轻一代消费者的个性选择。

提案描述如图 6－11 所示。

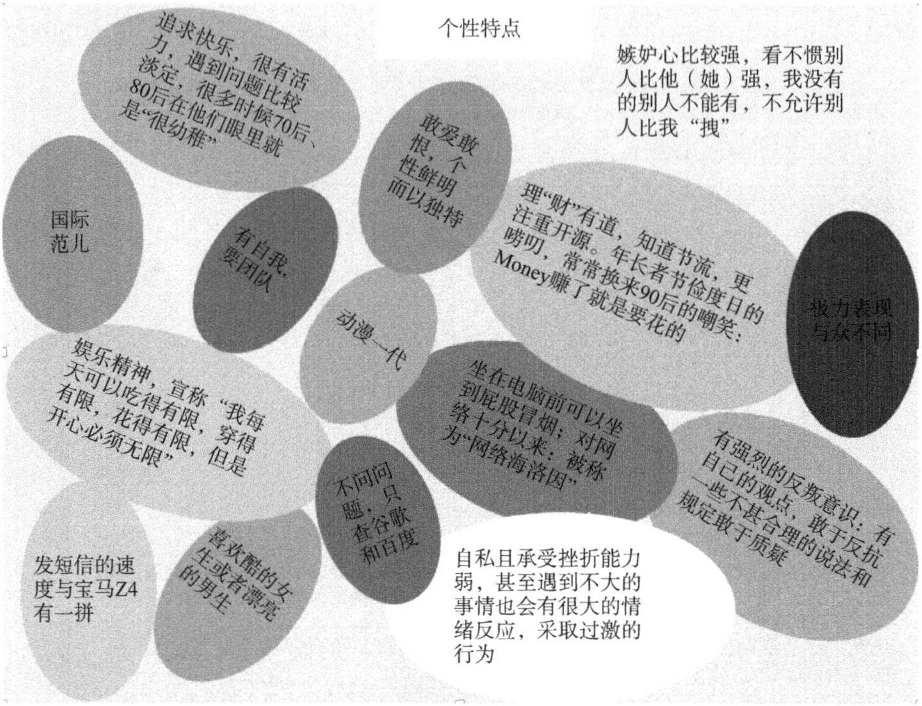

图 6－11　提案描述

五、文化价值观分析

中国的消费者非常重视文化价值观。古代传统文化有：孝文化、中医文化、福文化、婚庆文化、节日文化，以及汉学、儒家、道家、佛家文化等，还有西式文化，都是重要的考虑因素。很多产品从这里找到了机会，大获成功。

瞄准结婚群体的金六福，"家有喜事，金六福酒"。

孝顺老人的脑白金，"今年过节不收礼，收礼只收脑白金"。

大爷指着黄金酒：啧啧啧……入口柔，一线喉，西洋参、鹿茸、五种粮食、六味补品、好喝又大补，谢谢了，哎，我女儿送我的，要喝呀，让你儿子买去！送长辈，黄金酒！

小糊涂仙，"难得糊涂"。

六、年龄、性别分析

消费者的年龄与性别细分也是细分消费者的常规手段。不同年龄层次、不同性别对产品属性的要求是不一样的。

儿童性产品。安全、健康、营养、绿色是主要诉求点，补脑、聪明、强壮、长身体是最好的选择。好玩、乐趣、卡通是儿童产品的基础点。

老年性产品。主要特点是易消化、易吸收、补钙、营养、保健、包装上字体要大、产品功能要简单等。

女性产品。代表爱情的德芙巧克力，蒙牛的大果粒酸奶，东阿的桃花姬，甘汁园的姜汁红糖、大枣红糖等。女性特有的喜好：补血、养颜、胶原蛋白、躯体寒、减肥、维生素、水果、姜汁、红枣、阿胶等都是最好的切入点。

男性产品。补肾、保肝、养胃、健脑、解酒、有助于睡眠、增强体力、增强精力、增加能量、运动性、功能性等为主要特色。

现今中国，90 后、00 后正成为消费新引擎。他们是出生于互联网时代、年龄在 20～30 岁的“数字原住民”。

90 后消费群体占中国总人口的 16%，从现在起到 2030 年，他们将贡献中国总消费增长的 20% 以上，高于其他任何人口类别。未来的趋势必将开发适合于他们的产品。

这是一个具有鲜明多样性的群体，可细分为五类，即追求幸福者（39%）、追逐成功者（27%）、知足青年（16%）、任性挥霍者（10%）和宠二代（8%），如图 6－12 所示。

39% 追求幸福者	27% 追求成功者	16% 知足青年	10% 任性挥霍者	8% 宠二代
86% 认为成功意味着幸福的生活（总体为43%[1]）	64% 认为成功意味着发家致富（总体为55%）	32% 认为“只要努力工作，就可以改变命运”（总体为45%）	48% 愿意花钱尝试新事物（总体为34%）	96% 由父母为其大额消费埋单（总体为21%）
54% 对品牌不感兴趣，更关心产品本身（44%）	58% 喜欢什么就买什么（总体为41%）	不太可能 不太可能为最新的科技产品支付溢价（27%，总体为37%）	38% 认为产品越贵越好（总体为25%）	47% 愿意购买最新科技产品（总体为37%）
53% 愿意多花点钱购买环保产品（总体为46%）	不太可能 不太可能会存钱以备不时之常：只有28%认为应该为不确定性做好准备（总体为39%）		42% 买得起小件奢侈品，以显示品（总体为33%）	54% 心仪优质产品并愿意支付溢价（总体为41%）

图 6－12　中国 90 后具有鲜明的多样性

七、使用量、时机、目的分析

分析哪些群体是重度消费者（使用量大）及其使用目的、时机等非常重要，这部分是主要的争夺群体。可以开发具有独立属性特征的产品适合这个群体，并用独特的推广和宣传来接近。

这里要用 A&U 调查得出这方面的信息。我们通过三个实际结论来看其重要性。如图 6－13、图 6－14、图 6－15 所示。

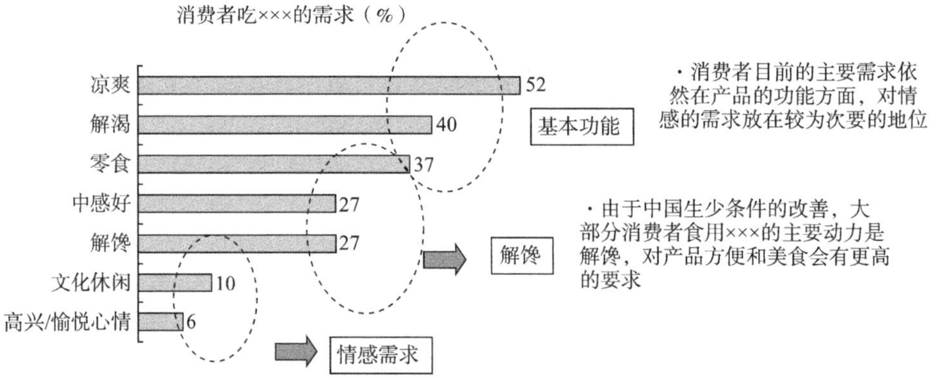

图 6－13　消费者吃×××的需求

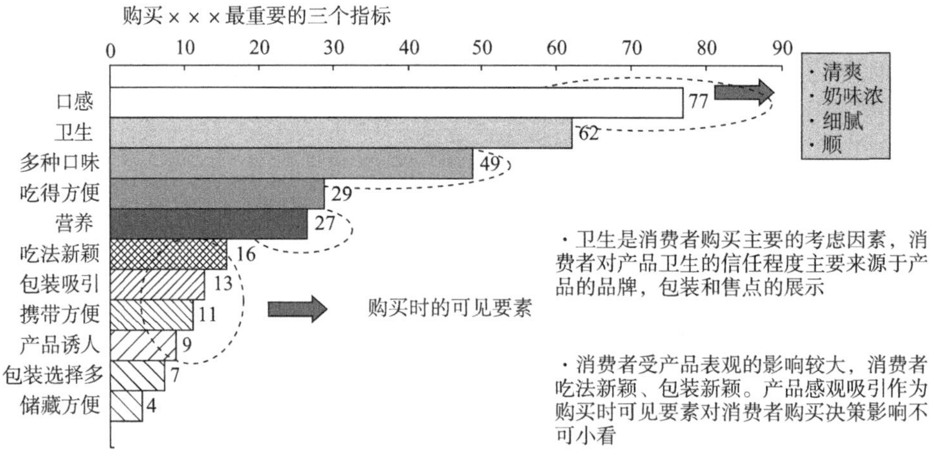

图 6－14　购买×××最重要的三个指标

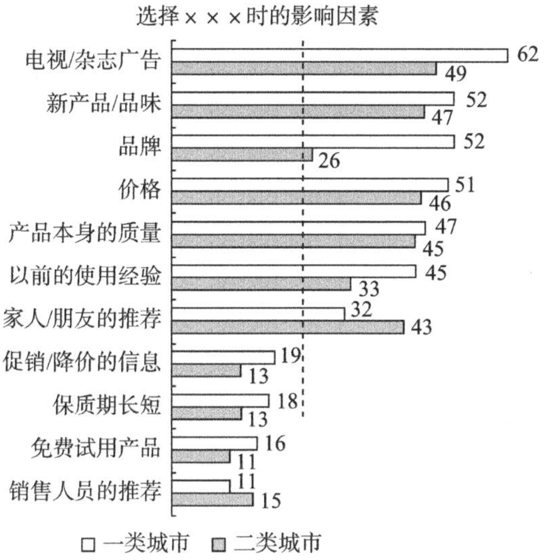

·对×××影响购买的因素较多，而且每一个细小的因素均能对其购买产生重要影响。在排名最后的因素，也有11%的人会受其影响

·作为休闲食品，新口味本身具有极强的吸引力，需要我们在操作中向消费者灌输，但新口味如果得不到应有的介绍和宣传，那么，它将会成为黑暗中美丽的眼睛，无人知晓

图 6－15　选择×××时的影响因素

八、提案格式

提案格式（加上前面的一系列描述附在其后），如图 6－16 所示。

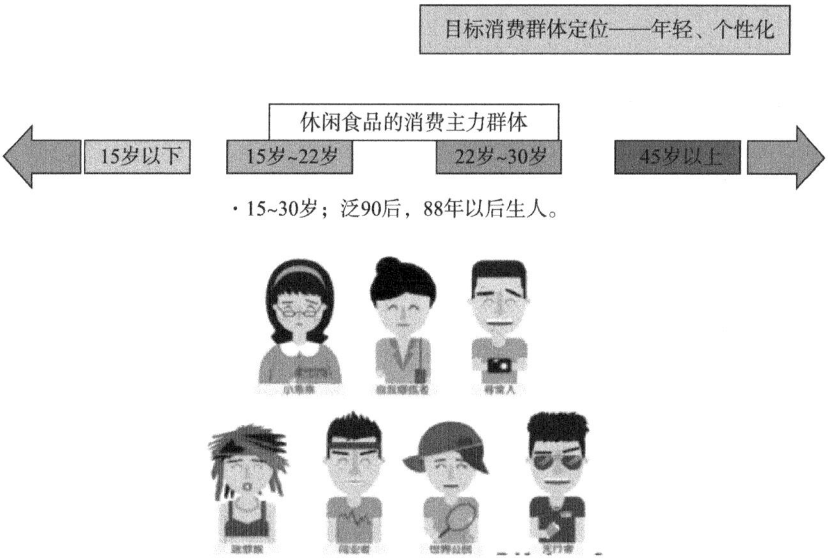

图 6－16　提案格式

第七章

第三步：产品属性定位

这一章我们将应用到第二章“量化的产品属性中的狭义产品属性和广义产品属性”与第三章“从需求推演产品属性、找到需求痛点”的方法。

选择合适的产品属性，是产品开发的核心。再好的产品也必须有好的产品属性来支持。毋庸置疑，只有好的概念和品牌，却没有足够的产品属性支持的产品，最终的结局必将失败。

我们在前面确定了目标消费群体，通过调查知晓了本竞品在各方面的具体现状，就可以运用第三章的方法寻求需求的痛点，推演出尽可能多的产品属性点，做出产品属性的所有可能方向。

但具体选择哪些属性才有价值，就是属性定位的问题，要用定位的方法来选择。

一、定位方法

里斯和特劳特的定位理论提供了很多方法。

1. 找到新空间，成为第一

最好的办法就是在消费者的心智中建立新类别的空间。进入心智的捷径，就是分析区隔出的每一个细分市场，是不是可以成为一个新类别，如果可行，快速进入，以第一的身份宣传。特劳特认为，普通人在每个类别里通常回忆起的是两个品牌，这就是著名的定位“二元法则”。

信息大爆炸时代，信息接近于海量，在相似信息的巨大洪流中，头脑选择并记住某一信息越来越困难。大量繁杂、无序的信息充满了消费者的心智，只有挤掉原来的信息，才会吸收新的信息。因此，将现有信息进行区隔，消费者心智中就会出现新的空间，占据它，并成为第一，消费者最容易记住的只有第一。

1956 年，美国认知心理学的先驱、哈佛大学教授乔治·米勒在《神奇的数字 7 ±2：我们的信息加工能力的局限》中指出，人的心智对信息的处理方式就是把信息归类，然后加以命名，最后存储的信息是这个命名来统领大量信息本身。这个命名就是记忆的纲要。普通人的心智不能同时处理七个以上的单位，这意味着消费者最多可以同时想起同一品类的 7 个不同的品牌。

从科学的角度解释，消费者在大脑中已经存储了现有所有品牌产品的信息，并形成稳定的信息记忆架构。人的记忆架构是通过纲要来记忆，并在这个纲要下，存储其所有的信息。通过回想起这个纲要，就会想起其他关联信息。一个产品类别是一个纲要，这个纲要下分布的是一个品牌的产品，每一个品牌名称在记忆中也是一个纲要，通常被记住的是前两层。

因此，最有效的方式就是在原有信息架构中，在一个已经有的、相似的信息纲要旁边，建立新的不一样的记忆纲要，第一个占有它。新纲要既要符合消费者原有的习惯，又要与原来的纲要完全不同才会被消费者建立，并且要非常简洁，这样才有机会被消费者识别并记住，如图 7 – 1 所示。

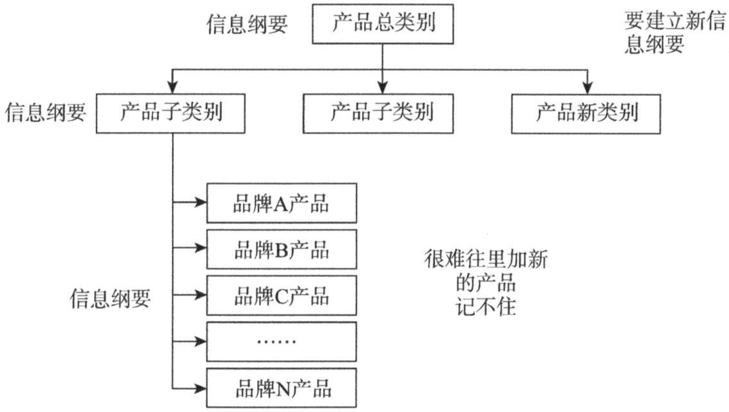

图 7 – 1　信息架构

2. 关联定位法

让你的产品与领导品牌产生最紧密的关联。青花郎酒就是与茅台产生关联，将自己塑造为除茅台以外的第二大酱香酒品牌。“云贵高原和四川盆地接壤的赤水河畔，诞生了中国两大酱香白酒，其中一个就是青花郎。”所有人都知道茅台是酱香酒的代名词，青花郎与茅台紧密相连，顺理成章地成为酱香白酒的前两位。

3. 非可乐定位法，又称反向定位法

告诉别人你不是什么，往往比告诉别人你是什么更管用。当所有人都习惯于某一类别时，新的类别名字很难进入消费者的认知，此时不如宣称非此类别，将自己置身于与原类别并列的位置，这就在消费者心智中成功建立了新的类别，从而引起消费者的注意。

七喜面世之初，面临可口可乐、百事可乐两个超级大品牌，在夹缝里如何求生存？七喜为自己的汽水精心设计了简短的广告词：“七喜——非可乐。”把饮料市场一分为二（一边是可乐型饮料，另一边是非可乐的七喜），从而大获成功。

最早的汽车叫“不用马拉的马车”，因为在此之前没人知道汽车是什么。五谷道场通过“非油炸”，将康师傅、统一等传统方便面巨头的油炸区分出来，被消费者记住。千禾酱油“零添加”的概念，就将所有的酱油品牌归入了“添加”型产品。

4. 将竞争对手重新定位

当竞争对手牢牢占据整个市场，你的产品如何定位？将市场分类，将它归入其中某一类，我们去占据别的类别。

大卫·奥格认为，必须为品牌树立正面的形象，这正是攻击的关键，为竞争对手贴上负面标签或其他标签的目的就是为自己树立正面的形象。反向定位就是将竞争对手重新定位的一种。

宝马最初将奔驰归类于乘坐舒适——坐奔驰，自己占据激情驾驶这一大类——开宝马，如图 7－2 所示。

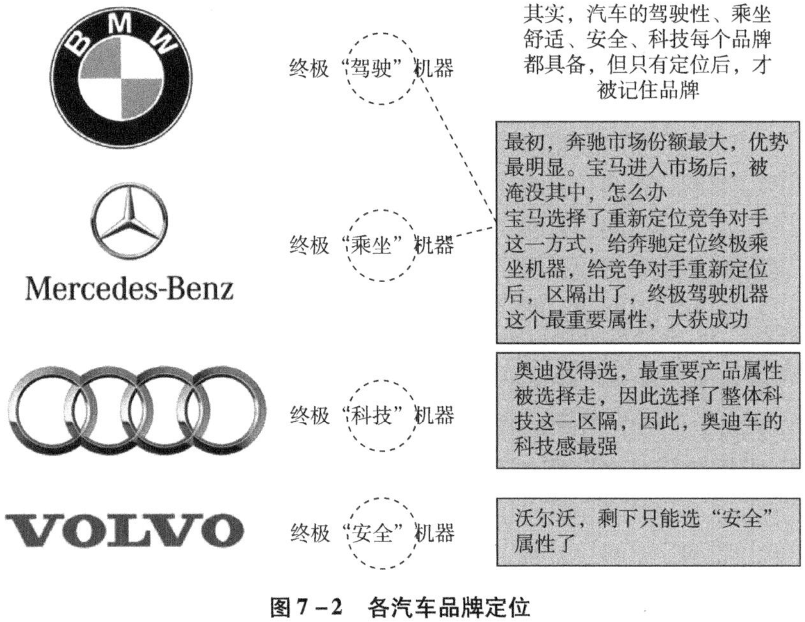

图 7－2　各汽车品牌定位

5. 产品属性定位

分析行业所有可能的产品属性方向，找到空白属性，尽快进入。这个方法结合其他方法综合使用。

6. 价格定位

价格定位比较好理解，价格分为高中低档的价格带，去找到竞争品牌还未占据的价格空间，填补上就可以。

高价格定位是个非常不错的策略，尤其是当价格空间空出高价时，第一个用有效的品牌故事在顾客能接受的高价格带快速推出，很容易确立高档产品形象，再往中、低价格带延伸就很容易。

低价格也是切入市场的利器，低价格可以很快提升市场销量。尤其是低价格高品质的价值策略更为有效，一旦站稳脚跟，快速向中高价格带延伸。切记，低质低价产品则很难向中高端延伸。

占据高、中、低三种价格定位的策略是一个强大的营销策略组合。

二、产品属性定位范围

开发产品，需要在哪些方面来进行定位呢？

我们仍然需要从量化的产品属性出发，考察狭义和广义的产品属性。

此处我们仍以食品为例来分析，如图 7 – 3 所示。

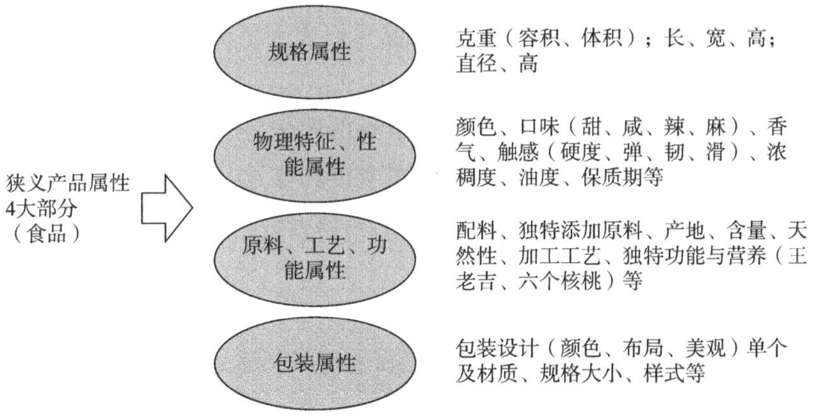

图 7 – 3　狭义产品属性（食品）

（1）产品规格属性定位。产品的规格都应选择哪些？往大规格制定？小的尺寸可不可以呢？如果是大包装里包含独立小包装，小包装的规格怎么制定？产品的箱规格如何选定？

（2）产品物理、特征、性能属性定位。每个产品在颜色、香气、味道（酸、甜、辣、鲜、独特味道）值的大小设定。

(3) 原料、工艺、功能属性定位。原料、工艺、功能、营养等利益的独特设定。

(4) 包装属性定位。包装设计及外观式样的独特性设定。

首先，分析产品原料、工艺、功能属性定位，这是产生定位创意的源泉；其次，再进行其他属性定位分析。

在这之前，必须先做两步工作：第一步，制定三图一表；第二步，制作产品属性定位分析图。

三、制定三图一表

根据第二章“量化的产品属性”和第三章“从需求推演产品属性”中所讲述的技能方法，穷尽出目标消费群体的需求，推演出尽可能多的产品属性。

小王很是兴奋和得意，拿着需求态势图、产品属性推演图、产品属性态势图、QFD 总矩阵表及调查分析结论来找我。

小王：“张总，我现在有很多很多关于新产品的想法，太多了，太兴奋了，脑子一刻也停不下来。”

我：“哦，真不错。恭喜你！你现在是个有创造力的人才了，纠正一下，那不叫想法，营销术语叫“产品构思”。现在可以坐下来讨论一下，产品具体是什么样子了。”

小王：“这个我知道，从量化的产品属性的思路，一个个来考虑。”

我：“非常对，下面我们来一项一项的具体确定了。”

先从第 3 大项的原料、工艺、功能产品属性定位开始，确定了这一步，才可以确定规格、价格等重要项。

这一步其实也是消费者利益定位的核心，这么多产品属性，怎么选定？哪些有价值？选择哪些用于开发？所有的都给研发部吗？那么多，他们需要花多长时间来一一为你开发呢？

小王：“只顾着兴奋，这个还没多想，确实有这么多属性，本品竞品混在一起，还真不好分析。”

我：“我们还是需要用工具来将这 4 大类图表上的信息逻辑化，便于分析和讨论，我给你一个产品属性定位分析图。”

四、制作产品属性定位分析图

定位是寻找消费者认知（心智）中的空缺，但首先要找到有哪些元素构成了消费者的认知，这就需要用到产品属性定位分析图（原料、工艺、功能）。产品属性定位分析图是用于寻找构成消费者心智空间的元素的工具。对照属性定位图和其他品牌的实际情况，你才能看到哪里是空缺。

我们以饮料行业为例，如图 7－4 所示。

1. 建立坐标轴系统

坐标轴系统的建立原则就是，尽可能容纳所有分析出的产品属性大类别方向，可以运用多重坐标来标识各种分类，这是一种主观分类的示意图，用来细分市场的分析、沟通。

比如以水原料为竖轴，添加物为横轴。在不同的部位，分别标注上分级说明。竖轴上侧为纯净水，另一侧为一般矿泉水；横轴右侧是化学无益添加，左侧就是天然有益添加。

将之前逆推出的需求属性和产品属性分别填充到坐标轴上。

我们可以将最左侧数轴添加为需求态势图中得出需求类型，列出来，本示例空间有限，自行使用时还可以添加各种需求。比如其他用途（睡眠、解酒）；个性需求；心理需求；时机需求：早餐、午餐、晚餐、加餐；境况性需求：旅游、休闲、宴会、送礼；等等。

中间竖轴为化学添加剂的添加与不添加列出来。左侧整个区域为添加型，右侧为不添加型。

横轴分别列出产品属性态势图中得出的所有产品属性。

2. 分隔市场

（1）用虚线分割开大类，每一个空格就是一个小的细分。

（2）在其上标注现有的类别市场。

（3）可标注市场量的大小（此处采用的数据是第五章产品结构调查及分析里得出的结论）。

前两步是个不断修正的过程，尽可能包含所有属性类别。

本案例是以整个饮料市场做了说明，也可单独将某一个大类列出，比如茶饮料、果汁饮料，同样都可以做属性定位图。其他行业也是一样的分析思路。

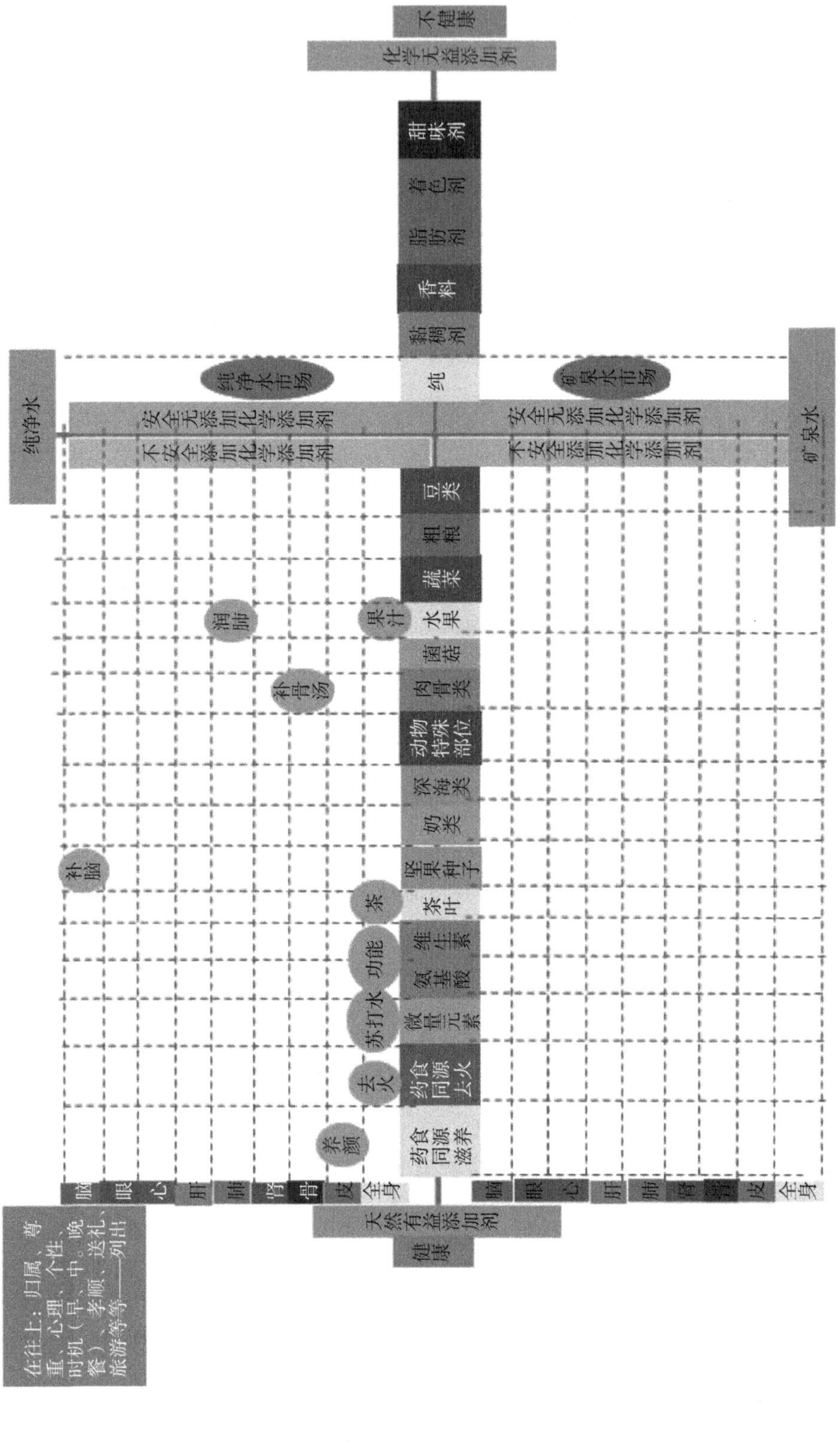

图 7-4　饮料的定位属性分析图

五、原料、工艺、功能属性定位分析

下面所述的方法，是运用产品属性定位图中的基本元素，再加入一些其他元素，构成细分的市场，运用定位的方法，结合消费者的认知习惯，来分析每个市场是否存在心智的空白点，是否可以进入，并确立第一，如图 7 –5 所示。

1. 现有区分出的空格市场，有没有机会

在消费者的认知空间是不是新的？将每个可能的空格标注出来，可以分析单独空格，可以分析纵向一列，也可以横向一行，也可以分析某一区域等。上面列的都是大类别分析，要考虑每个大类里具体的细分因素，可以将每个选定的空格，继续用此工具分析，制作一个分图。

比如针对人身体的饮料：

“骨汤”：补充全身钙质和微量元素。将骨类的类别展开：猪骨、羊骨、牛骨、鹿骨等。

“五谷汤”：补充微量营养，热量低、脂肪低。将谷类展开小米、大麦、玉米等。

“全豆汤”：补充豆类营养，可以分出：“绿豆汤”“红豆汤”等。

还有“清心莲子汤”“姜汁红糖水”“滋补汤”“海洋蔬菜汤”“深海鱼汤”“菌菇汤”“花饮”“老母鸡汤”等。反正是产品创意，多多益善。

果汁饮料市场已经非常发达，可不可以细分：“清肺饮”“养胃饮”“养肾饮”“养心饮”“养肝饮”等针对身体五脏六腑继续细分。国人既怕上火，也怕身体虚弱，王老吉能卖得好，“滋补汤”估计也不会有大问题，开辟一个新天地。

新的机会太多了，很多机会对于大企业来说可能因为市场总量低，不会进入，但对于中小企业来说，大企业认为低总量的市场，对于中小企业正是好机会，不管可行还是不可行，先把认为比较不错的找出来。

2. 交叉组合分析

新的机会在于跨界，交叉组合就会产生新的思路。

在你的每一个单独行业里，引入横向的其他属性，组合起来分析一下。

比如奶制品引入了水果，成为著名的“大果粒”系列。

引入高价值的蔬菜呢？

引入豆类、坚果呢？

引入种子呢？

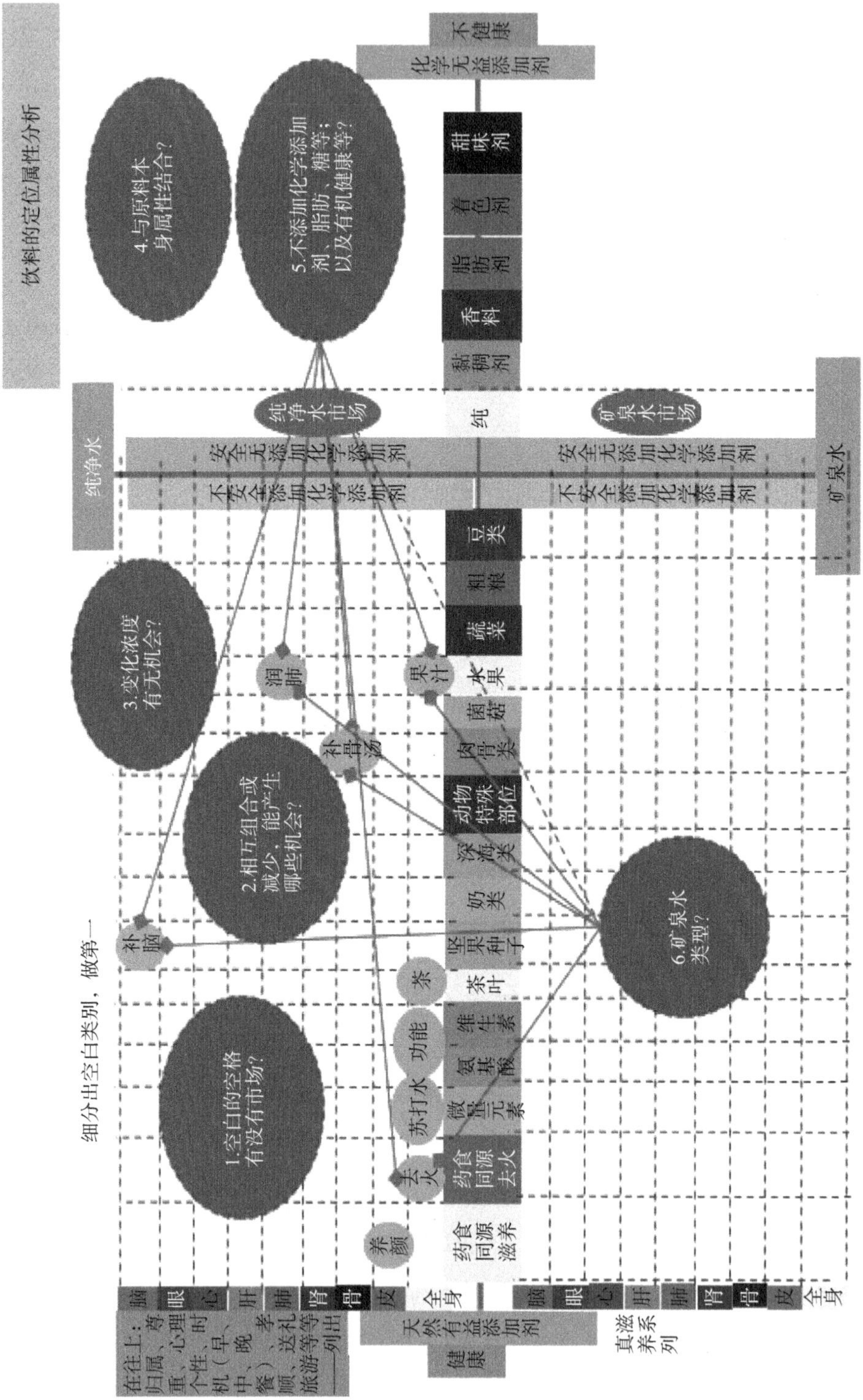

图7-5 饮料的定位属性分析

引入富含 DHA 的深海鱼肉呢？

引入菌菇呢？

引入各种花及花粉呢？

引入阿胶呢？

牛奶、水果、氨基酸组合呢？加入人参、海参等补品呢？加入各种药食同源的中药呢？

牛奶、水果、维生素、氨基酸组合呢？娃哈哈著名的“营养快线”配料成分主要为：水、全脂乳粉、白砂糖、浓缩苹果汁、食用增稠剂、稳定剂、食用香精、乙基麦芽酚、阿斯巴甜、安赛蜜、乳酸链球菌素、牛磺酸、维生素 E、烟酰胺、维生素 B_6、维生素 A、维生素 D、维生素 B_{12}等。

两两组合，三三组合呢？四四组合呢？以及更多呢？依次类推，组合分析。

茶饮料市场可不可以？上述第一种分析里提出的每一个大市场可不可以？你可以想一想这个方向。

在其他行业一样可以运用这种方法。

卫生纸行业，除了用树木造的纸，其他的原生纤维可不可以？泉林本色，“麦田里长出来的纸”，利用麦田里的秸秆、天然非木生纤维造的纸；斑布的布感原生竹纸，竹纤维造的纸，在全国也是异军突起，占据一席之地。

牙膏行业，引入了药物的云南白药、引入小苏打的舒客，还有益生菌、天然蜂胶、海盐等，这些在以前也是没法想象的添加物，这些品牌也都异军突起，运作得也不错，打破了原有的佳洁士、高露洁、中华牙膏等老品牌的江山。

著名的产品“佐丹力 159”，超级大杂烩，引入各种营养食物，定位为方便杂粮粥，成为微商爆品。黄金酒就是五种粮食、六味补品，加上孝顺（父母）的需求组合而成。

3. 变化浓度来分割市场

这个好理解，加大含量或降低含量。加大到可以明显感觉到不同的地步，也可以降低含量或功能来切割低端市场。

汇源果汁，100% 果汁，切割果汁饮料市场。

可口可乐、百事可乐以低糖、低热量细分出健怡可乐，为什么不可推出新的低碳酸可乐？

乐虎等中低端品牌大幅降低牛磺酸、赖氨酸等主要成分含量，降低价格，切割红牛的中低端市场。

活性乳酸菌饮料，真的活性乳酸菌是经过胃液的强酸还能存活，到达肠道，调节肠道功能，是一代代培养的耐酸菌种。而市面上的很多品牌根本不具备这个功能，但是在进入胃液前确实是活的，所以用低端的菌种来切分市场。

4. 与原料本身属性结合

这在每一个市场，都是非常重要的手段。还可以考虑原料本身的特性、功能、健康、绿色、产地、有机、特殊工艺等来结合（同样按照量化的产品属性工具来分析）。

可口可乐“原叶绿茶”，茶叶是原叶，不是碎叶。

还是可口可乐的美汁源果粒橙，是颗颗饱满的果粒，不是碾碎的果碎；是充满阳光的加州鲜橙，不是普通的橙子。

用优等的原料，肯定比普通等级的好。

有机的原料肯定比非有机的强。

采用知名品牌的原料，当然比一般品牌的好。电脑的处理器用英特尔的就是可以比用其他品牌的卖高价。

产地很重要。

蒙牛、伊利是内蒙古品牌，仅仅因为绿色大草原的奶，这一产地优势就吊打其他品牌。特仑苏、金典就更是运用产地这一属性到了极致。

当年鲁酒独霸天下，四川酒的兴起就是运用鲁酒知名品牌使用的原酒产自四川这一产地劣势，将“秦池”等处于领导地位的鲁酒品牌拉下马。

大枣只要产自新疆，就可以吊打其他产地的品牌；枸杞是宁夏的，苹果是烟台的；等等。

赤水河的水成就了茅台。

国民品牌“老干妈”，仅仅换了辣椒产地，就引发消费者的不满。

进口的，比国产的好。比如新西兰的奶粉、法国的葡萄酒等。

想打败这些属性，只有采用更好的产品属性。想打败内蒙古草原的产品，你只有用更天然绿色的新西兰、澳大利亚等草原的产品。想打败可口可乐的普通产地原叶绿茶，只有用更好茶叶产地的原叶（或更好的嫩叶尖），想打败加州的阳光鲜橙，看看新西兰的橙子果粒怎么样，或者加州的鲜橙中的更好等级的橙子。

实在找不到，怎么办？那就换别的属性来对抗吧。

5. 反向定位，利用化学类添加剂、激素、脂肪、碳含量等属性

现代工业，食品添加剂为了防腐、增鲜、增香、增色、增稠、增弹性、增顺滑、助稳定及农药、激素的使用等，赋予产品好的特性和保存。只要在限定范围内使用，食品是安全的，也是合法的。

但是开发产品，一切要以消费者的真实感知来推断。而不是自己想象着来。一些消费者，尤其是中高端消费者，越来越不认可各种添加，这是规律。不添加会带来高成本，或者不是太好的使用（食用）感受，比如食品的色香味等不是太好，或要加入其他高端天然原料来增强，保存条件必须是保鲜等，都会带来高成本。但因为消费者收入高，可以接受，这就是需求。

不添加、零添加的概念，就是针对添加的反向定位。现在，国家可能限制此类信息宣传，那么就可以换个说法：只添加天然增香（增鲜、增色、增味等）原料等，消费者一样可以辨别出来。

零脂肪、低碳含量、低热量、无糖、有机、健康等概念都是对现有产品的反向定位思路。

6. 变化基础原料的类别

你用纯净水，那我可以用矿泉水，是不是可以？听起来就比较有价值。

你用普通水熬汤料的方便面（康师傅、统一等传统品牌），我用大骨汤来做的（白象大骨面），2004 年这个单品在山东、河南就可以做到 10 多亿元。

7. 图面标注

将基本图打印出来，或用 PPT 投射到屏幕上，召集团队，一起头脑风暴，如图 7 -6 所示。

将运用以上方法产生的构思用圆圈标在图上，用箭线将其连接起来。

至此有了足够多的产品构思，可以进行下一步的市场潜力与可行性分析。

六、规格定位

下一步确定规格。通过弱势品牌竞争 8 大法则（强势品牌 5 大法则）知道，确定规格与其他产品属性的多寡强弱、价格息息相关。

因此，要结合前面确定的属性的价值，运用弱势品牌竞争 8 大法则（强势品牌 5 大法则）来选定具体规格。

将所有的规格可能列出来，如图 7 -7 所示，可以往两端延伸，进行详尽分析。

往两端延伸，同时结合考虑用途、年龄、心理等定位因素，寻找新的定位。

我："咱们来制定一下规格吧？"

小王："规格的选择还有什么诀窍吗？现有的规格，我们照着做就可以了吧？"

我："你的做法是比较保守的，但是，市面上规格繁多，都上市浪费资源，要

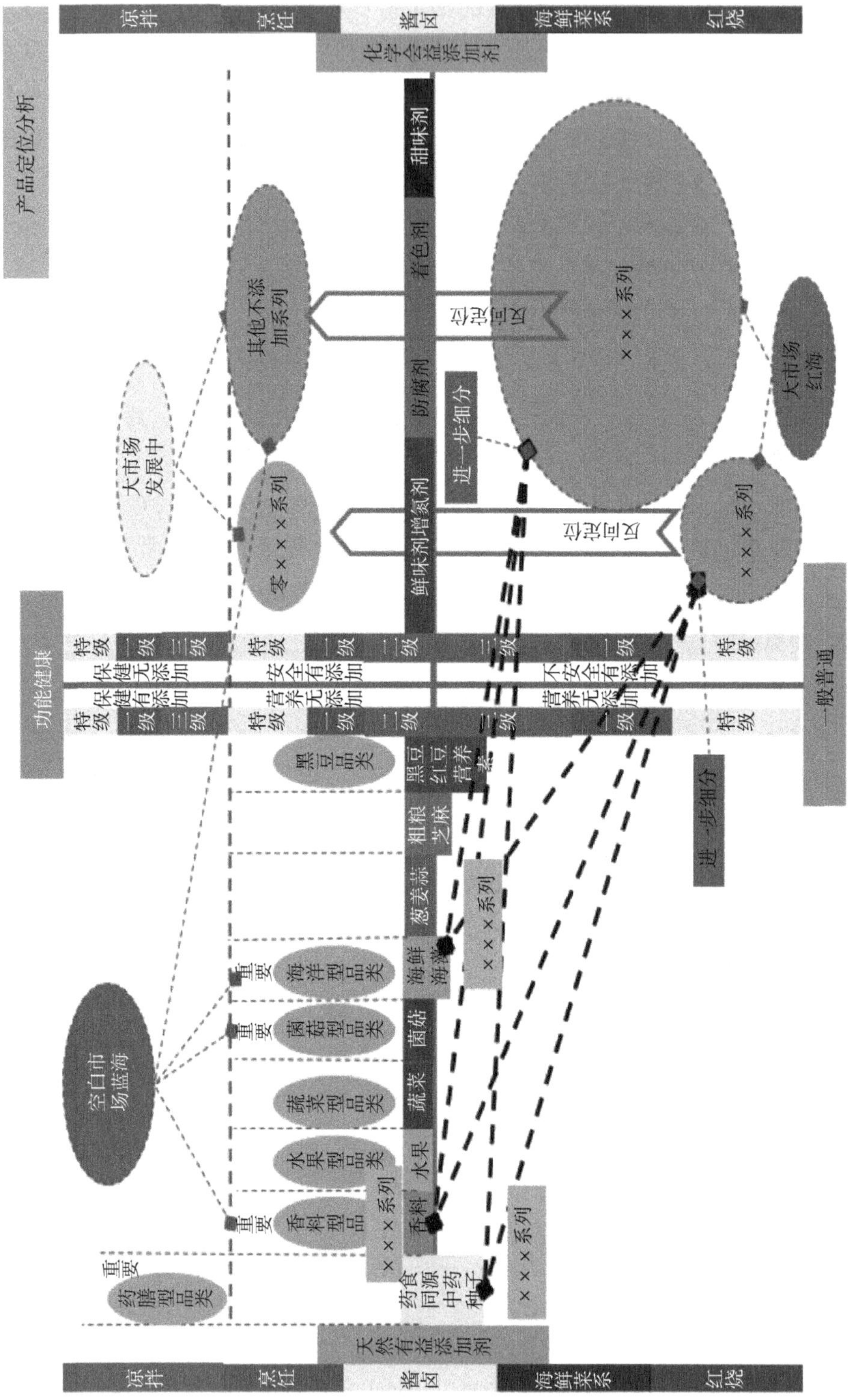
产品定位分析
凉拌
烹饪
酱卤
海鲜菜系
红烧
化学合成添加剂
甜味剂
着色剂
防腐剂
鲜味剂增氨剂
天然有益添加剂
药食同源中药种子
香料
水果
蔬菜
菌菇
海鲜海藻
葱姜蒜
粗粮芝麻
黑豆红豆营养素
功能健康
一般普通
特级
一级
二级
保健无添加
保健有添加
营养无添加
安全有添加
不安全有添加
其他不添加系列
零×××系列
×××系列
大市场发展中
大市场红海
空白市场蓝海
进一步细分
重要
药膳型品类
香料型品类
水果型品类
蔬菜型品类
菌菇型品类
海洋型品类
黑豆品类

图7-6　产品定位分析图

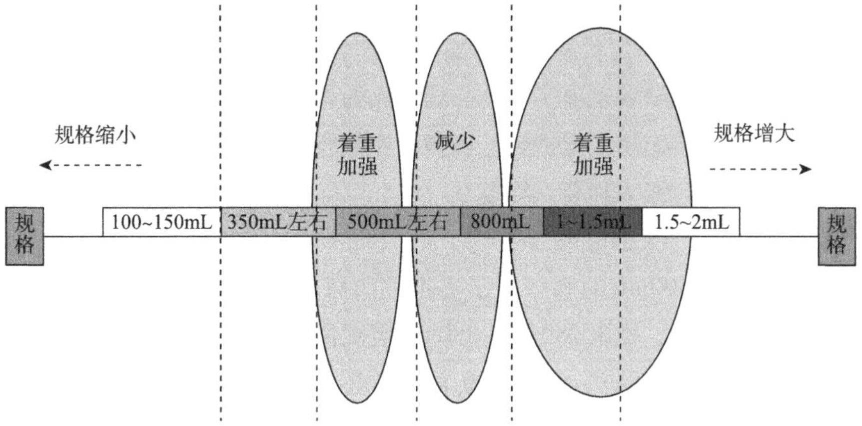

图 7－7　规格定位

知道在快速消费品行业里，每个产品占用的资源非常多，在大超市系统，每个产品的条码费非常贵，单店单品很多在 1000 元左右，那么多店，得多少钱？小店面的陈列空间小，很多都没机会得到陈列；还有仓储空间、物流、采购、批量生产等需要大量的资源。

所以，第一阶段一般选择最重要的规格，等到销量提高后，能负担起费用了，下一阶段就可以再投放其他规格，继续蚕食市场。

我们这款产品由于选择的产品第 3 类属性的价值远远高出竞品，即便品牌力稍弱，但我们完全可以靠产品力来正面攻击、切分竞争品牌的现有市场份额，保守估计也在 30% 左右。

规格可以贴近主要的竞争对手，选择弱势品牌法则 4 或法则 5 来定位都可以，也就是规格不变、其他属性（原料、品质、利益、新定位品类价值感强）提高或全新、价格提高或持平。另外，销量最高的规格，意味着选取它的消费者占比最高，这样可以最省力的攻击对手，获取市场份额。

根据前面第五章规格的调查分析结论，参考主竞品的规格，很容易制定出具体的规格。

另外，还要注意生产线的技术搭配性，有些规格受限于设备是无法生产的。”

小王：“我明白了，根据调查结果，我建议选择主竞品主流规格 1800mL、1300mL、500mL，销量占比小的规格先不要开发。”

我：“对，直接对标我们的主竞品的规格就可以。”

还要会利用规格的创新来发现新的机会，规格的双向延伸有没有市场机会？延伸后，结合消费者的需求分析一下。

第一个考虑是“往大里去”。

比如康师傅冰红茶就曾经推出一款新的 1L 装，有别于主流 500mL、1.5L、2L 的规格，拿着方便，定价还实惠，卖得非常不错。

有些行业利用消费者追求实惠的心理，比如肯德基推出的超级大桶装。一些产品易储存的行业推出超大规格装，比如卫生纸行业推出超级大规格特惠装，洗衣粉、洗衣液推出超级大桶装，等等。

第二个考虑是“往小里想”。

瓶装水，根据 500mL 的水一下子喝不完、瓶子太大又放不进口袋里，必须时时拎在手里的缺点，推出 250mL、380mL 装规格，卖的也不错。

汽车行业，“往小里想”的做法也大行其道，大众根据大尺寸汽车停车不方便的缺点，开发出又小又丑的“甲壳虫”汽车，成为历久不衰的经典品牌。

录音机行业，索尼的“随身听”，是录音机向小里走的经典之作，但是苹果推出更小、更时尚的 iPod，逐渐取代了索尼。

七、产品物理特征、性能定位

进行产品物理特征、性能定位分析，在这个属性上能确立第一的都是不可超越的品牌，需要极强的技术实力来实现。

食品行业，一提到红烧牛肉方便面，难以超出康师傅；老坛酸菜，难以超越统一；肥肠味粉丝，难以超越白家；酱油里的上色，难以超越海天草菇老抽；鲜度，难以超越味达美；辣酱的辣，难以超越国民女神“老干妈”；亨氏番茄酱号称“最稠的番茄酱”；等等。

家电行业，老板抽油烟机定位于“大吸力”这个吸油烟机的核心属性，直接与方太区隔开了。

要尽量在产品物理、特征、性能的期望值上定点超越，才能赢得消费者的青睐。哪怕你没有抢到定位第一，也是消费者选择你的强大理由。

我：“产品物理、特征、性能是产品的期望产品属性，要在这上面下大功夫。”

小王：“张总，我知道了，这个根据比对测试的雷达图结果来制定。”

我：“具体考虑哪些因素呢?”

小王：“让研发部看着来吧，最好都超越。”

我：“要知道不可能所有属性全面超越，要有区别性。我们在制定时，每一个都分别制定出来，将必须超越的、可以持平的、可以略低的、额外添加的等都清楚地标出来，再提供给研发部。

有的靠原料增添多少就可以实现，难度不大，比如咸度、甜度，这个好解决。

有的需要靠技术实力来实现，难度比较大。每个品牌的技术优势不一样，可能有的专长于香气，有的专长于味道，有的专长于鲜度，有的都表现中规中矩。

比如方便面行业，康师傅的口味开发是无法超越的经典，其他品牌只能在面体（华龙的今麦郎弹面）、汤（白象大骨面）、营养健康（五谷道场的五谷面、非油炸）等方面来超越。

某调味料品牌的鲜度确实无法超越，其他品牌就只能在鲜度上认输，通过别的重要度高的属性上来超越就可以。

有些属性，消费者不太重视，持平甚至略输都可以。”

小王：“明白了，我立刻去制定。”

八、包装属性定位

包装是一个很重要的定位方向，具有很大的定位价值。当产品属性实在无法超越时，包装创新就会焕发新的价值。很多品牌非常重视包装设计和外观样式的新颖性，看一下市场上各式各样的袋子、瓶子、桶、罐子、坛子就知道了。

如果你不是本品类的第一，那么你就要将瓶子（包装）设计成完全不属于这个品类的样子，就可以将产品与其他品牌区隔出来。

（1）去市场观察所有的已存在的包装形式，将适合产品包装的所有类型包装形式列成横轴，价格做竖轴。如图 7－8 所示。

（2）还要考虑包装的材质及质感，比如复古材质、天然材质等，这一部分可以很好地支撑产品概念部分。

（3）包装可以结合消费者使用方式寻找新的天地。比如新型易倾倒设计的瓶盖，酱料的挤挤装塑料瓶（袋）设计，等等。

（4）还可以增加单次使用量的包装设计，比如有名的牙膏扩大口径设计，增加了消费者的单次挤出量，提高了销售额。

（5）寻找设计师的灵感，创新设计异形容器。

（6）仔细思考每个包装的新发展，寻找灵感和方向，在这个方面与采购、供应商多做互动。研发部或采购部随时关注供应商在包材上的创新，寻找新思路。

（7）最后包装样式的创新要考虑生产工艺和设备的可行性。

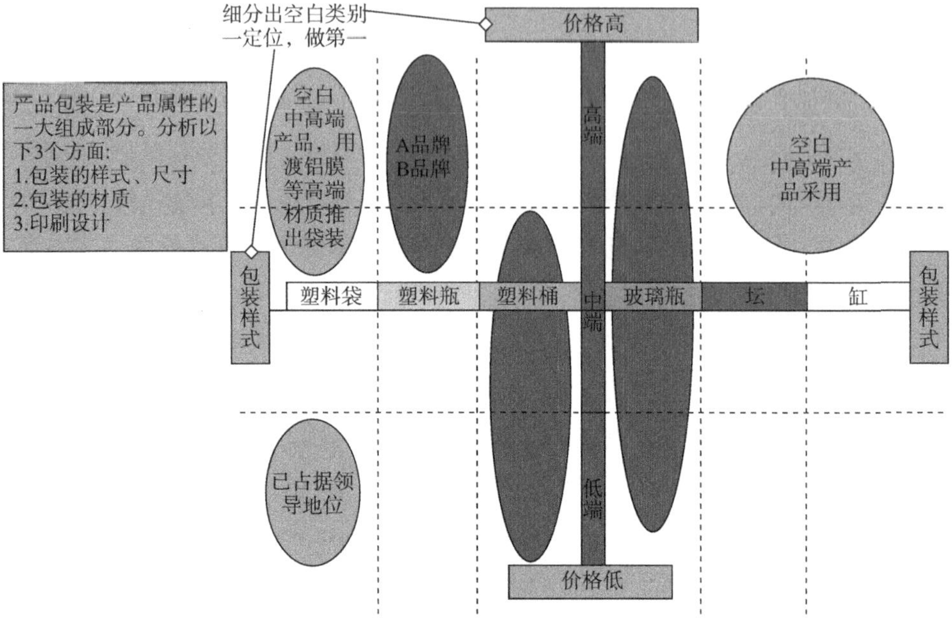

图 7－8　包装样式分析

百岁山矿泉水，一个设计高档新颖的塑料瓶，结合“水中贵族”的概念，让百岁山这个全新品牌在农夫山泉、康师傅、可口可乐、娃哈哈等知名品牌林立的包装水行业，快速攻城略地，一骑绝尘。

白酒行业简直就是各式美轮美奂的瓶子世界。茶叶市场则是罐子和包装盒的世界。

九、工艺类属性定位

产品工艺的定位分类，也是常用的方法。可以从技术（方法）、技师（人）、设备（工具）三个方面来寻找。

不同的产品工艺，具有不同的优劣势。找到你所使用的工艺与别的工艺的优势，运用反向定位、关联定位、第一定位等定位方法，来寻找与其他品牌的产品工艺优势相关的概念（关联定位法），或者竞争品牌工艺劣势相关的地方（非可乐，反向定位）。

如果是更具优势的独创工艺，可以用来建立第一的定位。

花生油的工艺分为化学浸取工艺和纯物理压榨工艺，后者的优势就是安全，鲁花的“5S 压榨工艺”，获得国家科技进步奖，牢牢占据花生油的领导地位。

厨邦酱油的天然大晒场，运用了消费者对天然阳光晒制工艺属性的放心。

今麦郎的“白开水”，针对的是水行业的不加热工艺（生水）缺点，诉求中国人的肠胃更适合烧开的水，迅速成为行业爆品。

五谷道场的“非油炸”，其实就是热风烘干喷淋食用油工艺属性的运用，“非油炸”是概念。

东阿的桃花姬，“熬好的阿胶”，将消费者购买阿胶后的步骤，直接提前工艺化。

小罐茶，六大茶类的八位制茶大师，坚持大师工艺、大师监制，运用工艺的技师特性。

还有凉茶始祖王泽邦配方的王老吉，腐乳里的王致和，等等，都是运用了工艺的技师属性。

十、售卖方式定位

售卖方式的不同，也是产品属性定位的一个方向。

食品的现制现售、保鲜销售、冷冻销售与包装常温等售卖方式对产品属性的要求是不一样的。

定位于现制现售属性的产品，具有新鲜、口感好的特性；如果不添加防腐剂、上色剂、增鲜剂等，带给消费者的是安全、美味。

保鲜和冷冻食品，优点是不添加防腐剂等的产品特性，缺点是流失新鲜、部分食材的美味，带给消费者的是安全、健康。

电商渠道，运用保鲜物流的特性，支持售卖新鲜的食材。

你可以根据要做的市场，选择具体适合的属性定位。

十一、使用方式、时机、用途定位

根据产品的使用方式、时机、用途等进行定位也是一个重要的方向。

除了现有的主要用途，消费者有没有用于其他的用途？找到它，区隔出来，占领它。

用途定位，往往会产生新的产品品类，带来新的市场机会。

在青岛，有一种特色海菜——海裙带菜，营养价值非常棒，一般就用来做菜吃。但是，有的公司做成了健康膨化零食，出口外销很不错；还有的做成了酱腌菜，供给工厂、学校的食堂，卖的也很火。用途不一样，产品属性也不一样。

快消品行业运用很广泛。麦片行业，定位为早餐食用；娃哈哈营养快线，早上来一瓶，补营养；乌江、吉香居小菜，用于佐餐之用；甘汁园的加姜红糖用于女性去除宫寒、暖宫之用；等等。

十二、年龄、个性、心理定位

年龄、个性、心理定位方法的运用，与产品的属性实际设定息息相关。年龄、个性与心理决定了消费者对产品属性的独特需求和喜好，比如口味、颜色、味道、感觉及包装风格、样式等方面的不同，在第六章讲过，不再赘述。

可能是先确定目标消费群体的选择细分后，对照着来开发相关产品属性。

也可能是先运用前述的方法开发出产品新属性构思后，对照着来选择目标消费群体，看一下更适合哪个年龄段、什么个性和心理特征的人群。

两者不分先后，至于哪个先、哪个后，或者并行起来都可以，结合实际来操作。

十三、确定产品属性及程度

一个新的寻找到的产品属性可不可以使用，到底采用哪些，还需要考虑以下几个方面来综合判定：

（1）所选定的差异化要素，本公司和竞争对手在其上表现的各自的地位如何？如果竞争对手还没有这些要素，或者还不算太强势，或者有证据表明在消费者心智中可以重新定义或开辟出来，都是很棒的选择。

（2）这种要素对于目标群体的重要性如何，仍然是针对消费者的需求痛点来考量，他们到底有多重视？满足需求的迫切性如何？同时考虑具有这部分需求的消费者（客户）的基数有多大。

（3）本公司提供这种差异化的能力和速度如何，如果公司可以很快提供或不容易被超越，那么将会是比较好的选择。

（4）竞争对手提供这种差异化的能力（技术、资金、人员、设备等）和速度如何。竞争对手如果在这方面很难跟进，或者跟进后会对其现有产品线形成重大打击，或者不重视，就是很好的选择。

（5）切分出的市场，要具备一定的特征：规模和发展前景，细分市场是否具备适度规模和发展特征。对于适度，营销大师菲利普·科特勒着重进行了强调，大公司一般注重销量大的细分市场，忽视或避免进入销量小的市场。小公司则要避免进入规模较大的细分市场，因为需要投入太多的资源。发展特征通常是一种期望特征，展望未来如何。但注意，竞争对手会迅速占领正在发展的细分市场，从而抑制本公司的盈利水平。

（6）成本可以支撑吗？一个选定属性的成本如果太高，无法带来足够的利润率和竞争力，就不值得开发。

（7）根据迈克尔·波特的竞争理论，考虑一下每个细分市场的结构吸引力：

现有竞争对手的威胁怎么样？

新加入竞争者的威胁：能否轻易进入，以及进入壁垒和退出壁垒如何？

替代产品的威胁程度大不大？

购买者（渠道商和顾客）议价能力提高形成的威胁大吗？

供应商议价能力的提升，前向一体化的难易程度，等等。

根据上面的要素，详细分析每个具有诱惑力的产品属性。在进行市场可行性评估、销售可行性评估、技术及生产可行性评估等，确定是不是可以实现产品属性。

只有综合评估以上要素，才能得出行动方案是维持、观望还是投资改进。

根据以上讨论结果，最终选定一定数量的产品属性，并制定出每个属性与竞品的比较范围。

结合 QFD 矩阵的优先级信息，填写产品属性定位确定表，供开发过程之用，如表 7－1 所示。

表 7－1　产品属性定位确定表

属性	重要度	与竞品比较
属性 1	1	额外增加
属性 2	1	额外增加
属性 3	2	持平
属性 4	3	可低
属性 5	4	额外增加

注意，以上定位思维方法并非单纯将两个或多个组合在一起就能取得大成功，这只是产品属性的组合。

单纯组合产品属性是没问题的，产品可以战胜竞争品牌的产品。

但是，想要获取更大的成功，更重要的是利用上述定位方法得出的结论，努力建立一个新品类，占据消费者心智中的新空间。

建立新品类，概念和类别名称至关重要，必须依靠命名，名称如果不好，意味着在消费者心智中无法开辟出新空间。因此，新品类的名称也绝非以选取的不同原料的名称组合那么简单，详见后面第十章。

第八章
第四步：成本与价格制定

企业的生存是以赚取合理的利润为根基。一个产品必须制定合理的终端价格，既要保证消费者（客户）在选择时有购买的可能，还要保证有利可图。不仅仅是本公司的利润合理，还要提供给中间商合理的利润空间，才会有人愿意经销。价格过高，消费者（客户）会觉得物有不值，放弃购买；价格太低，公司和通路客户没有利润可赚。

利润等于价格减去成本就是毛利润，毛利润减去各种费用、银行贷款利息和税费就是净利润。

成本等于固定成本与变动成本之和。每一个产品属性的选择与达到的程度，都需要原材料和辅料成本的支撑。所有的产品属性的成本加起来就是总原料直接成本，也就是变动成本；各种固定分摊，比如厂房、机器、设备的折旧，加上人工、水电能源等的分摊，构成固定成本。

各种费用，比如物流费用、仓储费用、办公费用、社保费用、推广费用、广告费用等构成了总费用。

本章具体讲述了如何制定零售价格、通路价格和倒推成本。

一、相关术语解释

1. 终端零售商部分

终端零售商：泛指直接面向消费者的零售店，包含大卖场、百货商店、连锁超市、便利店、独立超市、个人小型独立零售店、特殊通路等。

终端零售价：超市价格牌上的标识价，售卖给消费者的价格。

终端进货价：厂家（代理商）的报价，等于标准出货价。（发票价）

终端后台价：终端进货价除掉折扣后的价格。

前台与台后毛利额：特指连锁超市系统的毛利率。卖场的利润来源分为三个部分。

零售价的部分减去代理商（厂家）报价这部分差额利润，视为前台（或店面）毛利额。

其余两个利润来源：一种是报价基础上发票账面折扣返利；另一种是收取的

固定费用和扣点（统一物流配送收取的物流费扣点），统称为后台或采购毛利额。后台部分返点或固定费用会在合同中明文体现。

至于固定费用与返利点的比例，要根据销售额的高低或增长潜力进行计算，选择有利于公司的形式。销售额高、增长潜力大的尽可能以高固定费用，低返点，反之就是高返点低固定费用。一般公司在计算后台的扣点，可将固定费用折算为扣点数。

利润率一般指倒扣率：倒扣率 =（出价 - 进价）/ 出价 ×100%。

终端前台利润率：也称前台毛利，指的是前台毛利额，除以零售价，乘以100%，是在零售价基础上的倒扣。

终端后台毛利率：合同规定的终端进货价基础上的扣点。比如在进货价基础上扣8%，那么后台毛利率就是8%。（固定费用的部分则是固定费用/预估销售额进行折算）

终端整体利润率：扣掉后台扣点的进货价与零售价的差额，除以零售价，乘以100%，是在零售价基础上的倒扣。

但也有的客户习惯用顺加率来表达。

顺加率：代理商、小型零售商习惯使用，顺加率 =（出价 - 进价）/ 进价 ×100%。

2. 代理商部分

代理商泛指处在公司与零售终端之间的通路部分，分为一级、二级、三级通路代理商。

代理商标准出货价：代理商的报送价格（发票价格）。

代理商实际出货价：代理商去除超市后台扣点后的价格，等于超市后台价。

代理商进货价：公司给代理商的报价（发票价）。

代理商标准利润率：代理商标准出货价与代理商进货价之间的差额，除以代理商标准出货价，乘以100%。

代理商实际利润率：代理商实际出货价与代理商进货价之间的差额，除以代理商标准出货价，乘以100%。

很多时候，代理商习惯用顺加率表述，要特别注意其习惯。

3. 公司部分

工厂出厂价：工厂在扣除工厂成本及固定分摊、公司管理分摊，加以适当利润率后的供给销售部门的调拨价格。

工厂成本价：原辅料、包材、人工、水电等直接成本。

工厂利润率：出厂价和工厂成本价的差额，除以出厂价。

二、3C 定价因素与目标成本法

制定价格和成本是在产品开发之前做的工作，不是产品开发出来之后才来做。

很多企业都跌倒在定价这一环。企业先开发出产品，成本加上自己的毛利，得出出厂价，剩下的交给经销商，厂家就不管了。经销商自行加上毛利给零售店，好一点的建议一个零售价格。

但是，最后发现零售价不具备竞争力，卖不出去，形成积压；或者定得太低，应该赚取的利润白白扔掉。但有谁管呢？产品能卖多少就卖多少，总能卖出去一些，加起来也不算少，赚钱了。

这是很多企业一直在沿用的方法。只给出厂价，自己有毛利就可以，根本不管控终端的零售价，惨的是经销商和零售商。最后双方在退货上激烈交锋，一地鸡毛。

大错特错，本末倒置！这是因为你开发时都不能确保产品一定能卖出去，产品就能自己撞大运，卖出去了吗？

如果确实没别的方法，成本加成法是最实用的办法，毕竟企业最了解自己的成本和毛利需求。但是，确实会带来上面所说的弊端。

那么，怎样更好地进行定价，避免成本加成法的缺点呢？这里提供一种可以快速学会的简便方法。

1. 3C 定价因素

制定零售价格时要考虑三个方面因素，也就是所谓的 3C 因素：顾客需求、成本、竞争对手的价格。如图 8 – 1 所示。

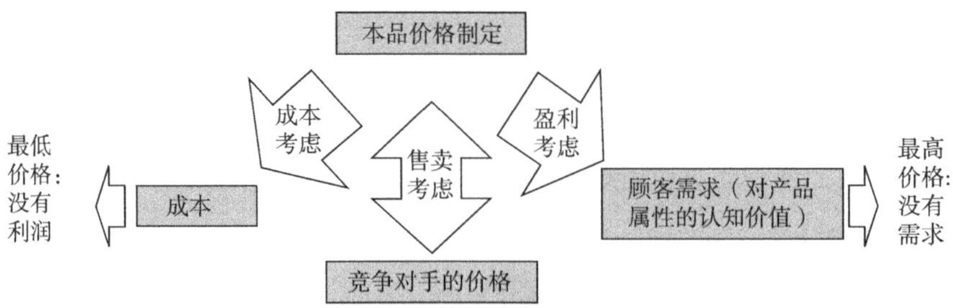

图 8 – 1　3C 定价

企业定价要考虑顾客、竞争、成本三个部分。

你的产品的独特价值决定了消费者能够付出的价格，在最高的价格上，具有最大利润，但没有顾客购买。

成本和毛利决定了企业的价格下限。价格低，企业和通路客户没有利润，因此，定价要在保证成本基础上获取足够的利润。

与竞争对手的价格差，决定了你的产品能不能被消费者接受。

这是定价时要始终考虑的 3 个因素。由此延伸出的方法有目标成本定价法、认知价值定价法、价值定价法、随行就市法、密封投标定价法。快消品常用的为目标成本法。

2. 目标成本法

第 1 步，根据顾客的需求和竞争品牌的产品价格制定出有竞争力的零售价，方法详见第四章产品属性与价格的确定法则。

第 2 步，设定企业和通路客户的毛利率。

第 3 步，据此倒推出开发成本，以此成本作为目标。

第 4 步，在目标成本之内，研发部去开发能支撑得起零售价定位的产品，这就是目标成本法。

目标成本法确保了产品在开发之前满足企业和通路客户的毛利，并且与竞争对手相比，能卖得出去。

目标成本法是本章采用的定价方法。

三、产品开发两大工作关联性

产品开发两大工作的关联性步骤，如图 8 – 2 所示。

1. 定位和确定产品属性

产品定位与零售价格是对应的，一方确定，另一方也同时被确定。

2. 开发、测试

产品属性要求给予研发部后，研制出适合的样品，具有对应配方的成本，进行测试。

3. 成本计算

根据设定好公式的快速成本核算表，输入配方，其余都是固定值，成本和出厂价自动计算出。（高效率）

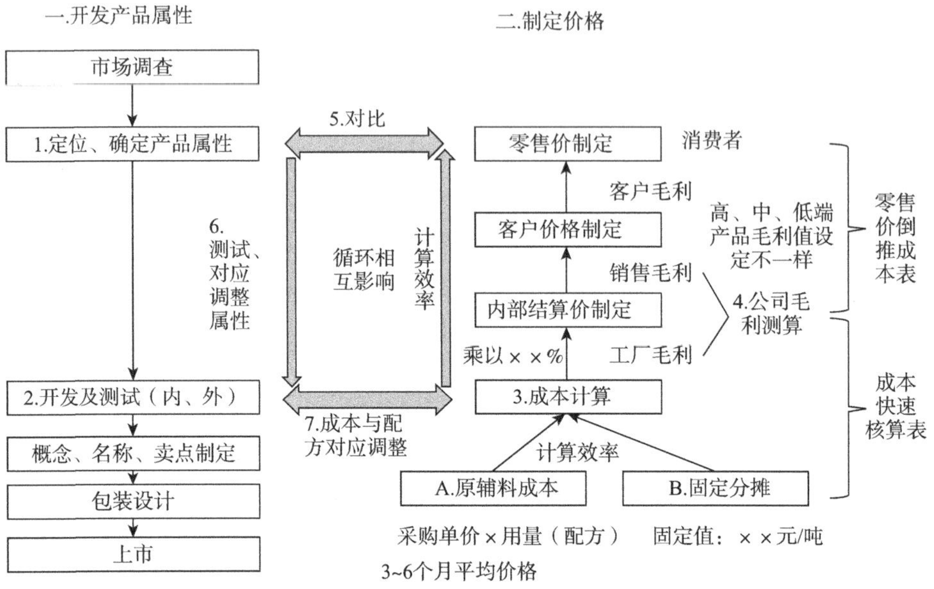

图 8－2　产品开发两大工作的关联性步骤

4. 公司毛利测算

成本计算出后，零售价和客户毛利是固定值，根据设定好公式的零售价倒推成本表，输入配方，成本自动计算出公司毛利。(高效率)

5. 对　比

计算出的零售价格与原设定零售价比较，看一下与定位是否相符合。

测试样品，进行确认，标准就是原来设定的产品属性。

如果产品属性与标准差异不大，并且零售价格差异也不大，微调零售价或各方毛利率，通过。

6. 测试、对应调整属性

如果产品属性与标准差异过大，重新设定属性调整目标，继续开发。

7. 成本与配方对应调整

或者零售价格与标准差异过大，重新设定成本调整目标，继续开发。

四、零售价制定

产品属性的方向有了眉目，小王终于开始制定具体价格、推算成本价格给研发部门。

小王：“张总，我们该定多少零售价格合适？”

我：“你认为该怎么制定？”

小王：“你前面讲过，首先需要考虑价格制定出来后顾客愿不愿意购买，再考虑公司和客户的毛利水平。”

我：“好，先按照你的思路制定零售价，考虑对标竞争产品价格，至于是高还是低，我们暂不展开。你先自己尝试计算一下。”

小王：“知道了，张总，我去试着先定一下零售价。”

折腾了半天，最后还是愁眉苦脸地来到我这里。

我：“你最后定的什么价格？”

小王：“我想定个比A品牌高一点的价格，但咱们的品牌比不上人家啊？想定个低价，不甘心，加了这么多好东西在里面，真要是什么也不加，质量还稍差，我定个低价也心甘情愿，所以犹豫不决。”

我：“别这么抽象，举个实际例子来说。”

小王：“A品牌的这款产品，1800mL售卖25.9元，如果我们的售卖26.9元，可能消费者不会购买。所以，我制定出了25元的零售价，认为比较合理，能卖得出去。”

我：“为什么是25元？”

小王：“我认为可以啊。”

我：“你确认？价格高了就不会购买吗？”

小王：“也不一定，如果产品属性好很多，消费者就不一定不购买。”

这是很多人制定价格的通病，自己认为一定可以，但又无法解释给别人。

我：“我来告诉你制定价格的一种快速方法。”

很多企业的零售价是由财务给出，用成本加成法计算，这是错误的。财务不可以制定零售价，零售价是由市场部根据市场竞争情况给出。财务控制的是毛利率是否符合公司要求。

零售价的制定，前面讲过产品属性-价格制定法则，弱势品牌一共有8大法则可以使用。我们已经通过调查进行了消费者需求和产品属性的定位，运用8大法则来制定价格和推算成本。

1. 制定行业本竞品信息表

制定价格，就要了解整个市场的本竞品规格、价格这两大基本属性的分布，来寻求合理的规格-价格定位。

酱油本竞品信息表如表8-1所示。

表 8-1　酱油本竞品信息表

品牌	类别	品名	规格 ml	零售价/元	等级	价量比
A 品牌	老抽	A 品牌冰糖老抽酱油	500	9.5		0.019
A 品牌	老抽	A 品牌冰糖老抽酱油	1000	14.9		0.015
B 品牌	老抽	B 品牌老抽王	500	6.9	0.40	0.014
F 品牌	老抽	F 品牌老抽王	510	10.7		0.021
F 品牌	老抽	F 品牌特制老抽	510	8.5		0.017
K 品牌	老抽	K 品牌金装老抽王	500	7.51		0.015
A 品牌	其他	A 品牌儿童有机酱油	160	28.8	0.90	0.180
K 品牌	其他	K 品牌有机酱油	500	32.5	0.7	0.065
K 品牌	其他	K 品牌健儿乐 有机酱油 200mL	200	19.8	0.7	0.099
F 品牌	生抽	F 品牌特级生抽	500	10.3		0.021
K 品牌	生抽	K 品牌精酿鲜味生抽	500	4.99	0.4	0.010
C 品牌	无属性	C 品牌天成一味酱油	500	11.4		0.023
J 品牌	无属性	浓香酱油	800	7.9	0.4	
J 品牌	无属性	一级酱油	800	9.9	0.7	
A 品牌	味极鲜	味极鲜	380	8.9	1.20	0.023
A 品牌	味极鲜	A 品牌味极鲜	300	5.8	1.20	0.019
B 品牌	味极鲜	B 品牌特级味极鲜酱油	1280	22.8	1.20	0.018
B 品牌	味极鲜	B 品牌特级味极鲜酱油	1900	20.9	1.20	0.011
C 品牌	味极鲜	C 品牌特极味极鲜酱油	500	9.0	1.20	0.018
D 品牌	味极鲜	D 品牌味极鲜	500	10.0	1.30	0.020
A 品牌	鲜	A 品牌柠檬蒸鱼酱油	380	11.5	0.90	

前面的调查，已经获取到大量的行业各品牌规格、价格信息，并整理存档，现在调取出来分析。

分类别整理，将品牌名、类别，单品名称、规格、价格、等级、价量比等信息列入表格。

单品名称一定包含完整品牌名、副品牌名、产品名。因为在生成图表时，数据标记要用。用函数来生成。将已经有的品牌名、副品牌名和产品名称，用文本合并函数 CONCATENATE 来合成就可以。

先在其后再插入一列“产品名称”，如表 8 –2 所示。

表 8 –2　插入“产品名称”

品牌	系列	产品名称	产品名称
品牌	系列 1	零添加味极鲜	

在后面单元格选择插入函数，如图 8 –3 所示。

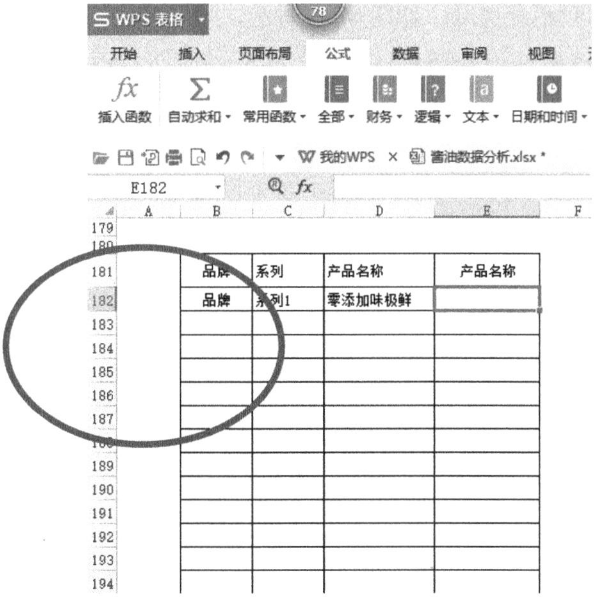

图 8 –3　插入函数

选择 CONCATENATE 函数，如图 8－4 所示。

图 8－4　选择 CONCATENATE 函数

选择字符串为前三个单元格，特别注意，提前设置单元格为左对齐，否则，在选取产品名称时不好选取，如图 8－5 所示。

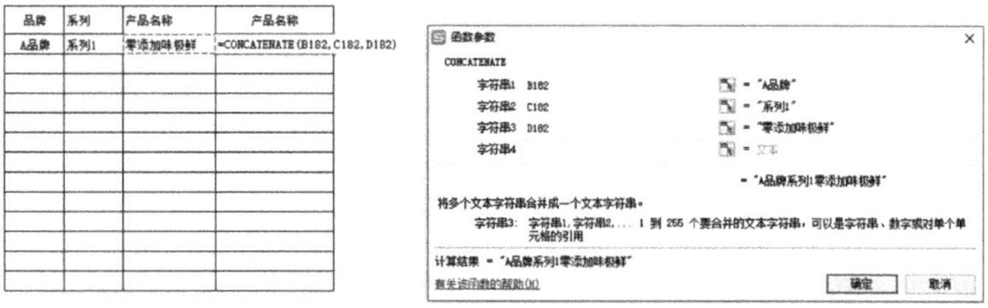

图 8－5　设置函数参数

最后得到全称，将无用的列隐藏即可，如表 8－3 所示。

表 8－3　无用的列隐藏

品牌	系列	产品名称	产品名称
A 品牌	系列 1	零添加味极鲜	A 品牌系列 1 零添加味极鲜

价量比用价格除以规格，设定用公式自动生成。

小王很快做好本竞品表，很高兴。同样，他知道，这些工具都是用来分析的，这张表格使用起来是非常不方便的。

小王："张总，我已经完成了本竞品表，应该用什么图形来表达呢?"

产品开发人员的本能终于形成，产品开发人员因为经常与别人沟通各种观念、数据、策略，如果沟通不采用可视化图表的方式，想要表达自己的观点，就会非常困难。

我："用散点图表达。"

2. 制定行业价格－规格态势图

分类别制定，否则信息太多，图形无法显示。

第1步，任意选中一个品牌绘制散点图，选中数据区域，再选择插入图表，如图8－6所示。

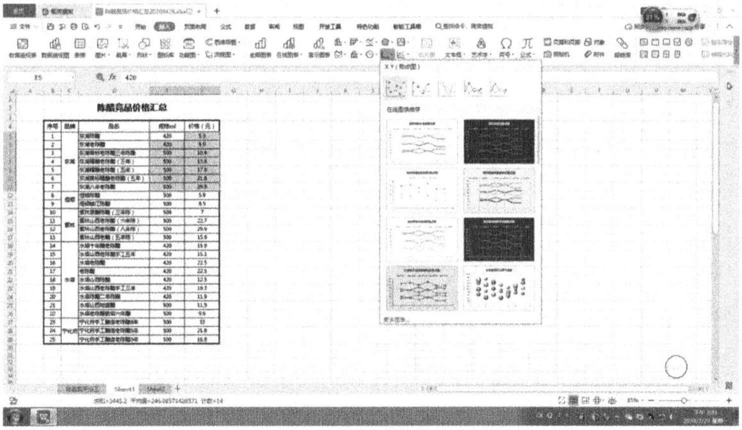

图8－6　插入图表

得到图表，如图8－7所示。

第2步，鼠标点击"数据标志"，点击"选择数据"，选择编辑第一组数据，如图8－8所示。

选择"系列1"，点击编辑图标，如图8－9所示。

以此选取每个字段，如图8－10所示。

点击"＋"号图标，依次添加每个品牌的产品，如图8－11所示。

添加表格图例、坐标轴标题等，如图8－12所示。

添加数据标签，点击数据标志，选择"添加数据标签"，如图8－13、图8－14所示。

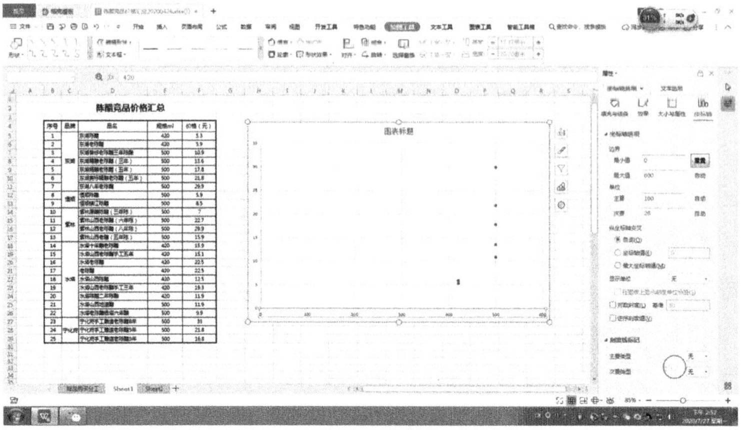

图 8 -7　得到图表

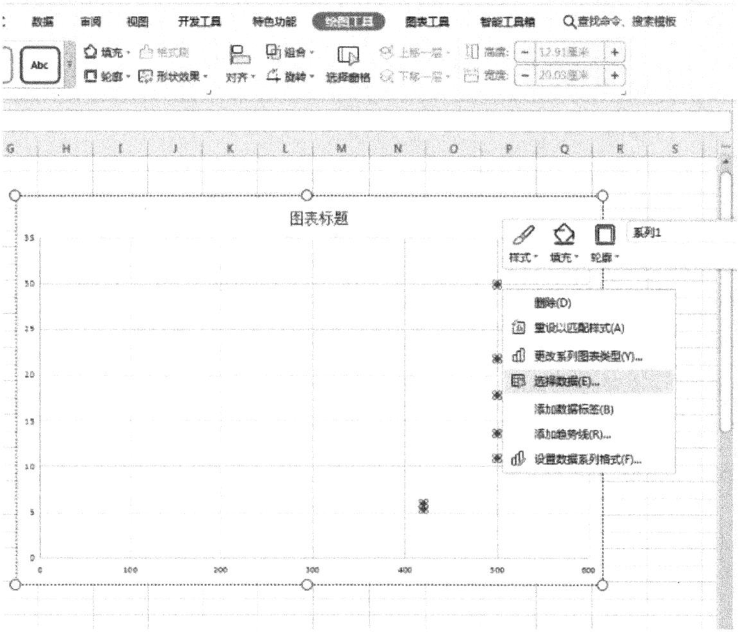

图 8 -8　编辑数据

选择数据前面对应行的产品名称，注意，行数要对应，不可多 1 行，也不可少 1 行，如图 8 -15 所示。

制作散点图，如图 8 -16 所示。

调整一下数据标签位置，使其美观，如图 8 -17 所示。

小王做好了散点图。

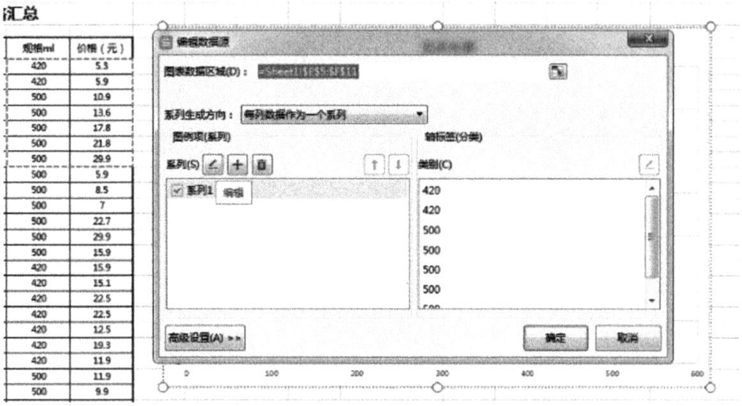

图 8－9　编辑图标

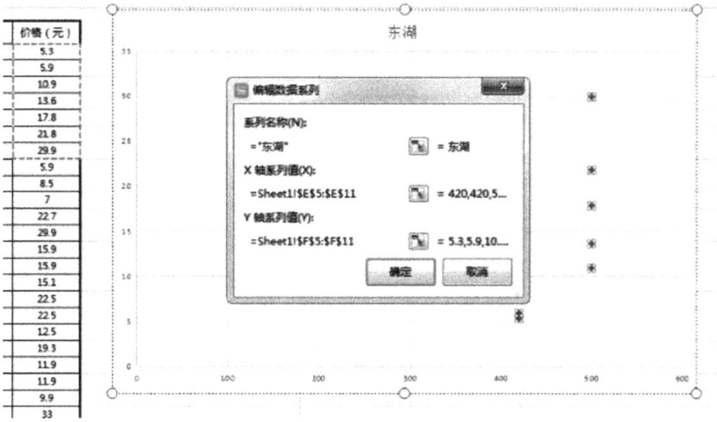

图 8－10　选取每个字段

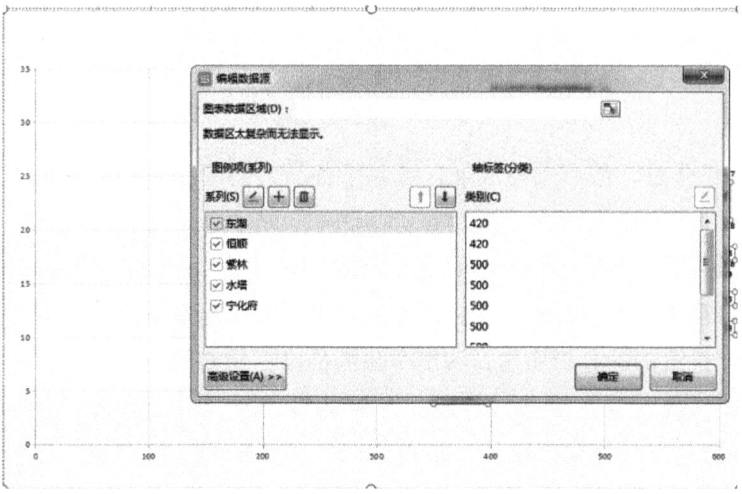

图 8－11　依次添加每个品牌的产品

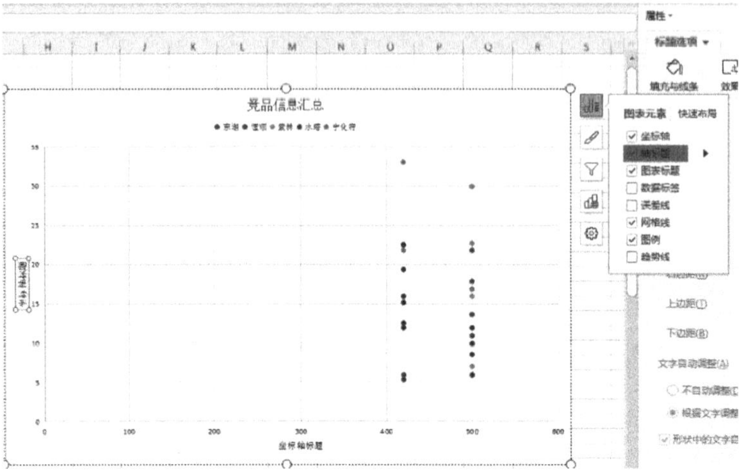

图 8 – 12　添加表格图例、坐标轴标题等

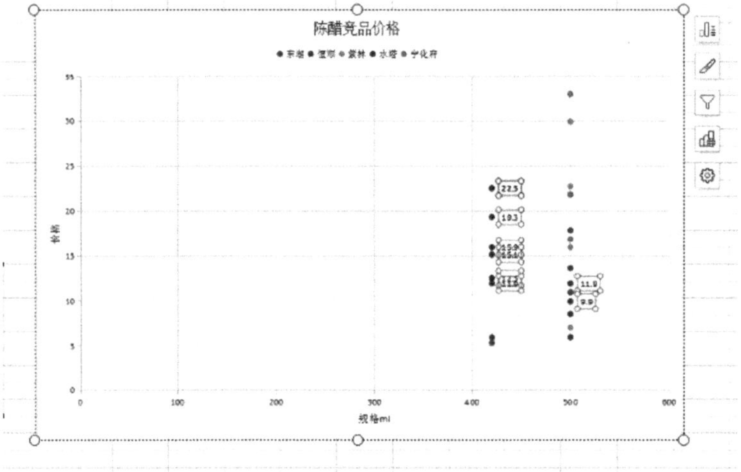

图 8 – 13　点击数据标志

小王："张总，散点图完成了，看起来各品牌的产品分布太清楚了，哪里是最密集的就是红海，想要胜出太难了。"

我："通过散点图，我们是可以清晰地看出，每个品牌的各规格产品的分布。哪里分布着最激烈的各规格、价格区间的竞争，哪里还是空白点。但它的最大作用是用于定位策略的分析实用，找出本品的价格、规格的定位区间。"

用红线连接原点（零点）与对标品牌的标志点（本案例是 1800mL，25 元点），这条线之上的任何规格、价格点都属于比其高的价格定位；反过来，这条线之下的，都比其定位低；在这条线上的，则是同等定位，如图 8 – 18 所示。

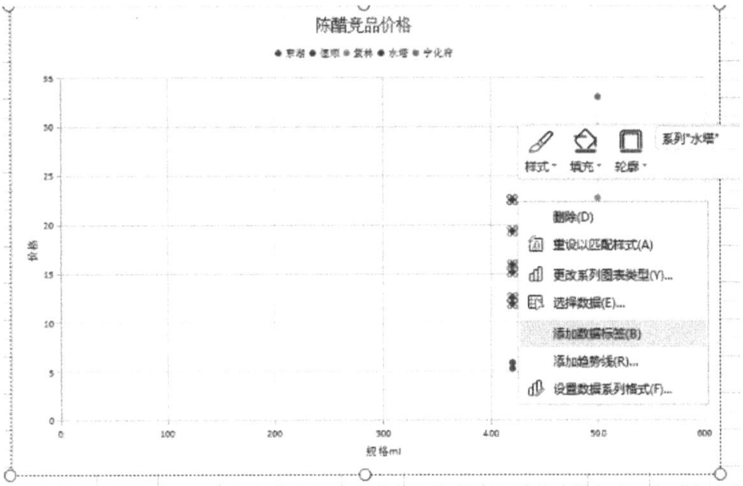

图 8－14　添加数据标签

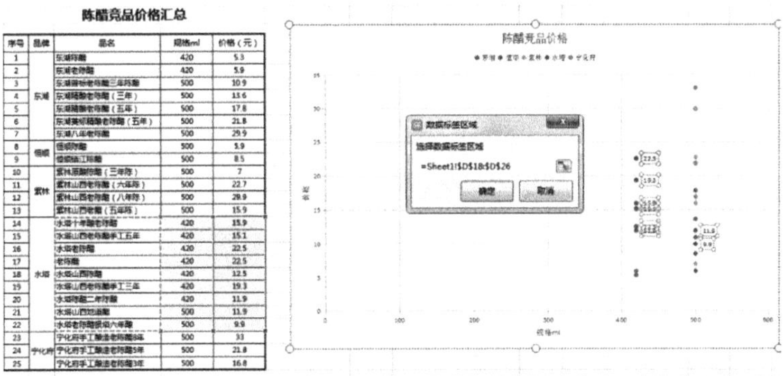

陈醋竞品价格汇总

序号	品牌	品名	规格ml	价格（元）
1	东湖	东湖陈醋	420	5.3
2		东湖老陈醋	420	5.9
3		东湖碑标老陈醋三年陈酿	500	10.9
4		东湖精酿老陈醋（三年）	500	13.6
5		东湖精酿老陈醋（五年）	500	17.8
6		东湖黄标精酿老陈醋（五年）	500	21.8
7		东湖八年老陈醋	500	29.9
8	恒顺	恒顺陈醋	500	5.9
9		恒顺镇江陈醋	500	8.5
10	紫林	紫林原酿陈醋（三年陈）	500	7
11		紫林山西老陈醋（六年陈）	500	22.7
12		紫林山西老陈醋（八年陈）	500	29.9
13		紫林山西老醋（五年陈）	500	15.9
14	水塔	水塔十年酿老陈醋	420	15.9
15		水塔山西老陈醋手工五年	420	15.1
16		水塔老陈醋	420	22.5
17		老陈醋	420	22.5
18		水塔山西陈醋	420	12.5
19		水塔山西老陈醋手工三年	420	19.3
20		水塔陈醋二年陈酿	420	11.9
21		水塔山西熏醋	500	11.9
22		水塔老陈醋银标六年酿	500	9.9
23	宁化府	宁化府手工酿造老陈醋8年	500	33
24		宁化府手工酿造老陈醋5年	500	21.8
25		宁化府手工酿造老陈醋3年	500	16.8

图 8－15　选择数据标签区域

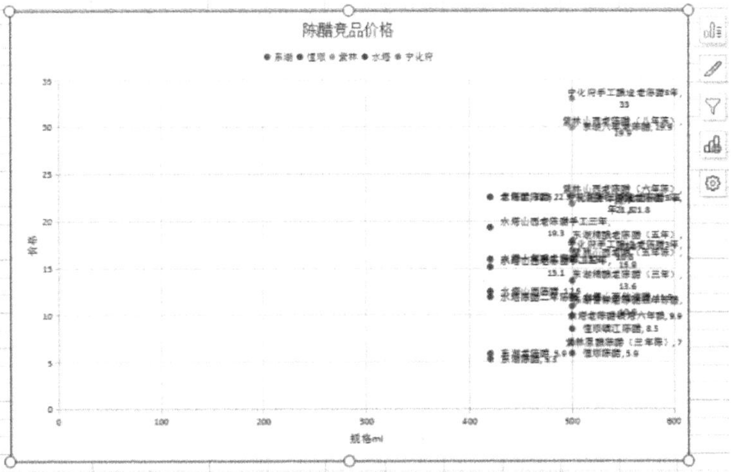

图 8－16　制作散点图

我们连接几个品牌销售较好的产品点，能清晰地看出价格定位区间。

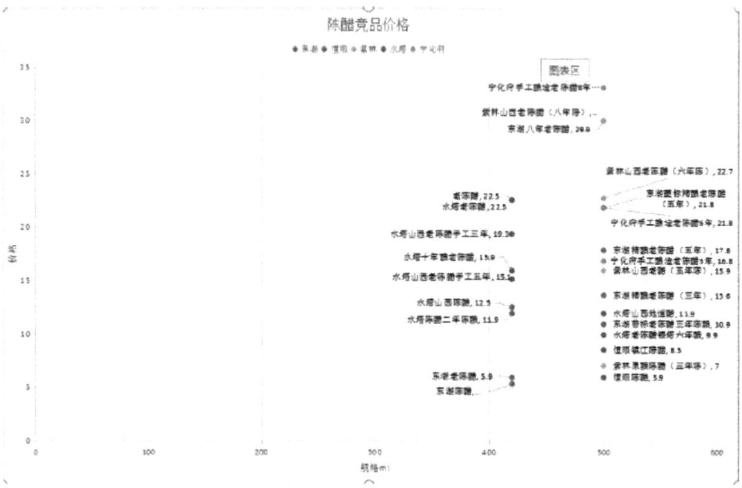

图 8－17　调整一下数据标签位置

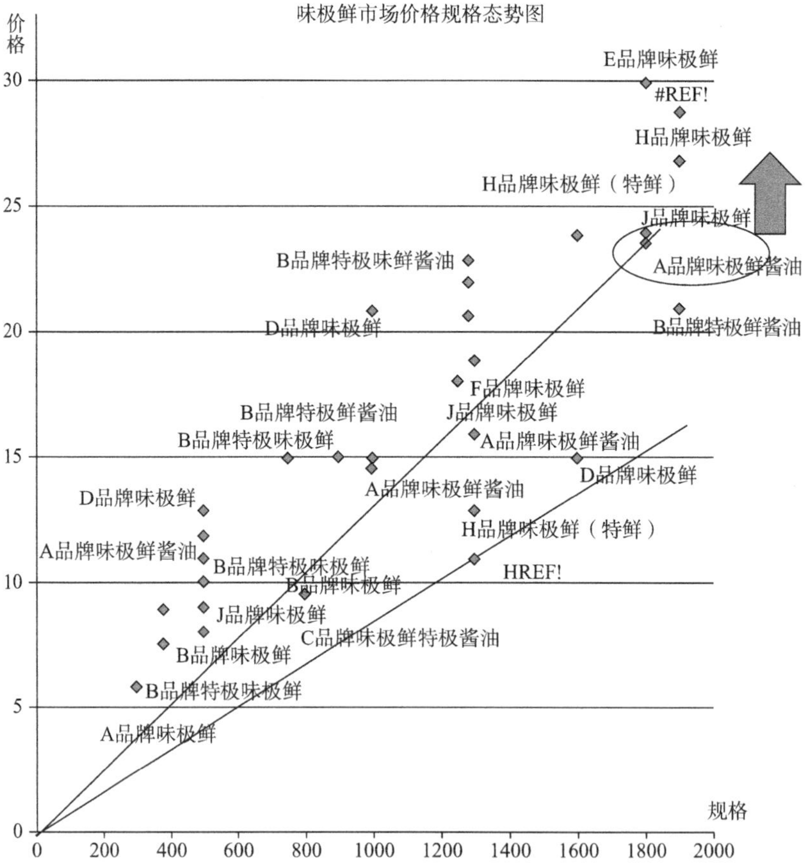

图 8－18　味极鲜市场价格－规格态势图

小王：“这条线一连接起来，求取 tg 角度值，不就是价量比吗？就可以做直接的价值比较了，不用计算器挨个计算了。”

我：“是的，非常清晰直观。很容易比较每个品牌产品的产品规格、价格的价值大小。具体确定价格，还需要引入其他因素。”

小王：“我知道了，之前您培训过的强弱势品牌的产品价格－规格定位法则，就是在这个时候使用到吧？”

我：“太聪明了。”

3. 产品属性－价格定位

应用此图分析规格、与价格定位，引入品牌力、产品（属性）力来综合分析，结合强势品牌的5大法则或者弱势品牌产品价格－规格制定8大法则，形成策略，如图8－19、图8－20所示。

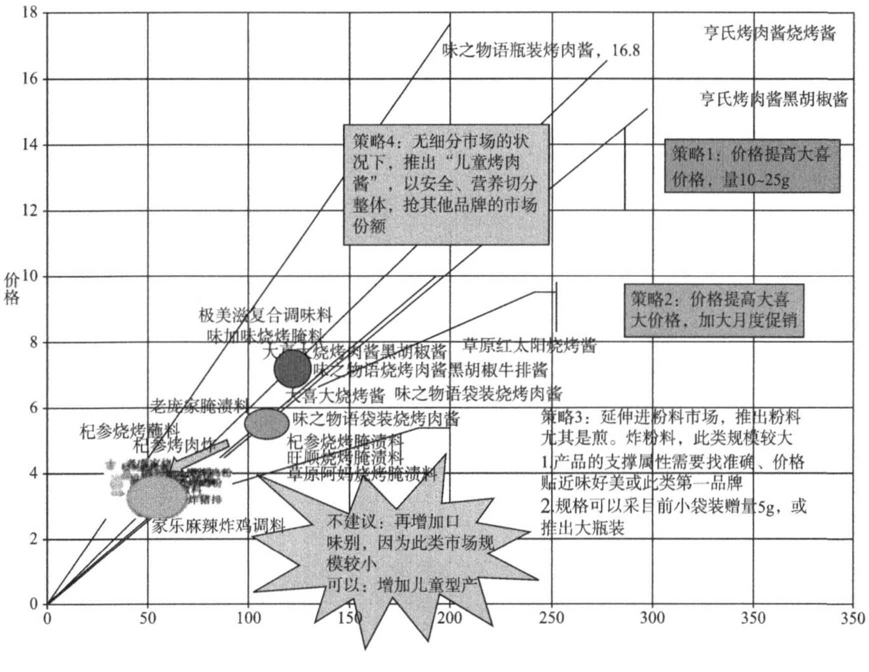

图8－19　××调味配料市场分析

我：“如果产品属性选取足够强大，品牌力差距较小，选取的法则必须是弱势品牌法则5［规格不变、其他属性（原料、品质、利益、新定位品类价值感强）提高或全新、价格持平］。如果差距强大到超过了品牌力的差距，那么就是弱势品牌法则4［规格不变、其他属性（原料、品质、利益、新定位品类价值感强）提高或全新、价格提高］。”

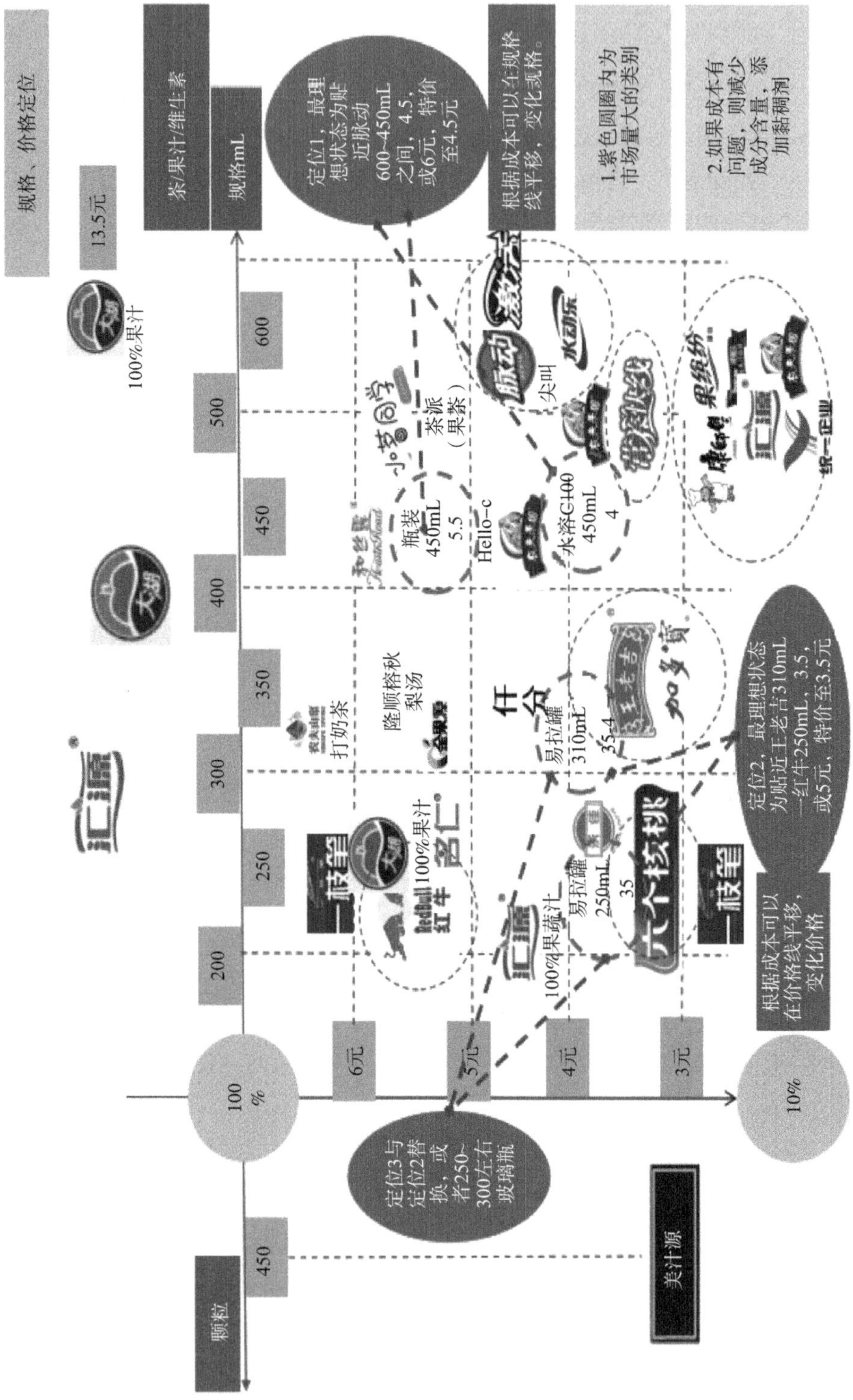
规格、价格定位
13.5元
100%果汁
茶/果汁/维生素
规格mL
定位1，最理想状态为贴近脉动600~450mL之间，4.5，或6元，特价至4.5元
根据成本可以在规格线平移，变化规格。
1.紫色圆圈为市场量大的类别
2.如果成本有问题，则减少成分含量，添加黏稠剂
600
500
450
400
350
300
250
200
茶派（果茶）
尖叫
瓶装450mL 5.5
Hello-c
水溶C100 450mL 4
打奶茶
隆顺榕秋梨汤
易拉罐310mL 35.4
100%果汁
100%果蔬汁
易拉罐250mL 35
六个核桃
定位2，最理想状态为贴近王老吉310mL一红牛250mL，3.5，或5元，特价至3.5元
根据成本可以在价格线平移，变化价格
6元
5元
4元
3元
100%
10%
定位3与定位2替换，或者250~300左右玻璃瓶
450
颗粒
美汁源

图8-20 规格、价格定位

如果在超市渠道（可特价）或推广能力较强（广告、地面推广团队）一般建议选择法则4。

在对标A品牌1800、25点之上，选取价格点。

小王一一将定位八大法则，在图形上标准出，结合自己的新产品，选用法则5。

小王：“张总。我选用法则5，我认为可行。您看，从图上看来……”

我：“很好，我也认为可行。”

小王：“我终于可以把自己的想法向别人清晰地展现出来了，还可以讨论、分析，在上面修改。”

我：“恭喜你啊，但是现在如何具体制定价格呢?”

小王：“是啊，知道大致方向，但是价格是具体值啊，到底在哪个点上呢?”

我：“具体价格的制定有很多技巧。价格下限已经有了，是竞品A品牌的对标产品的价格，那么下一步是确定价格的上限。”

4. 制定价格上限点

上限是有规律可循的。一般价格上限制定的方法有以下几种：

（1）更高类别的价格线，比如零添加产品之上就是有机产品，决定价格不能超过有机产品的价格。

（2）价格整数点（5或0）要慎重。对标产品定价25.6元，30元就是一个上限。

（3）采用物有所值的定价，加价30%点，对标产品25.6元，25.6×(1+30%)=33.28元就是上限，这里解释一下为什么是30%。

价格适中是决定产品能否为消费者广泛接受的一个重要因素。因此，选择一个合适的产品价位，是除产品外的第二重要的战略抉择。经统计分析表明，当物有所值水平的定价比大众市场的定价高出30%~60%时，最能保证广泛的市场吸引力。

物有所值定价是许多流行产品所采用的定价方法，可口可乐、德芙巧克力、康师傅方便面、雀巢咖啡等。物有所值被定义为比大众市场水平高出最多100个百分点。虽然各种产品类别的消费者经济状况和每个公司的情况各有不同，但研究表明：定价高出大众市场定价30%~60%能够达到最佳平衡，消费者既能够支付得起也有动力购买，同时又能够产生足够的利润与销售规模以资助市场开发。

（4）高档定价比大众市场水平的定价高出100%~200%。很多时候，这种定价抑制了需求。业绩最差的一些公司建立了能够生产大量低档产品的基础设施，却错误地采用这一高档水平的定价。

当一些产品出现革命性的变革时，采用高档定价是正确的选择。正如苹果的iPhone智能手机已经革命性地颠覆了传统手机，定价比当时市场占有率最高的诺基亚手机高出一倍以上，但仍然引起购买狂潮，轻而易举地颠覆市场，产品力起了决定性的作用。

(5) 顶级定价是大众市场价格的三倍以上。采用如此高定价的公司更多的是在特定的小目标市场内经营，只有真正的世界知名高档品牌（如依云矿泉水）才可能在这种定价上长期持续发展。

通过对35家公司的定价策略进行分析后发现：定价不超过大众市场水平两倍的公司要比定价更高的公司的业绩好。此外，他们所获得的投资资本回报率也远远超过同类产品的平均水平。

采用阶梯式定价方式可以提高产品类别的总体盈利能力。举个例子，方便面生产商出售的袋装面定价定在物有所值的水平，碗装面则定价在高档和顶级的水平。

物有所值定价方式有着显而易见的优势。物有所值类型的产品可确保足够大的销售额和毛利润以支持品牌和销售基础的建立，高档和顶级类型的产品则可带来额外的毛利润，同时也使得企业能够满足不可避免的消费者需求的演变。

品牌力稍低，产品力强，因此高出30%是比较稳妥的选择。

(6) 促销的运用。很多时候，产品价格制定，如果过低，就会丢失本应该得到的利润。如果高一些，即便定价出现了偏差，还可以运用促销（特价或额外赠送）来平衡。

(7) 综合运用以上因素制定价格。这里再重复一遍，前面讲过，至于规格为什么不做变动，是因为方便消费者（客户）进行折算价值。尤其是在竞品品牌产品的购买人群基数大，我们品牌在攻占对方市场时，一定要让消费者（客户）非常容易、清晰地判断出价值感。

小王："张总，我计算出来了，有机产品的定价都在40元以上，0或5的整数是30元，加价30%是33.28元，综合起来，我们的产品就可以制定在1800mL，30元以内。即便高了，可以通过促销来折中。"

我："太对了。具体定多少金额呢？"

小王："反正有促销力平衡，我们的推广团队在您的技巧指导下，几乎是业内最强的，所以29~30元都可以，还有讲究吗？"

我："当然有讲究，定价尾数有很多的讲究，有很多定价方法可用。我给你提供几个适合我们快消品的常用方法。”

5. 确定价格尾数

（1）奇/余数定价法

奇/余数定价法是指制定与整数有一定差额的价格。将价格定为9.9元而不是10元；定价199元而不是200元。零头定价法基于一种信念，即顾客认为一个带零头的价格比整数价低得多。很明显，价格并不如顾客所感知的那样低很多，这一现象有助于解释为什么零头定价法通常被称为“心理定价法”。比如价格为9.9元的产品比价格为10元的产品更有吸引力。认为产品的价格必须低于5元，单价4.9元就非常具有吸引力。

（2）弧形数字定价法

弧形数字定价法指的是选用一些消费者喜爱的数字来制定商品价格的策略，超市定价使用的数字，按照使用的频率分别是580369471。

顾客往往会有这样一种消费心态，对于带有弧形线条的数字，像0、3、5、8、6不会感到带有刺激感，而对于像1、4、7这样的数字则会有一种刺激感。顾客看到一件东西的标价是1000元，往往会产生贵的感觉，而若标价改为994元，则有削价之感，因为4这个数字会让人感觉不舒服，所以如果将定价改为990元或980元，则会产生一种便宜而舒适的感觉，容易产生购买欲望。这便是弧形数字定价。

连锁超市系统的标价，往往会利用顾客这种对数字的偏好心理，采用弧形数字，避免以1、4、7数字标价。

在具体运用上，还要结合各地实际情况，如广东话中8与发谐音，所以人们都喜欢8这个数字，并相信会有发财的好运。现在，在普通标价中使用8字已普及全国，以图吉利。6这个数字，有六六大顺的吉利说法；而4与“死”同音，为人忌讳；7让人感觉不舒服，所以不应多次使用和重复出现。

（3）九九尾数定价法

即依照消费者的购物心理，采用99作为商品销售价格的尾数，来达到扩大商品销售的目的。

商品销售价格采用99尾数法，是西方零售商根据顾客的消费心理采用的定价方法。对于顾客来讲，99尾数法可以产生两点心理感受：一是该商店核定销售价格认真、准确，即使差一点也不将其凑成整数；二是感到商品“比较便宜”。如9角9分是几角钱的东西，1元是1元钱以上的东西。采用99尾数法可以促使顾客产生购物的欲望。

小王制定好了价格，到我这里来。

我："最终价格是多少?"

小王："1800mL，29.9元。"

我："为什么?"

小王："我们的产品特性明显高出很多，定低了，反而凸显不了价值感，这个产品成本本来就会高。因此，为了保证这款产品有价值感，不能在同价位被竞争品牌超越，27.9元、28.9元，计算下来只是正常价值的选择，我加一点，给做促销留出部分空间。我选择29.9元的原因是从580369471（弧形数字法提到的超市定价数字使用频率）里选择，9不是太差的选择，那么必须是选择小数最高位的9，根据奇余数定价法又不能超过0，选择29.9元就很好，再没有竞争品牌在30元的定价区间里能超过我们的产品价格，除非竞品定价在30元以上。29.9元定价关键是能最大化保证毛利。"

传统通路部分竞品为1800mL，23.8元，本品为1800mL，25.9元（小型零售店，特价促销不易执行，尽量缩减价差以防价格差异越大，市场份额获取就越少。虽然与超市系统的差价比较大，但大超市促销特价时就会到达24.9元或23.9元的低价，甚至更低，超市采购也就没异议了）。

我："我同意你的选择，这毕竟是初步定价格，为了倒推成本，不是确定的最终价格。但不要高兴太早，以这个价格去推算成本，如果成本能控制到位，公司和通路客户毛利足够就没问题；如果毛利不够，这个价格要调高；如果毛利太高，也可以下调。但思路都是如此。"

小王："终于制定出来了零售参考价格。"

我："还不错，值得表扬。成本推算怎么计算?"

小王："要考虑公司的利润率。公司必须赚钱，保持合理的利润率来倒推。"

我："公司保持多少毛利率，你是知道的。高端产品毛利一般在35%~45%，中端产品毛利率25%~35%，低端产品在15%~25%，这是很多行业的参考数据。"

但是，作为一名合格的产品开发人员，必须清楚公司各项费用的分摊比率，各种费用如行政办公、出差、非生产人员薪资、福利、保险、佣金、提成、奖励等，这些都是折算成固定费用率的，提前预算好上市后的推广费用（广告媒介、人员推广、物料、赠品、价格折扣等）。我们要计算的是扣除掉费用后，确保净利润在公司规定的水平。

小王："我去向财务索要一下费用数据，再预估一下上市后的各项推广费用，详细计算一下。”

我：“通路利润率呢？你不考虑？”

小王：“也需要考虑。”

我：“注意，采用倒推法，考虑通路层级因素，最终保证定位一致，也就是零售价一致，将每一级的中间商的毛利需求都要考虑进去。这是个系统的公式设定，从零售价层层倒推回来。”

通路层级和需求，如图 8－21 所示。

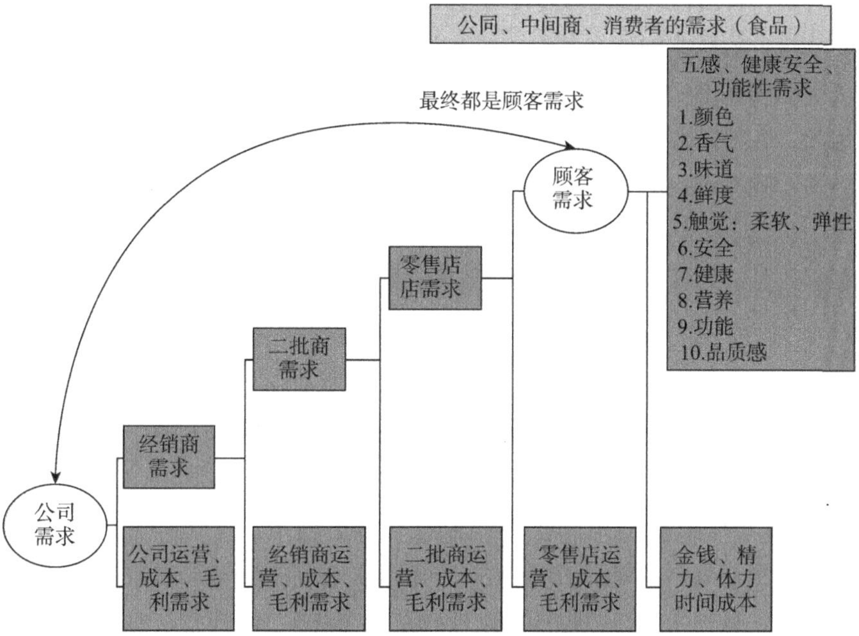

图 8－21　公司、中间商、消费者的需求（食品）

我：“公式会计算吗？你知道各类客户的毛利率要求吗？经销通路和 KA 通路是不一样的。（经销通路指的是通过经销商售卖到传统小零售店；KA 通路指的是公司直接供货大的超市连锁店系统。）”

小王：“我会计算，前面教过的。经销商毛利率要求，前段时间不是调查过了吗？连锁超市系统的毛利我去查一下合同。”

我：“好。记住，如果产品力强大，即便品牌力比竞品差，毛利率最低与竞品相同。如果品牌力、产品力都差，给通路的毛利率就要高一些。KA 客户的毛利率，注意区分前台与后台。前台在做促销时是可以降低的，后台是无法变动的。”

小王去倒推成本。

小王："张总，成本是×××元，公司毛利是×%；直供超市的毛利前台是×%，后台是×%，供小店的代理商毛利是×%，零售店毛利是×%。"

我："测算一下，特价9折，前台扣点降至8%，后台不变，公司毛利是多少？测算一下公司能做到的最低特价是多少？超市前台扣点留2%。如果研发成本与你的定价不同，零售价不变，毛利将是多少？"

小王："好，那我去计算一下。"

我："这种情况下，需要快速计算。尤其是研发人员开发出样品后，即便产品属性合适，都可能会因为成本问题而不断调整样品。我们需要知道相差的那些成本对零售价的影响到底有多大。如果对零售价的影响不大，产品通过；如果影响过大，必须调整样品。

因此，我们需要开发一套快速核算工具。用EXCEL表就完全可以实现，设定好公式，随时可以测算。"

小王："我去试一试。"

最后，是一套综合运用3C定价因素的模板。

五、综合定价模板

1. 零售价倒推成本模板

KA产品价格测算表，以竖列格式将每个要素列入。

基本要素：品名、单位、规格、AN值（关键指标简称，饮料含量也可以是果汁含量等，每种类别产品都不同，可以更换名称）、箱容量、价值系数（零售价除以规格，可以直接看出产品的价值比较）。

每一级通路的进货价、出货价、毛利率都需要明确出来。这里增加实际毛利率，是因为正常出货价的票面价还有折扣，对于企业来说，一定要计算实际的毛利率，将隐藏成本全部展示出来。正常毛利率是报价时要正常出示的价格，也必须有。（备注，表格内数字为随意输入，只代表演示。）

竞品的相关信息。罗列在表格后侧，作为对比之用。

价值系数一栏，代表着价格、规格两大属性的价值比较，设定价格时，随时注意查看所设定零售价的价格大小。

注意，为了查看方便，一是加颜色识别；二是左侧的项目栏，采用不同的对齐方式，如表8－4所示。

公式设定，如表8－5所示。

表 8－4　左侧采用不同的对文齐方式

产品		KA 产品															
		本品						竞品									
		新产品		新产品		新产品		A 品牌对标产品 1	A 品牌对标产品 1	A 品牌对标产品 1	A 品牌对标产品 1	A 品牌对标产品 1	A 品牌对标产品 2	A 品牌对标产品 2	B 品牌对标产品 1	B 品牌对标产品 1	B 品牌对标产品 1
		标准	最低	标准	最低	标准	最低										
单位		瓶	瓶	桶	桶	桶	桶	瓶	桶	桶	桶	桶	瓶	瓶	桶	桶	桶
规格（mL）		500	500	1300	1300	1800	1800	500	1300	1800	800	1000	500	500	500	1280	1900
等级		特级	特级	特级	特级	特级	特级	特级	特级	特级	特级	特级	特级	特级	特级	特级	特级
AN 值		0. 9	0. 9	0. 9	0. 9	0. 9	0. 9	1. 2	1. 2	1. 2	1. 2	1. 2	1. 2	1	1. 2	1. 2	1. 2
箱容（入）																	
价值系数		0. 0278	0. 0152	0. 0184	0. 0122	0. 0166	0. 0166	0. 0218	0. 0153	0. 0158	0. 0156	0. 0130	0. 0258	0. 0338	0. 0258	0. 0186	0. 0152
KA 零售商	零售价	13. 90	7. 60	23. 90	15. 80	29. 90	19. 90	10. 90	19. 90	28. 50	12. 50	13. 00	12. 90	16. 90	12. 90	23. 80	28. 80
	进货价	11. 12	7. 45	19. 12	15. 48	23. 92	19. 30										
	前台利润率	20. 0%	2. 0%	20. 0%	2. 0%	20. 0%	2. 0%										
	后台进货价	10. 01	6. 70	17. 21	13. 94	21. 53	17. 37										
	后台利润率（含固定费用分摊）	10. 0%	10. 0%	10. 0%	10. 0%	10. 0%	10. 0%										

续表 8－4

产品		KA 产品															
		本品						竞品									
		新产品		新产品		新产品		A 品牌对标产品 1	A 品牌对标产品 1	A 品牌对标产品 1	A 品牌对标产品 1	A 品牌对标产品 1	A 品牌对标产品 2	A 品牌对标产品 2	B 品牌对标产品 1	B 品牌对标产品 1	B 品牌对标产品 1
		标准	最低	标准	最低	标准	最低										
KA 零售商	综合利润率	28.0%	11.8%	28.0%	11.8%	28.0%	12.7%										
KA 直营渠道	实际出货价（后台）	10.01	6.70	17.21	13.94	21.53	17.37										
	实际利润率	40.0%	10.5%	24.5%	6.7%	21.0%	2.1%										
	标准出货价（前台）	11.12	7.45	19.12	15.48	23.92	19.30										
	牌价利润率	46.0%	19.4%	32.0%	16.0%	28.9%	11.9%										
	进货价	6	6	13	13	17	17										
工厂	成本价	6	6	13	13	17	17										

表 8－5　公式设定

	A	B	C	D	E	F	G
1		KA 产品价格测算表					
2							
3		产品					
4				本品			
5				新产品		新产品	
6				标准	最低	标准	最低
7		单位		瓶	瓶	桶	桶
8		规格（mL）		500	500	1300	1300
9		等级		特级	特级	特级	特级
10		AN 值		0.9	0.9	0.9	0.9
11		箱容（入）					
12		价值系数		＝D13/D8	＝E13/E8	＝F13/F8	＝G13/G8
13		KA 零售商	零售价	13.9	7.6	23.9	15.8
14			进货价	＝D13×(1－D15)	＝E13×(1－E15)	＝F13×(1－F15)	＝G13×(1－G15)
15			前台利润率	0.2	0.02	0.2	0.02
16			后台进货价	＝D14×(1－D17)	＝E14×(1－E17)	＝F14×(1－F17)	＝G14×(1－G17)
17			后台利润率（含固定费用分摊）	0.1	0.1	0.1	0.1
18			综合利润率	＝(D13－D16)/D13	＝(E13－E16)/E13	＝(F13－F16)/F13	＝(G13－G16)/G13

续表 8－5

	A	B	C	D	E	F	G
3		产品					
4				本品			
5				新产品		新产品	
6				标准	最低	标准	最低
19		KA 直营渠道	实际出货价（后台）	＝D16	＝E16	＝F16	＝G16
20			实际利润率	＝SUM（D19－D23）/D19	＝SUM（E19－E23）/E19	＝SUM（F19－F23）/F19	＝SUM（G19－G23）/G19
21			标准出货价（前台）	＝D14	＝E14	＝F14	＝G14
22			牌价利润率	＝SUM（D21－D23）/D21	＝SUM（E21－E23）/E21	＝SUM（F21－F23）/F21	＝SUM（G21－G23）/G21
23			进货价	＝D24	＝E24	＝F24	＝G24
24		工厂	成本价	6	＝D24	12. 5	＝F24

要设定好公式，这个公式是由零售价、成本、毛利率相互推算的工具。公式的设定有一定的技巧。

（1）由零售价、毛利率推算成本。设定公式时，零售价、成本、零售商的毛利都是固定数值，经销商毛利和公司毛利率由公式自动算出。

随意手工调整零售价和成本数值，公司毛利率就会自动产生。第一次倒推成本，手工输入的次数不多，四五次就可以达到合理的毛利范围。

因此，研发部每次给出新产品样品的成本，都可以快速推算毛利率，判断合适不合适。

可能有人会问，为什么公司毛利率是公式推算，直接将毛利率固定不更容易推算成本吗？

道理是不错，这样设定公式，当然可以直接推算出成本，但是在后续操作中很麻烦。

有两种情况决定：

第一，并不是产品属性合适，成本也同时合适，所以，新产品配方可能会不断调整，调整可能会有很多次，每次都要根据给出的成本值计算毛利率，采用直接设定毛利率的公式，无法进行此计算。

第二，当产品属性很合适，有时候是要妥协的，要看根据毛利率在不在合理范围内、零售价可不可以微调等做出判断。直接输入成本，还要同时手动调整零售价数值，判断毛利率。

将毛利率固定的公式设定，也实现以上情形的快速计算。

零售商毛利的取值可以取占比公司最大零售商的值，也可以取概率或折中值，根据自己企业的实际情况来定。

（2）同时推算出零售价最低特价价格，以及促销毛利率的真实水平。零售价、成本、零售商的毛利都是固定数值，经销商毛利和公司毛利率是公式自动生成。可以随时手工调整最低价，每输入一个价格，公司毛利率就会变化，如果最低实际毛利率要求10%，调整几次就可以达到。如同第（1）条所说，也可以重新设定公式，将最低毛利率固定下来倒推，一样可以达到效果，但我习惯于每次特价看一下毛利率值，因此就选用了这个公式。

通过经销商供货的通路，要加入经销商的价格和毛利率推算。

设定公式有很大差异，在实际操作中，要对成本、零售价、出货价随时做手工调整，观察公司、经销商及零售商的毛利变动情况，经销商毛利是用公式推出的。

经销商部分的特价毛利调整，是通过搭赠来实现的，因此是坎级的公式设计。

通过经销商供货的，加入经销商的部分即可，如表 8 -6、表 8 -7 所示。

注意，如果企业同时操作多种渠道，就必须在出厂价、超市供货价、零售价之间取得一致。可以根据不同规模级别的零售商制定不同的价格体系，但不管是公司直接供货还是经销商供货，都必须保证同级别零售商的零售价的变化在一定范围内。保证这个范围就是调整的核心关键。每个通路单独一张价格表，可以设定相同部分的等号链接，通过不断手工输入某一渠道的零售价来查看不同通路的毛利率值，达到合理的范围就可以。

小王很快推算出成本价和毛利率范围，提供给研发部，研发部也很快进入研发流程。

2. 成本快速核算模板

样品出来后，小王想要同时看一下成本，判断样品是否合适。

研发部的答复是原材料配方已经提供给财务部，由财务部核算成本。换言之，研发部只是根据以前的产品粗略估算，成本也不清晰。

但是，如果不严格控制成本，出来的产品有什么意义呢？

小王很恼火地找到我。

小王："张总，研发还是老思路，给他们成本也没用。他们还是做出一个他们认为可以的产品，根本不知道成本，这不还是让我们加价定出来就去卖的老路子吗？这怎么可以，如果他们加好的昂贵原料，我卖 40 元，这还是我要的产品吗？能卖得动吗？"

我："研发部没那么不聪明的，基本道理还是知道的。如果成本提供时间太长，对产品的进度影响很大。你问财务部了？"

小王："财务部态度很好，说会以最快速度提供，但成本核算的孙大姐正好出差，怎么也得 3 天吧。"

我："以后要是都这样会很麻烦。任何问题都要寻找最好的处理办法去攻克它，而不是单纯地抱怨。你有什么办法去克服吗？"

小王："我能怎么办？只能是不断地催促啊。"

我："这并不是最好的办法，再怎么催，财务的客观条件摆在那里，财务部的工作安排不会因为你而改变，孙大姐该出差还是会出差，还有财务部工作非常繁杂，即便不出差也会有别的工作。"

记住我一直给你强调的，解决问题要多从方法角度入手，而不仅仅是依托同

表 8－6　KA 产品价格测算表（经销商供货）（一）

产品		本品						竞品									
		新产品		新产品		新产品		A 品牌对标产品 1	A 品牌对标产品 1	A 品牌对标产品 1	A 品牌对标产品 1	A 品牌对标产品 1	A 品牌对标产品 2	A 品牌对标产品 2	B 品牌对标产品 1	B 品牌对标产品 1	B 品牌对标产品 1
		标准	最低	标准	最低	标准	最低										
单位		瓶	瓶	桶	桶	桶	桶	瓶	桶	桶	桶	桶	瓶	瓶	桶	桶	桶
规格（mL）		500	500	1300	1300	1800	1800	500	1300	1800	800	1000	500	500	500	1280	1900
等级		特级	特级	特级	特级	特级	特级	特级	特级	特级	特级	特级	特级	特级	特级	特级	特级
AN 值		0.9	0.9	0.9	0.9	0.9	0.9	1.2	1.2	1.2	1.2	1.2	1.2	1	1.2	1.2	1.2
箱容（入）																	
价值系数		0.0278	0.0178	0.0184	0.0138	0.0166	0.0166	0.0218	0.0153	0.0158	0.0156	0.0130	0.0258	0.0338	0.0258	0.0186	0.0152
KA 零售商	零售价	13.90	8.90	23.90	17.90	29.90	23.90	10.90	19.90	28.50	12.50	13.00	12.90	16.90	12.90	23.80	28.80
	前台进货价	11.12	8.72	19.12	16.11	23.92	21.51										
	前台利润率	20.0%	2.0%	20.0%	10.0%	20.0%	10.0%										
	后台进货价	10.34	8.11	17.78	14.98	22.25	20.00										
	后台利润率（含固定费用分摊）	7.0%	7.0%	7.0%	7.0%	7.0%	7.0%										

续表 8－6

产品		本品						竞品									
		新产品		新产品		新产品		A 品牌对标产品 1	A 品牌对标产品 1	A 品牌对标产品 1	A 品牌对标产品 1	A 品牌对标产品 1	A 品牌对标产品 2	A 品牌对标产品 2	B 品牌对标产品 1	B 品牌对标产品 1	B 品牌对标产品 1
		标准	最低	标准	最低	标准	最低										
KA 零售商	综合利润率	25.6%	8.9%	25.6%	16.3%	25.6%	16.3%										
经销商	实际出货价	10.34	8.11	17.78	14.98	22.25	20.00										
	实际毛利率（顺加）	21.7%	5.0%	22.6%	13.7%	17.7%	16.4%										
	标准出货价	11.12	8.72	19.12	16.11	23.92	21.51										
	标准毛利率（顺加）	30.8%	12.9%	31.9%	22.2%	26.6%	25.2%										
	进货价	8.50	7.73	14.50	13.18	18.90	17.18										
营销公司	实际出货价	8.50	7.73	14.50	13.18	18.90	17.18										
	实际利润率	29.4%	22.4%	17.2%	9.0%	17.5%	9.2%										
	赠	0	1	0	1	0	1										

续表 8－6

产品		本品						竞品									
		新产品		新产品		新产品		A 品牌对标产品 1	A 品牌对标产品 1	A 品牌对标产品 1	A 品牌对标产品 1	A 品牌对标产品 1	A 品牌对标产品 2	A 品牌对标产品 2	B 品牌对标产品 1	B 品牌对标产品 1	B 品牌对标产品 1
		标准	最低	标准	最低	标准	最低										
营销公司	坎级	10	10	10	10	10	10										
	标准出货价	8.50	8.50	14.50	14.50	18.90	18.90										
	牌价利润率	29.4%	29.4%	17.2%	17.2%	17.5%	17.5%										
	进货价	6	6	12	12	15.6	15.6										
工厂	成本价	6	6	12	12	15.6	15.6										

表 8－7　KA 产品价格测算表（经销商供货）（二）

产品	本品			
	新产品		新产品	
	标准	最低	标准	最低
单位	瓶	瓶	桶	桶
规格（mL）	500	500	1300	1300
等级	特级	特级	特级	特级
AN 值	0.9	0.9	0.9	0.9

续表 8－7

产品		本品			
		新产品		新产品	
		标准	最低	标准	最低
箱容（入）					
价值系数		＝D13/D8	＝E13/E8	＝F13/F8	＝G13/G8
KA 零售商	零售价	12. 9	8. 9	23. 9	17. 9
	前台进货价	＝D13×(1－D15)	＝E13×(1－E15)	＝F13×(1－F15)	＝G13×(1－G15)
	前台利润率	0. 2	0. 02	0. 2	0. 1
	后台进货价	＝D14×(1－D17)	＝E14×(1－E17)	＝F14×(1－F17)	＝G14×(1－G17)
	后台利润率（含固定费用分摊）	0. 07	0. 07	0. 07	0. 07
	综合利润率	＝(D13－D16)/D13	＝(E13－E16)/E13	＝(F13－F16)/F13	＝(G13－G16)/G13
经销商	实际出货价	＝D16	＝E16	＝F16	＝G16
	实际毛利率（顺加）	＝(D19－D23)/D23	＝(E19－E23)/E23	＝(F19－F23)/F23	＝(G19－G23)/G23
	标准出货价	＝D14	＝E14	＝F14	＝G14
	标准毛利润（顺加）	＝(D21－D23)/D23	＝(E21－E23)/E23	＝(F21－F23)/F23	＝(G21－G23)/G23
	进货价	＝D24	＝E24	＝F24	＝G24

续表 8－7

产品		本品			
		新产品		新产品	
		标准	最低	标准	最低
营销公司	实际出货价	= D28 × D27/(D27 + D26)	= E28 × E27/(E27 + E26)	= F28 × F27/(F27 + F26)	= G28 × G27/(G27 + G26)
	实际利润率	= SUM（D24 – D30)/D24	= SUM（E24 – E30)/E24	= SUM（F24 – F30)/F24	= SUM（G24 – G30)/G24
	赠	0	1	0	1
	坎级	10	10	10	10
	标准出货价	8.5	= D28	14.5	= F28
	牌价利润率	= SUM（D28 – D30)/D28	= SUM（E28 – E30)/E28	= SUM（F28 – F30)/F28	= SUM（G28 – G30)/G28
	进货价	= D31	= E31	= F31	= G31
工厂	成本价	6	= D31	12	= F31

事们的主观态度，就会柳暗花明又一村。

我们可以从另一个角度思考一下，成本核算只是一个固定的数量公式推算问题，成本的各部分要素，比如分摊是固定值，人工分摊、机器设备折旧分摊、能源、包装材料、规格等也是固定值，变化部分只是原材料和辅料部分成本，这些用公式都可以很好地标准化。

小王："明白了，就像之前做价格推算一样做成固定表格，财务只需要给出固定值，其余的用公式链接起来。因为数值给了，研发部把自己的配方输入进去，公式自动算出成本。财务部就不会次次参与，大大节省时间。反正也是初算，差异不会太大。为了防止差错，只要在上市前，依程序财务给出标准成本就可以。"

我："是的。成本分为原辅料的直接成本、包装材料（含内外包装、纸箱、胶带等）成本、人工分摊成本、固定成本，有些工厂还会留存基本毛利部分(10%～15%，虽然不合理，但确实存在)。你要一一考虑到位。"

小王去找研发部，确定主辅料的明细、配比、出成率等计算因素，设定好研发的原辅料直接成本。

特别注意，税率及含去税价格的折算，因为工厂要折合成去税价，只需要最后在制定出厂价时和成本价时折算成含税价就可以。

规格计算的换算，都要依据市场、生产的各自习惯进行。很多时候，市场部参加工厂的会议很头疼，所有的都是以吨量和价格单位来计算、表述。而工厂人员参加销售部会议也很别扭，因为销售部都是以单规格量和价格计算。所以，研发部核算成本，以吨为单位计算比较合适，采购原辅料都是吨价，工厂一般谈成本也都是吨价来交流。市场部必须以单规格价格计算。在设定公式时，都直接做好折算，符合各自的需求习惯，如表8－8所示。

公式设定，如表8－9所示。

加入各项分摊，倒推成品成本，表格样式如表8－10所示。

表 8－8 原材料成本核算（I）

产品名称						制定日期：	备注
原料编码	原料名	单位	数量	含税单价	税率	合计去税（元/吨）	
	9°白醋	kg	135	5.8	17%	669.2	税率有的为17%，有的为13%，自制的没有税率，要特别注意公式
	番茄酱	kg	145	5.3	17%	656.8	
	绵白糖	kg	429	8	17%	2933.3	
	姜汁	kg	10	11	0	110.0	
	蒜泥	kg	10	19	0	190.0	
	柠檬酸	kg	5	7.8	17%	33.3	
	变性淀粉	kg	15	14	17%	179.5	
	黄原胶	kg	0.3	52	17%	13.3	
	液体 VE	kg	0.2	280	17%	47.9	
	阿拉伯胶	kg	0.5	90	17%	38.5	
	色拉油	kg	40	12	13%	424.8	
	食盐	kg	7	0.9	17%	5.4	
	胡萝卜色素	kg	1	212	17%	181.2	
	水	kg	202	0.015	0	3.0	
合计		kg	1000			5486.3	
出品率	90%						
原材料去税成本（元/吨）：		6095.9					

备注：

1. 出品率是因为产品加工时，整体有损耗。如果没有，即为 100%。
2. 如果单项有损耗，计算时单项加入即可。

表 8－9　公式设定

产品名称						制定日期：	备注
原料编码	原料名	单位	数量	含税单价	税率	合计去税（元/吨）	
	9°白醋	kg	135	5. 8	0. 17%	= E4 × F4/(1 + G4)	税率有的为 17%，有的为 13%，自制的没有税率，要特别注意公式
	番茄酱	kg	145	5. 3	0. 17	= E5 × F5/(1 + G5)	
	绵白糖	kg	429	8	0. 17	= E6 × F6/(Q + G6)	
	姜汁	kg	10	11	0	= E7 × F7/(1 + G7)	
	蒜泥	kg	10	19	0	= E8 × F8/(1 + G8)	
	柠檬酸	kg	5	7. 8	0. 17	= E9 × F9/(1 + G9)	
	变性淀粉	kg	15	14	0. 17	= E10 × F10/(1 + G10)	
	黄原胶	kg	0. 3	52	0. 17	= E11 × F11/(1 + G11)	
	液体 VE	kg	0. 2	280	0. 17	= E12 × F12/(1 + G12)	
	阿拉伯胶	kg	0. 5	90	0. 17	= E13 × F13/(1 + G13)	
	色拉油	kg	40	12	0. 13	= E14 × F14/(1 + G14)	
	食盐	kg	7	0. 9	0. 17	= E15 × F15/(1 + G15)	
	胡萝卜色素	kg	1	212	0. 17	= E16 × F16/(1 + G16)	
	水	kg	202	0. 015	0	= E17 × F17/(1 + G17)	
合计		kg	= SUM（E4：E17）			= SUM（H4：H17）	
出品率	0. 9						
原材料去税成本（元/吨）：		= H18/E18 × 1000/C19					

备注：

1. 出品率是因为产品加工时，整体有损耗。如果没有，即为 100%。
2. 如果单项有损耗，计算时单项加入即可。

表 8－10　成品成本核算本（Ⅱ）

产品名称：×××＋产品编码　　　　　　　　　　包装方式：100g/袋

客户名称：　　　　　　　　　　　　　　　　　制定日期：

<table>
<tr><th>序号</th><th>项目</th><th colspan="2">单位（元/kg）</th><th colspan="2">备注</th><th>占比%</th></tr>
<tr><td>①</td><td colspan="2">原辅料去税（出品率 90%）</td><td>6.10</td><td colspan="2" rowspan="5">30 袋/箱
未加版费</td><td>42.83%</td></tr>
<tr><td rowspan="3">②</td><td>包装物</td><td></td><td>3.68</td><td>25.83%</td></tr>
<tr><td>内包装</td><td>3.16</td><td></td><td></td></tr>
<tr><td>外包装</td><td>0.51</td><td></td><td></td></tr>
<tr><td>③</td><td>制造费用</td><td></td><td>3.14</td><td>22.06%</td></tr>
<tr><td>④</td><td>工厂合计</td><td>①＋②＋③</td><td>12.91</td><td colspan="2"></td><td></td></tr>
<tr><td>⑤</td><td>三项费用</td><td></td><td>1.32</td><td colspan="2"></td><td>9.28%</td></tr>
<tr><td>⑥</td><td>成本</td><td>④＋⑤</td><td>14.23</td><td colspan="2"></td><td>100.00%</td></tr>
<tr><td></td><td>工厂利润预留（顺加）</td><td colspan="4">10.0%</td><td rowspan="3">此行是做 1000g 与单个产品 100g 换算</td></tr>
<tr><td rowspan="2">⑦</td><td rowspan="2">成本单价（元/kg）</td><td>15.65</td><td>1.57</td><td>元/袋 100g</td><td>（去税）</td></tr>
<tr><td>18.32</td><td>1.83</td><td>元/袋 100g</td><td>（含税）</td></tr>
</table>

原辅料成本直接公式链接原辅料成本表，换算成 kg，之所以换算成 kg，是因为财务一定会按照 kg 来统算提供标准数据，不会按照单品规格来。

其余的成本都是财务给定的固定费用这算。

注意：在最后一栏换算成了单规格含税价格。

公式设定，如表 8－11 所示。

从中也可以看出，降低产品成本，提升毛利，需要：

（1）不断降低制造三项费用，取决于单独核算体系的运用及推行生产预算制、整体销量的提升。比如每月提前预估产品量，工厂集中生产一定周期（1 个月或更长）的所有产品，降低换线费用和人员浪费，降低费用分摊。整体销量提升后，分摊值都会下降。

（2）原辅料成本从市场层面来看，既要确保产品力提升，又要确保产品成本的不变或下降。需要研发、采购、市场部门建立常态沟通机制，通力合作才可以找到平衡点。

（3）从市场层面来看，包材既要确保价值感提升，又要确保成本的不变或下降。需要市场部、采购部建立常态沟通机制，共同来进行。

小王终于解决了研发不同步提供成本的难题，每次提供样品，研发的成本数

表 8－11　成品成本核算本（II）公式设定

产品名称：×××＋产品编码　　　　**包装方式：100g/袋**

客户名称：　　　　**制定日期：**

序号	项目	单位（元/kg）		备注		占比%
①	原辅料去税（出品率 90%）		＝'原材料成本核算表（I）'ID20/1000			42.83%
②	包装物		＝D9＋D10	30 袋/箱		25.83%
	内包装	＝0.37/1.17/0.1				
	外包装	＝（1.6＋0.2）/ 1.17/（0.1×30）		未加版费		22.06%
③	制造费用		3.14			
④	工厂合计	①＋②＋③	＝SUM（E7：E11）			
⑤	三项费用		1.32			＝IF（E14＝0，0，E13/E14）
⑥	成本	④＋⑤	＝E12＋E13			＝H7＋H8＋H11＋H13
	工厂利润预留（顺加）	0.1				此行是做 1000g 与单个产品 100g 换算
⑦	成本单价（元/kg）	＝E14×（1＋D15）	＝D16/10	元/袋 100g	（去税）	
		＝D16×1.17	＝D17/10	元/袋 100g	（含税）	

据都会一并提供。在调整属性的增减上非常的方便，大大节约了时间，提高了产品开发的速度。

在这里说明一下，价格成本的核算表格，在计算促销活动的利润率时，也同样方便实用。

这套计算和沟通体系，确实非常高效。

我在这么多年的产品开发过程中，深刻体会到这么做与其他人那种传统的沟通方式比较起来，研发人员是多么欢迎与喜爱，阻碍市场部与研发部产品开发之间的最大障碍消弭了，大家如释重负，各自做专业的部分。

六、分渠道定价

由于产品往往通过不同渠道销售，就要制定不同渠道的价格。比如大超市系统可能是直接供货，没有中间渠道；小零售店及小超市，有代理商供货，通路的整体毛利要求（代理商和零售商）就会远远大于直接供货超市这种渠道方式。

根据不同的渠道类型设立不同的价格体系，一个原则是保证产品的定位相同，也就是零售价相同或接近在一定幅度之内；另一个原则是同级别渠道客户进货价相同，通过通路搭赠来解决差异。

比如大企业、大超市系统可以定价低一些，小零售店的零售价高一些，只要在一定幅度内就可以，满足客户毛利，靠的是品牌的拉力。

或者相反，没有广告费用、人员不足的中小企业，没有人员去管理小零售店，大超市定价高一些，利用特价来获取销售额，小零售店定价低，利用低零售价自然拉动消费者购买。

根据客户渠道级别、资源等的不同，具体制定价格。制定思路可以参考下面的线上渠道价格制定。

七、线上渠道价格推算

随着线上经济（电商、微商、抖音短视频、社群经济）的兴起，渠道层级的缩短，价格制定成为一大难题。

有规模的企业通过推出不同的包装产品来避开。中小企业却难以实现，只能通过价格策略来实现，设定好公式进行调整，如表 8 – 12 所示。

表 8-12　电商餐饮产品价格体系

序号			1
类别			例子
产品名称			
单位			mL/桶
规格			1350
箱容（入）			6
价值			0.031
线下线上分销商（二级）	售给餐饮价（元/箱）		255.0
	利润（元）		20
	实际进价（元/箱）		235.0
	标准进价（元/箱）		255.0
线下线上经销商（一级）	实际出价（元/箱）		235.0
	实际利润率%		19.6%
	实际进价（元/箱）		189.0
	标准进价（元/箱）		255.0
销售部	电商供给餐饮（用户）	实际出价（元/箱）	255.0
		利润率%	31.0%
		搭赠（箱）	0
		坎级（箱）	10
		标准出价（元/箱）	255.0
	电商供给分销商（二级）	实际出价（元/箱）	235.0
		利润率%	25.1%
		搭赠（箱）	4.25
		坎级（箱）	50
		标准出价（元/箱）	255.0
	电商供给经销商（一级）	实际出价（元/箱）	189.0
		利润率%	6.9%
		搭赠（箱）	34.9
		坎级（箱）	100
		标准出价（元/箱）	255.0

续表 8－12

销售部	公司供给现有线下经销商（一级）	实际出价（元/箱）	189.0
		利润率%	6.9%
		搭赠（箱）	0
		坎级（箱）	10
		一批价（元/箱）	189.0
		原一批价（元/箱）	189.0
	进货价（元/箱）		176.04
工厂	出厂价（元/箱）		176.04

备注：深灰行内是阿里巴巴平台标注价格，是供给餐饮店的价格，也是标准报价。供给经销商和分销商的价格，以搭赠来体现。

价值			= E10/(E7 × E8)
线下线上分销商（二级）	售给餐饮价（元/箱）		285
	利润率%		20
	实际进价（元/箱）		= E10 – E11
	标准进价（元/箱）		= E27
线下线上经销商（一级）	实际出价（元/箱）		= E12
	实际利润率%		= (E14 – E16)/E14
	实际进价（元/箱）		= E33
	标准进价（元/箱）		= E32
销售部	电商供给餐饮（用户）	实际出价（元/箱）	= E22 × E21/(E21 + E20)
		利润率%	= (E18 – E39) × (E21 + E20)/(E37 × E21 × E22/E37)
		搭赠（箱）	0
		坎级（箱）	10
		标准出价（元/箱）	= E10
	电商供给分销商（二级）	实际出价（元/箱）	= E27 × E26/(E26 + E25)
		利润率%	= (E23 – E39) × (E26 + E25)/(E37 × E26 × E27/E37)
		搭赠（箱）	3.7
		坎级（箱）	50
		标准出价（元/箱）	= E10

续表 8－12

销售部	电商供给经销商（一级）	实际出价（元/箱）	=E32×E31/(E31+E30)
		利润率%	=((E28－E39)×(E31+E30))/(E37×E31×E32/E37)
		搭赠（箱）	35.5
		坎级（箱）	100
		标准出价（元/箱）	=E10
	公司供给现有线下经销商（一级）	实际出价（元/箱）	=E37×E36/(E36+E35)
		利润率%	=(E33－E39)×(E36+E35)/(E37×E36)
		搭赠（箱）	0
		坎级（箱）	10
		一批价（元/箱）	210
		原一批价（元/箱）	189
	进货价（元/箱）		=E41
工厂	新出厂价（元/箱）		G40
	原出厂价（元/箱）		=29.34×6
	差异		=E40－E41

价格制定，遵循以下五个方面：

（1）在每个产品价格列中，同意颜色的框格内，数值必须相等。同颜色的框内是渠道级别相同。最大的原则是终端购买者的价格相同。同级别的客户不管是公司还是经销商，必须一个出货价。

（2）电商的标准出货价＝电商供给经销商的出货价＝电商供给分销商的出货价＝电商供给餐饮店的标准出货价＝线下线上分销商售给餐饮店价（深灰色框内）。自控渠道，可以通过促销活动及多件定价来满足电商的价格优惠特性。

（3）公司供给现有线下经销商的实际出货价＝电商供给线上经销商的价格＝线下线上经销商的进货价（浅灰色框内）。

（4）线下经销商给分销商的实际出货价＝电商供给线上分销商的价格＝线下线上分销商的进货价（中灰色框内）。

（5）报价时，每个级别的中间商，通过进货的坎级搭赠来控制，比如主力产品经销商坎级为500件；分销商坎级为200件；200件以下为餐饮终端客户；等等。

不同的渠道层级，相应列出，用公式链接起来就可以。测算时分别改变固定值的输入，调整相同颜色框的数值至一致即可

电商的价格测算举例，如表 8－13 所示。

表 8－13　电商 KA 产品渠道价格体系

序号			1
类别			
产品名称			
单位			瓶/mL
价格			190
箱容（入）			16
价值			0.088
线下线上零售商	零售价		16.8
	进货价		12.6
	利润率		25.0%
线下经销商	实际出货价		12.6
	实际利润率		24.1%
	实际进货价		9.6
	标准进价		11
销售部（分公司）	电商零售价	实际出货价	16.8
		利润率	98.4%
	电商供给线上零售商	实际出货价	12.6
		利润率	60.2%
	公司供给现有线下经销商渠道	实际出货价格	9.6
		利润率	37.5%
		搭赠	1.5
		坎级	10
		一批价	11.0
		原一批价	11.00
	进货价		5.98
工厂	出厂价		5.98

续表 8－13

价值			＝E10/E7
线下线上零售商	零售价		16.8
	进货价		＝E10×(1－E12)
	利润率		0.25
线下经销商	实际出货价		＝E11
	实际利润率		＝(E13－E15)/E13
	实际进货价		＝E21
	标准进价		＝E25
销售部（分公司）	电商零售价	实际出货价	＝E10
		利润率	＝(E17－E27)/(E25)
	电商供给线上零售商	实际出货价	＝E11
		利润率	＝(E19－E27)/(E25)
	公司供给现有线下经销商渠道	实际出货价格	＝E25×E24/(E24＋E23)
		利润率	＝(E21－E27)×(E24＋E23)/(E25×E24)
		搭赠	1.5
		坎级	10
		一批价	＝E26
		原一批价	6.7
	进货价		＝E28
工厂	出厂价		5.98

价格制定，遵循以下五点：

（1）在每个产品价格列中，同意颜色的框格内，数值必须相等。

（2）电商的分销商标准出货价＝线下经销商给分销商的实际出货价＝电商供给线上零售商的价格＝线下线上分销商的进货价（中灰色框内）＝阿里巴巴商供给线上零售商的价格。自控渠道，可以通过促销活动及多件定价来满足电商的价格优惠特性。

（3）零售价＝电商零售价（含运费）＝线下零售价（深灰色框内）。

（4）公司供给线下经销商的实际出货价＝线下经销商的进货价（浅灰色框内）。

（5）报价时，分销商坎级为10件起；10件以下为零售客户。

（6）备注：天猫价格为不含运费单价。

第九章

第五步：产品开发互动过程关键点

产品的开发过程，是不断提出灵感，不断被否定的过程。

我们在前面找到了足够多的产品属性点，通过市场分析确定了零售价，在保证公司和经销商的毛利的前提下，倒推出目标成本。

研发部根据我们要求的产品属性点和目标成本，开发产品。

但是，各个产品属性的成本事先并不知道，研发部开发出的新产品，这些属性的成本之和与目标相符合吗？

如果符合，太棒了，你的运气真好，产品开发成功。

如果不符合，这才是正常现象，不断在价格、成本、属性之间做出改正，要么成本差异可以接受，去调整零售价上市；要么更改属性，直至最后属性与成本都符合要求。

产品开发就是在成本和属性之间不断重复的过程。

小王信心十足，认为该尽的职责都做到了，剩下的就是研发部的事情。做出了申请，公司批复后，飞快地把产品属性要求和成本交给研发部，开始了等待。

一、研发人员的时间安排和沟通陷阱

1. 陷　阱

很快，研发的第一个样品完成，小王迫不及待地打开盖子。

小王："嗯，怎么颜色不对？要的棕红色，怎么成了棕黑色？气味呢？有些怪怪的？味道也不太好。"

小王找到了研发员小李。

小王："你给的样品的颜色、味道、香气不对啊？"

小李："都是根据你要求添加的原料添加的，你要求添加某某原料，颜色、香气肯定会变的。"

小王："可我也对颜色、味道和香气有要求啊？"

小李："我调了很多配方，这是最好的一个，实在没办法了。"

小王："你不能加些别的原料，改变一下颜色和香气特性？"

小李："你说具体加什么吧。"

小王很热心地出谋划策。

小王回来后，告诉了我。我笑了笑。

我：“是不是最近研发部很忙？小李手中有很多工作吧？”

小王：“好像是，我去了后，他挺忙的，还在调配其他产品。”

我：“你给他出谋划策了？”

小王：“是啊，他也认为我说得很有道理。”

我：“你加紧催一下，估计不会有好结果。”

小王：“不可能吧？”

两天后，小王垂头丧气。

小王：“张总，还是不行。”

我：“你还在想办法吗？”

小王：“我无能为力了。”

我：“知道为什么吗？从一开始你就错了，掉入了沟通陷阱。”

小王：“为什么？”

我：“第一，研发部和市场部的专业分工，你越位了。从食品加工来说，原材料的影响因素是有，但颜色和香气有很多工艺和方法可以实现。而这些都不是你的专业，小李作为资深研发人员经验丰富，他很清楚怎么调整这些属性达到平衡，你恰恰用你非常不专业的地方去碰撞他专业的部分。你可以提供一下竞争品牌曾经成功的案例，但千万不要建议他用什么具体方法，否则他就会不断按照你的方法去调整，就会有麻烦。

第二，小李的分工很多，他的问题应该是你催得急，而他根本没有时间来做，只能先调一下，看看方向，正好你去了，就直接给你了。

（多产品人制的公司会出现这种问题，很多产品需要开发，哪个都很优先，具体开发哪一个，当然看每个人的沟通能力。）”

小王：“那我怎么办？”

我：“首先，你要了解一下小李手中的工作有多少，与他沟通一下，定一下进度。如果确实太多，只有他的上级才能改变他的工作顺序，那么你去找研发总监，沟通一下产品的重要性，要求重新安排人员或将小李的工作转移一些，或调整一下他手中产品开发的顺序，必要的时候，你可以叫上我一起开会，其他人员的产品开发进度，我也有权限调整。”

小王：“好的。”

2. 分清职责与帮忙

我：“还有，小李倒没什么恶意，对于技术人员来说，很容易与任何人讨论技术问题，这是习惯。但你是市场部人员，对于技术不专业，如果按照小李的思路，你就掉入了沟通陷阱。毕竟产品如果不达标，你是始终不会放弃的，如果到时候要分清责任，你那么做很容易被研发人员推卸责任。”

帮忙是必须的，但要注意分清职责。比如“没问题，我尽快去收集一下相关方面的资料提供给你，但是，我可没有专业开发的本事，还得靠你，别指望我，我的建议能行就太好了，不行也别埋怨我”，或者是“这么专业的事，我哪里知道啊？你是专家啊，这个方面必须得靠你啊。不过，我可以给你收集资料。有些问题，比如产品到底要什么属性、哪个属性低一些、成本高一点可不可以等，不用跟我客气，一定要问我，我一定给你满意的答复”。既表明全力以赴、通力合作的态度，也分清了职责，各负其责。

小王召开沟通会，安排小李做这个产品是对的，他是这个方向的专家。研发总监重新调整了他手中的产品，安排了合理的进度。

事情在朝好的方向发展。

二、产品价值与成本的相互调整

1. 成本与价值相互调整

样品很快送到。

小王打开一看，感官不错。但是一看成本，高了，赶紧输入价格成本测算表，毛利率太低，要想达到理想的毛利率，必须提高零售价，而且幅度很大。

小王：“张总，成本高了，毛利率绝对不可以。”

我：“那你想怎么办？”

小王：“我打算简单对比测试一下，看看指标，然后告诉小李成本高，要降下来。”

我：“可以。简单比对测试一下，看看方向有没有错。即便没问题，成本高了也需要重新开发。但要注意，产品要的是价值感，缩减原料可以，但价值感不要缩减没了。”

小王去找小李沟通。

小李：“为了达到你的标准，我添加了两种原料，这样显得价值高，其中 1 种原料味鲜度高，就是太贵了。”

小王：“如果成本高一点，到了零售价上就是接近 3 倍的提高。比起 B 品牌的对标某某产品，就是两个档次的产品，根本卖不动。”

小李："那我减一下，估计需要减不少。"

小王回来问我。

我："这款产品本身就是零添加，不添加味精、5－肌苷酸二钠等鲜味剂，靠的天然的原料调鲜。我们的鲜度设定即便比竞品低一些也没关系，消费者很容易理解这一点。因此，你可以把成本低的天然原料大幅增加，降低成本高的这款原料的使用量。"

这里看出提前设定属性优先级和重要度、与竞品比较属性值高低的意义，这些都在调整成本上非常重要。

有两种方式可以体现价值感：一是配料表内标识会体现；二是产品本身最好能识别出来，比如看出来或闻出来。根据国家法律规定，配料表必须按照添加顺序标准原辅料，但是很多顾客没有习惯查看配料表，必须从第二种方法上下功夫。

如果是酱料类，为了体现价值感，从看的方面是可以调整的，比如增加肉、蔬菜的颗粒感和黏稠度；如果是液体类，则很难通过看的方面调整，要从气味入手，比如海鲜风味，能闻出海鲜的气味就很重要。你在逆推产品属性时，选了很多还产品原料，你去研发实地了解一下，哪个原料最容易被认为是海鲜的味道，加入后还能闻出来，尤其是注意选择味浓、成本低的原料。

2. 产品属性与成本交互控制表

这里提供给你一个工具，用于调整沟通非常方便。结合前面的第七章产品属性定位及产品战略制定中的产品属性定位确定表，制定出研发过程中属性与成本的交互控制表。按照第八章的方法，研发员在开发过程中可以随时计算成本变化，与市场部产品开发人员及时沟通，如表9－1所示。

表9－1　研发过程中属性与成本的交互控制表

属性	重要度	与竞品比较	开发中成本变化（元）	实际调整	原因
属性1	1	额外增加	+0.3	维持	力保
属性2	1	额外增加	+0.5	降低用量	
属性3	2	持平	+0.2	维持	
属性4	3	可低	－0.2		
属性5	4	额外增加	+0.2	取消	放弃
属性…	n	…	…		
合计			1.8元，超出太多	最终增加0.5元，毛利可接受	

二、要时时泡在研发

1. 参与开发过程与会议

一开始，小王不习惯去研发部，但随着产品一个个被否定，开始着急起来。

小王：张总，这么多样品还是不合格，愁死了。

我：我看你总是打电话或微信，小李说样品好了，你就过去，这种方式是有问题的。

一个合格的产品开发，中间涉及很多因素的调整：加入哪个原料？哪个属性确实无法实现？哪个属性必须略低于目标？成本选择高还是低？某一产品属性可以比竞品低多少？还是高到什么程度？这些都需要及时得到回复，否则都会影响开发进度。

你需要与小李提前沟通好时间，参与他的开发过程。另外，你要参与研发内部的产品沟通会，会议上全是讨论这方面的问题，可以及时解答他们这方面的疑问。

开发产品最怕的就是有些要求真的在技术上无法实现，必须调整原来的设定，而市场部总会认为是研发部不尽力，不断施加压力。就像我一开始给讲的故事一样，最后出现沟通大障碍，市场部与研发部互相看不惯。

只有你在他开发的中间过程中时时去观察，才能做出准确的判断，及时调整产品属性的设定。

小王逐渐参与了研发部的实际开发过程，积极地互动调整。

2. 一起在市场中寻找方向

有些产品的开发，除了研发部自身的专业能力外，市场部必须在市场中寻找方向，提供给研发。

比如笔者在开发复合调味酱料时，到处搜集相关知识，提供给研发。

为了找到炒鸡酱的最佳风味，带着研发团队吃遍青岛的每一家炒鸡店，还从网上购买知名饭店的真空包装产品。

大家一起吃，一起评价风味。然后，找出风味最好的一家，买了带回去细细比对。结果，这个产品开发下来，人整整胖了一圈。

有时，还要邀请知名厨师参与，讨论酱料的工艺及风味。据我所知，很多食品企业招聘专业厨师，直接参与甚至主导产品开发。

康师傅开发方便面口味，会设立专门的市场和研发团队，将全国的各地风味菜几乎品尝了一遍，寻找口味的开发方向。

3. 时时进行比对测试

最有用的忠告还是这一点：最忌讳非常相信自己的味觉，仅凭经验只做单一品尝，不做比对。

还是要重提：现在食品工业非常发达，如果不做比对，稍微知名品牌的产品都很好吃，根本分辨不出与竞品的差异。很多技术人员和市场人员栽在这上面，一比对测试就败北，再重新调整非常浪费时间。

因此，市场部产品开发人员一定要时时提醒研发人员随时比对，没有样品就及时安排购买。

一旦简单比对测试没问题，尽快开展大型内部测试或外部测试。

四、其他核心工作

1. 要注意规格、包装、保质期测定事宜

产品开发，除了最重要的产品本身属性开发，还要及时关注新包材尺寸规格、样式、包装密封性与抗氧化性、保质期、包装箱规格与容量的验证、测定等工作。

保质期加速实验是保质期测验的方法，但周期比较长。食品的实验，在 37 度下测试，一天相当于常温下 7 天；55℃，一天相当于 10 天。37℃为准，55℃作为参考。37℃下保质期 12 个月就需要很长时间，所以样品一旦确认，必须以最快速度提供给化验室。

如果包装要热塑封，热塑封意味着材料有些区域要变形，所以一定要验证热塑封对版面设计的影响。

透明瓶子内盛深色液体，版面设计的颜色就一定要验证能不能掩盖住料液的本身颜色。我在这方面曾经有惨重的教训。

这些也都是产品开发的重要组成部分。

千万不要凭直觉和经验，产品开发最怕的就是经验和感觉，一旦出问题，就是批次性的大问题。

所以，最保险的就是实样测试。实样的意思就是完全真实的产品去检测、验证后才放心。

2. 要追踪采购部

研发部开发一个新产品，可能需要寻找新的原辅料来不断做实验。这就要寻找新的供应商，不是一个，而是有可能很多个。

参加很多展会，去参加一下包材、原辅料的部分展厅，寻找新的供应商。或者将觉得不错的供应商材料和联系方式提供给研发部和采购部。

采购部担负着开发、谈判新供应商的职责，但采购的工作很多，这方面的工作也会发生很多延误。一旦没了效率，开发进度就会大大降低。

勇敢勤劳的市场部人员就要冲上去，督促采购部紧急行动起来。

3. 要深入新产品生产工艺验证过程

即便新产品样品研发成功，还面临着生产工艺的最后一关。很多时候，因为生产工艺不支持就被判定不可行，新产品失败流产。

新产品工艺的讨论和研究、改进，市场部虽然不专业，但责任心就是最好的武器。很多工厂人员对新产品的重视程度本来就不足，可能他们一点点的责任缺失就会判定工艺不可行，或者无法改进设备、工艺来支持。笔者这么多年的开发经验，不知多少次叫着生产厂长、设备经理、研发人员在现场，不解决问题就决不罢休，即便是最后到总经理那里决定都可以，只要我认为能解决的就逼着他们验证、改进。很多产品最后起死回生。

4. 配料、营养成分表、标签信息

国家的很多法规标准对产品包装的标签信息有限制性要求，品管部是这方面的责任部门，负责审核信息的准确性。

食品标签必须标注营养成本表，所以必须及时提醒研发部，提供样品给化验室做营养值测定，以防延误。

研发部提供配方等信息给品管部，品管部负责给出符合法规的标注内容。品管部还会审核包装上的概念、卖点等的信息标注是否符合相关法规。为了将风险降到零，他们会严格按照国标执行。

我常说的就是，如果全部按照品管的要求来，产品最好什么也不要标注、什么也不要表述，裸露着上市好了。大型企业有大量广告投放，消费者认知教育由广告实现。中小企业呢？必须依靠包装来宣传产品卖点。

因此，在国家标准和必须宣传的信息之间，两个部门共同权衡，既要规避风险，也要达到宣传目的，让产品自己能售卖自己。

5. 还有很多工作

包装设计、试销选择、推广方案等工作，只要是涉及新产品开发的任意一个障碍，市场部产品开发人员都要冲上去，不放过、必须解决。时间和效率就是新产品的生命。

6. 注意保密性

新产品是企业最核心的战略之一，任何新产品都是市场进攻或防御的利器，一旦被竞争对手得知，提前做好应对，失败的风险很大。

产品名称用代码来控制，产品属性的描述文件要严格保存，不得对不相关人员透露，更重要的是纸质和电子记录不要外发，也不得拍照，每次开完会，全部收回，只有产品开发人员和研发人员持有，非核心人员不得参与重要会议等，尽最大可能去保密。

五、权利和能力

小王在开品开发中快速成长，新产品开发技能、沟通技能都得到极大的提升。

1. 具备的权力

小王："张总，有时候真累，感觉自己没有权力让各部门尽快去执行，还经常会碰壁。"

我："有人说，市场部产品开发人员是一个企业的小总经理。但是，从职级上说确实不高，没有直接的职权去强制每个部门完全配合，却又必须保证各部门方方面面的工作有效地对接和推动，实现新产品的成功，为企业提供源源不断的新鲜血液和支柱。你该怎么办呢？你认为有哪些权力可以应用呢？"

小王："我认为必须有一定的强制权力，还要能沟通。"

我："看你怎么来理解，真正的管理人员很少使用职权的强制权力。很多从事产品职位的人，很快就能走上管理岗位。宝洁公司的很多产品经理，出去后基本都是高管，甚至是CEO，他们在原来公司也没有大的强制权力。为什么会这样呢？"

权力的定义有以下两种：

传统解读：一个人具备让另一个人服从的力量。与权威、强制等密切结合在一起。

科学解读：一个人影响决策的能力。组织因决策而存在，影响了决策，你就具备管理的权力，如图9－1所示。

权力的运用是为了引导对方进行工作决策，而不是为了强制对方、扩大争执。

从科学解读角度，权力与职级的关联性不大，与信息提供、问题界定、判

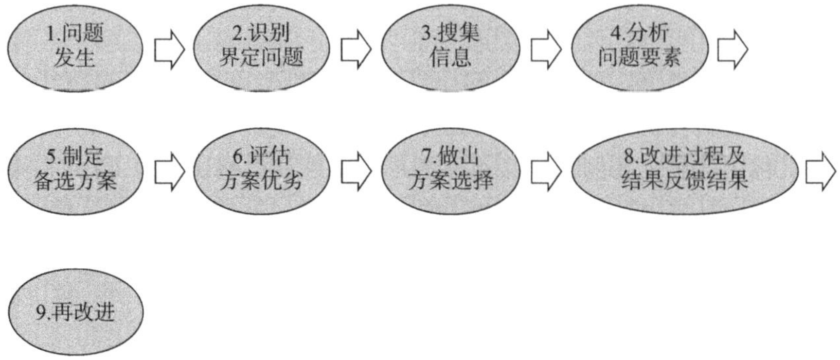

图9－1　决策过程

断、制订方案等决策过程中的每一步密切相关。

即便你不具备丰富的经验、能力，如果能参与并在过程中发挥作用，比如信息搜集、整理等，你就具备了很大的决策权力。

产品开发人员都应该运用哪些方面的权力呢？

（1）合法的权力。职权，依附于组织授予的基于组织结构的地位和职务带来的正当下达命令的权力。职权具有强制、奖励或处罚的特征，往往与你做出的科学决策匹配时才能发生最大效力。如果不匹配，比如你的决策根本就不对，就经常发生被抗权的现象。

（2）强制的权力。并不完全等同于职权之内的权力，可以超出职权，本身具备的能给对方带来伤害或损失的能力，比如身体的、精神的、财务的、生命的伤害或损失等。当你具备时，你就具备了强制对方的权利，通常与违法、违制行为相关联。

（3）奖赏的权力。也并不完全等同于职权之内的权力，当具备了给对方带来金钱、精神、职位、便利、提升等能力时，就具备了奖赏的权力。

（4）专家的权力。这里就要结合前面讲的决策过程，由你的专业带来的力量，包括专长、特殊技能、知识、地位等。

（5）感召的权力。人格魅力、独特智谋、别人对你的倾慕带来的力量。

小王："看来我能使用最多的恐怕只有专家的权力和感召的权力了。"

我："公司赋予你这个职位一定的职权，别的部门必须去做你要求的工作，为此你可以强制、奖励或处罚。但往往是别的部门同事确实有太多的工作，他们也有自己的喜好和厌恶，这些都会决定他们的工作优先顺序和配合度，从而让你的合法职权无法落地。"

更多要运用专家的权力，当你将前面所说的技能、方法等运用到工作中时，对接就会非常有效，别的同事也会心甘情愿地配合你，这不拥有了最大的权力吗？

但是，不利用职权，以及强制、奖赏、处罚的权力也不可以，该要求的一定要求，该申请奖励的就申请奖励，该强制的必须去强制，这是由人性的优缺点，而不是由你的主观意愿决定的。

这五项权力，你要综合使用，不要单单依赖某一种，当然专家的和感召的权力用得越多越好，那是个人价值的最大提升。

小王："但总觉得这些需要较长的时间去磨炼。"

我："实际上，这也是管理能力的一部分，要花大力气去打造，不要指望一蹴而就。"

2. 优衣库公司的连带式工作法

我："给你介绍一个方法，是优衣库公司的连带式工作法。你要是能利用起来，会让你事半功倍。那就是善于运用和带动周围团队中的各种各样的特殊能力的人，比如管理者、专家等的力量，平常工作中多想想怎么与他们联动，你会很轻松，如图 9－2 所示。"

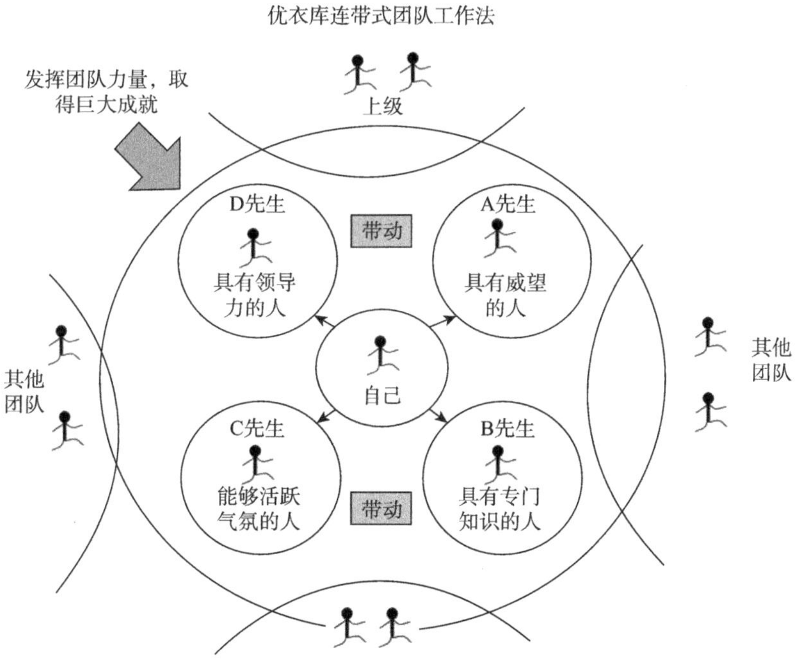

图 9－2　优衣库连带式团队工作法

小王："明白了，善于借力，自己不懂、没权力没关系，别人有，会联合他们就是借用了他们身上具备的五种权力。”

我：“产品开发人员必须有这种思维，让全公司的各部门专家、领导、有专门特长的同事来推动工作。”

3. 能力的培养

小王：“权力的事情我明白了，能力呢？每天这样重复，一开始还很新鲜，时间一长就会产生心理疲劳。”

我：“你需要成长的还很多，一个产品人会的技能也很多，未来终究还是要走上管理岗位。技能有专业技能、解决问题能力和人际管理处理能力三大类。”

专业技能除了你现在掌握的这一部分还有很多比如产品管理、促销策划、活动推广、媒介、卖货、战略、品牌、渠道等专业技能。更重要的是管理能力、解决问题能力、沟通能力、人际交往能力，工作分解与进度安排等是一定要精通的。在目前的产品开发工作中，最容易得到锤炼。

能力分为 6 个等级，如图 9－3 所示。

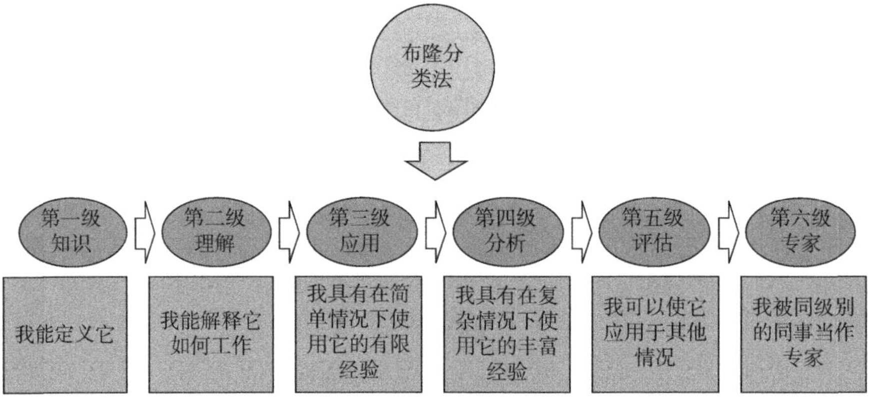

图 9－3　布隆分类法

知识可以学习，我可以指导、教会你去理解，但剩下的全都依靠你使用的次数多少来增长能力，从简单地使用到在不同的情况下不断重复使用，都是锤炼技能的必经之路。像现在的产品开发技能，针对不同的竞争环境、不同的目标消费群体、不同的研发人员、不同的产品类别和工艺的每一款产品，开发起来都会碰到新的问题，你就能让自己不断提升到高级。

小王：“明白了，我得去找不同的困难，去使用，去提高自己。”

产品开发人员经常会碰到这两大困惑，必须让他们明白自己如何去克服和认识，才会让他们走出心理上的困境。

第十章

第六步：产品概念、卖点和名称制定

本章讲述如何根据产品定位推演产品概念，并利用概念进行命名、卖点制定，其中着重讲述了建立新类别、制定类别名称，并最终将这一切落实到包装上。

这是个概念为王的时代。好的概念可以让人立刻认同。如果不能被你的目标顾客快速认知并记忆，再好的产品都难以成功。

我们看到很多优秀的产品，在市场上表现得碌碌无为，你无法立刻看出这个产品给你带来什么，哪怕它最适合你，最后都会与它失之交臂，因为它没有好的产品概念。

一个新产品可以先找到能成功的属性，并且已经开发成功，就必须要制定一个好的产品概念、卖点和一系列的信息用于包装和宣传使用。

有时，也可以事先选定目标消费群体，制定出概念方向，再来延伸开发可行的产品属性。

这两个步骤，不分先后，至于哪个先，哪个后，或者并行起来一起进行都可以，要结合实际情况。

特别强调，这一章的工作需要研发部开发人员密切参与。

小王很高兴，千辛万苦的每一步，奠定了产品扎实的根基，一切好像都尘埃落定。

小王："张总，产品一切都 OK 了。"

我："可以上市了吗?"

小王："可以了，就等设计师把包装、上市物料设计出来。"

我："设计师怎么设计?"

小王："我把产品给她，给她讲一下产品的特点就可以了吧?"

我："这就是大多数人的误区。觉得产品包装设计是设计师的事情，你们只是催促设计师，设计不好、不到位是设计师的责任。我见过很多设计师出身的企划经理，从一个专业的设计师被逼着去为一个不知道是什么属性的产品寻找好的卖点，去强行结合市场需求，再去视觉化表达出来，最后硬生生成了一位专业市场人员。"

小王："我原来也是这么想的，看来是想错了?"

我："你应该这么理解，产品包装设计和广告宣传物料设计、销售人员话术等，其实只是产品与消费者沟通的一个渠道而已，要设计的其实是与消费者的沟通内容。"

小王："沟通的是产品的价值、产品力。"

我："对。设计师不知道你的产品价值和产品力是什么，没法去猜。只能是你给她提供足够的信息：产品目标消费群体、产品定位核心属性、一般有价值的属性、竞品的相关信息及包装等信息都需要提供。设计师的职责是用她们专业的美术设计功底，选择用什么风格、布局结构、颜色等来表达出你的产品价值和形象。"

小王："这是我的职责，即便不设计包装，销售人员使用的话术也是我要开发的。"

我："对，这也是产品开发人员在成功开发后，最重要的职责之一。这些信息内容包含产品概念、广告语、名称、卖点等。"

一、产品概念及广告语

产品概念其实就是用一段话来描述产品定位，包含着对消费者需求满足、消费者得到的利益及产品属性优势的综合描述。

广告语是概念的总结、阐释、延伸的一句口号，也可能是一句朗朗上口的话语，便于消费者记住产品。产品概念与核心卖点密切关联，产品概念和广告语的作用让消费者记得住产品的主要特点。

农夫山泉："农夫山泉，味道有点甜""我们只是大自然的搬运工"。士力架："士力架，横扫饥饿""饿了吧，把它吃掉、把它吃掉"。康师傅："康师傅方便面，香喷喷好吃看得见"。六个核桃："经常用脑，多喝六个核桃"。五谷道场："非油炸、更健康"等。

产品概念凝练到最后，产生一系列关键词句，关键词可以用来命名品牌、副品牌名称和类别名称，尤其是类别名称必须与产品概念紧密相连。

概念可以用于品牌名称，如六个核桃；也可以是根据定位建立的产品小类别名称，如美汁源的果粒橙；也可以是广告宣传中的核心卖点如：七喜的"非可乐饮料"宣传。

小王去开发产品概念，去查各种信息，去逼着其他同事一起开动脑筋。

但是，与同事交流时很痛苦，别人一定会问很多问题。

小王：“张总，真的词穷了。”

我：“很费脑筋吧？”

小工：“想不出来，不好想。”

我：“方法不对头，工具不对，仅凭借脑海中的记忆去做这项工作是不行的。你需要正确的方法和工具来开展这项工作，也可以让别人迅速融入。”

前面说过，产品概念与广告语就是将确定下来的产品定位与消费者需求结合起来，用词汇和语句来进行表述这种定位。要用消费者能听得懂的、最简练的语言来打动消费者的心（击中其需求痛点）。

在第六章产品属性定位里的产品属性定位图，其实就已经将需求与产品属性结合起来，所以，其实产品属性定位图就是制定产品概念的工具之一。

1. 产品概念推演图

将竞品产品属性优劣势列在左侧，再列出本品选好的产品属性、消费者需求列在右侧，用箭线联系起来，进行联想，如图 10－1 所示。

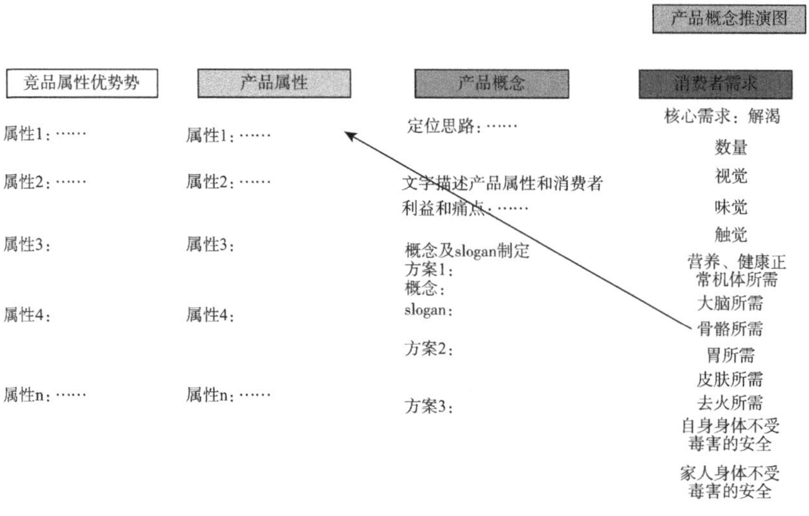

图 10－1　产品概念推演图（一）

做法是将产品属性的定位思路、产品属性和带给消费者的利益（满足的需求痛点）写成一段文字，这段文字要能清晰地表达出消费者需求痛点、产品属性优势带给消费者的利益，越明白越好，最好用时下大众感兴趣的热点常用语和流行语来表达。

将这段文字放在中间产品概念下的空白部分，不断寻找关键词，直到找到最能表达的词汇和一句话，越简练、越能直接联想到消费者的需求痛点越好。

小王："这样好，不用我总是在脑子里回忆这些信息了。"

我："比如可以结合一些案例放在一旁，做概念的时候，看着来开拓一下思路，你看下面的案例，如图 10－2 所示。"

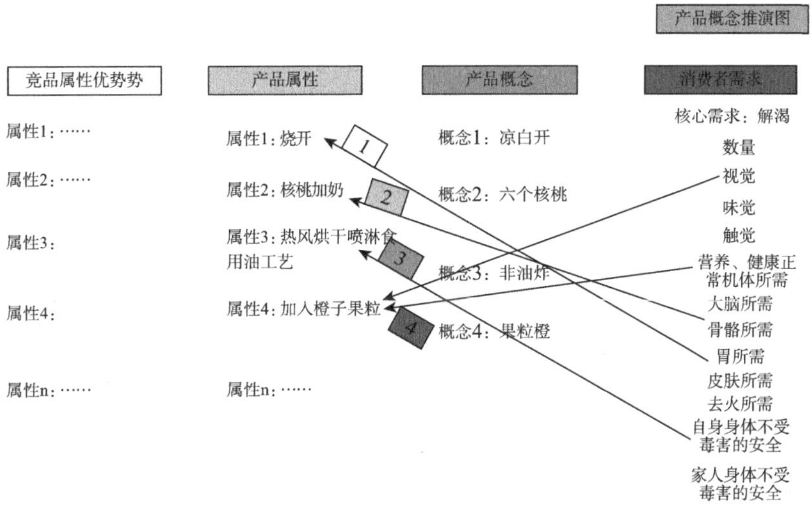

图 10－2　产品概念推演图（二）

今麦郎"凉白开"：产品概念"凉白开"。广告语：不是生水，是熟水，"凉白开"更适合中国人的胃。

六个核桃：产品概念"六个核桃"。广告语：经常用脑，多喝六个核桃。

五谷道场方便面：产品概念"五谷为养、非油炸"。广告语：非油炸，更健康。

可口可乐美汁源橙汁：产品概念"果粒橙"。广告语：柔取的阳光果肉。

这种方法非常容易联想出好的词汇和语句，既切合消费者需求，同时又能与竞争品牌鲜明区别出来。

小王："这么一看，还真有些思路，我这就去试试。"

我："一定要头脑风暴，大家一起碰撞智慧，只是凭借你的力量有些困难。"

这项工作确实需要灵感配合，如果能找到文字功底比较好的同事会更好。

小王："我再也不用每次解释得口干舌燥了。"

2. 工具：铅笔、白纸、橡皮

本书是因为无法把手稿附上，实际上在使用此方法时是如下方式。

个人：工具是铅笔、白纸、橡皮。一边看着凝练，一边写在白纸上，不好的擦掉，重新写，直至出现一系列好的描述和词句。

团队头脑风暴：用白板笔、白板和白板擦。

二、命 名

很多时候，新产品需要命名。

1. 名 称

一个产品的名称由品牌名称、类别名称、产品口味名称组合而成。

如果已经有主品牌，可能就直接采用主品牌名称，或者建立副品牌名称，采用主副品牌方式，或者采用独立新品牌名称。

同时，还要兼顾建立的新类别名称，以及由类别细分出的口味系列名称。

口味名称，一定要与类别大名称联系起来，是这个类别的产品系列化的分类。

比如康师傅红烧牛肉面方便面，康师傅是品牌名，红烧牛肉面是产品口味名称、类别名称，方便面是国家法定类别名称。

康师傅海陆鲜汇鲜虾鱼板面方便面，主品牌：康师傅；副品牌：海陆鲜汇；口味名称：鲜虾鱼板；方便面：国家法定标示类别。海陆鲜汇是康师傅在消费者心智中独立出来的新类别方便面海鲜类面的名称，也是副品牌，鲜虾鱼板是海鲜类别的细分口味。

蒙牛大果粒整颗蓝莓酸牛奶风味发酵乳，大果粒也是蒙牛当初建立了一个新的类别名称，大果粒下面又加了不同的口味名称整颗蓝莓，酸牛奶是大类别，风味发酵乳是国家法定法定类别名称。我们来看，大果粒既是产品概念也是消费者心智中酸牛奶的新类别名称。整颗蓝莓是口味名称，也代表着大果粒概念的细分。

名称是消费者对这个产品良好形象的第一次认识，这是××的产品，存储在消费者的脑海中。

2. 类别名称是建立新品类的关键

产品可以用不同的原料等叠加，创造额外的价值，如果仍然计划在本品类里竞争，堆积竞争优势，产品额外添加属性后，不去额外建立新类别，也可以让产品具有额外的价值。

但是，如果想要做强做大，就必须重视，考虑是不是建立一个新类别，新类别才是新产品做大的关键。前面提到过，人的心智对信息的处理方式就是把一系列相关联信息归类，然后加以命名，最后存储的信息是这个名称来统领大量信息本身，因此，命名就是核心关键。类别命名非常重要，是建立新品类的核心关键，类别名称，在这里不是指国家法定的产品类别，而是指从消费者心智中重新建立的分类体系。只有建立起新的类别名称，才可能说是在消费者心智中确立了一个新的心智空间，占有它，成为第一。

新类别名称就绝非两个简单类别或原料名称的叠加。比如用水果与茶结合，就叫果茶，估计消费者没什么感觉，反而觉得很不舒服，因为消费者在脑海中就会出现一边喝茶，一边吃水果，滋味确实不会好。娃哈哈营养快线如果叫娃哈哈果汁牛奶，估计也不会大火，但叫营养快线乳酸菌营养饮料就不一样了。

新类别名称必须与前面提炼的概念密切相连，存在于消费者的需求、利益与心智里，消费者一看到名称立马会说："对，我就是要这个！"

类别命名必须结合消费者的需求、痛点，一看到名称能够联想到消费者的渴求，就是好名称。比如今麦郎凉白开，凉白开就是新类别名称，联想到烧开的水，符合习惯；五谷道场的非油炸，非油炸就是新类别名称，联想到健康；等等。

竞争对手会很快进入类别名称，这是好现象，可以快速扩大市场容量。只要你是这个类别的第一名就可以。

主品牌与这个类别牢牢联系，没有进入额外的类别，可以用此品牌名称加类别名称的方式。

主品牌跨度品类太多，此时一定要启用新品牌名称或副品牌。最好不要直接采用主品牌加类别名称的方式，品类太多，消费者对主品牌有太多的记忆点，不容易将品牌与单独类别产生第一名的紧密联想。一旦被大量模仿，就会被稀释掉第一的定位。

蒙牛大果粒、伊利大果粒、光明大颗果粒，大果粒成了产品类别通用名称。你觉得第一个推出大果粒的是哪个品牌呢？

最好推出独立新品牌名称，因此最好用新品牌 + 类别名称。次一点，用副品牌名称也可。消费者可以将新品牌与这个类别紧密相连，成为这个类别的代名词，就很难被攻破。

当初，康师傅创立红烧牛肉面这个新类别时，市面上是没有这个口味的，选用了主品牌 + 口味名，后来各大品牌陆续推出红烧牛肉面，红烧牛肉面沦为通用名称。海鲜面就启用了"海陆鲜汇"副品牌，辣味道的面启用了"辣旋风"副品牌，后面再各自有口味名称。

3. 利于记忆

如果名称不利于消费者记住，就是个大问题。产品名称的第一要义就是容易记忆。简练、简单、词汇在2~4个字最佳，越多越不容易记忆。

比如天猫、淘宝、阿里巴巴、搜狗、红牛、统一、康师傅、六个核桃、瓜子（二手车）、赶集网、蒙牛、光明、农夫山泉、娃哈哈等品牌，太多了。

非油炸、凉白开、大果粒、果粒橙、原叶茶等，也是如此。

4. 有意义的联想

名称最好从字义就有好的联想，在消费者脑海中建立与原有的知识紧密结合的联系。牢牢把握住这点，就不失为成功。

蒙牛，联想到内蒙古大草原的绿色、健康；康师傅，联想到中国淳朴、善良、热心的民风；淘宝，联想到遍地宝贝；等等。

没有实际的联想，也可以成功。至于名称带来的联想意义，可以依靠广告的力量去打造，不断去赋予名称好的内涵和意义。

比如天猫、瓜子非常普通，有什么实际的联想意义吗？但在强大的产品力和宣传下，这两个品牌几乎家喻户晓。

就比如一个人的名字，可能你的名字很平凡，但只要你人努力去打造一个形象，那么未来别人一提起你记忆很深，“那个人很不错的，是个讲诚信、务实、热心肠的人”。

至于想完全凭借一个好名字就想让产品成功，也不现实。好名字加上好产品力，二者相结合才是王道。

5. 与产品概念相连

当然，一个好的品牌或副品牌名字可以与产品概念不相关联。

也可以与产品的核心概念紧密相连，尤其是资金有限时，这一点更为重要。消费者立刻联想到产品带来的核心利益。比如六个核桃、大骨面、凉白开、小罐茶。缺点是这个产品未来可能无法再扩展到别的利益点和概念点。

6. 与文化、地理意义相连

名称可以与文化、地名等意义相联系，赋予它更强大的内核。文化价值观是历久不衰的强大心智力量，比如五谷道场的“道”字，胡姬花古法小磨的“古法”，等等。

7. 命名基本方法

命名是前期的产品定位努力与文学功底的结合碰撞才会出来的创造性火花，是理性与感性的结合，要想有一个好名字，二者缺一不可。

名称是词汇的凝练，词汇的凝练有很多方法可以采用，如下所列，每种方法的具体使用，请参照相关书籍，这里不展开。

（1）语义凝练法：将要达到的主要目的、概念等用文字写出来，根据进行凝练，提炼出有意境的文字。

（2）文字交叉联想法：将要表达的核心概念，分两列或多列，将同音的每个词列出，强制连线交叉组合。

（3）语义关联法：类别、属性、个性等。

（4）谐音法：网络查询。

（5）同义、近义词法：网络查询。

（6）隐喻法：表达一件事，仿佛它就是那件事。

（7）转喻法：用别的物体来比喻。

（8）提喻法：以部分来代替全部。

（9）化身法：对非人类的人性化表达。

（10）双关。

（11）混合使用以上方法。

通常做法是将产品定位、消费者需求、利益的字词列出来，沿着这些名词去联想消费者最常组合在一起用的关联字、词，这些字词运用近意、同意、谐音、比喻、转喻等方法联想出相应的字词。最后，将这些所有的字词，进行强制交叉、关联组合及联想。

字词的寻找除了本身的文学储备外，利用互联网进行搜索相关联的词汇是比较好的方法。除了单独搜集词汇外，还要将词汇与关键词“文章”“诗词”“散文”等进行关联搜索。

将初步筛选的字词组合列出，评价其表达意思的优劣势，有些是属性类的，意思比较直白，容易理解，适合作为类别名称，不适合作为品牌名称。有些是文化色彩比较重的，意思不够直白，不容易理解，比较适合做品牌名称。

将这些词汇按照品牌名、副品牌名、产品类别名、国家法定强制名的顺序组合起来，评价整体意思，试着从消费者角度来联想，看能否联想到新产品的概念文案。

此外，寻找与关键原辅料有关的其他类别产品的包装、宣传，或寻找已经被消费者熟悉的字词描述也是比较常用的方法。

三、产品属性卖点提炼

小王：张总，我们已经制定出产品的核心概念，也确定了广告语。但是我认为还有很多属性很有价值，也需要制定出来。

我：确实是这样。除了核心产品概念外，还有一些产品属性值得表达。产品卖点，就是产品与其余竞争品牌所具有的相同及不同的重要价值的信息。它反映了产品在消费者头脑中的价值大小，也就是产品力的体现。

也就是说，竞争品牌有的优点我也有，竞争品牌没有的优点我也有，消费者就很容易可以比较着竞争品牌，判断出产品价值大小。

千万不要指望消费者自己去发掘，酒香不怕巷子深？错了，除了酒要香，还要让人知道你多香才可以。别人不知道你有这么个酒，你可能撑不到消费者自己发现你的时候就倒闭了，酒再香，还有意义吗？

你之前已经知道，产品卖点非常重要，要体现在产品包装或产品宣传中，是包装上的信息，是广告宣传的语言，也是销售人员的话术。

分为产品的核心卖点及类别的通用基础型卖点两大类。

1. 核心卖点

即产品概念，产品概念和广告语是最核心的产品价值表达。核心卖点是击败竞争对手的关键。

养乐多活性乳酸菌饮料，其卖点是“活着的乳酸菌，调整肠动力”。养乐多将全国活性乳酸菌市场规模做大了，国内各大品牌使用惯用大规格、多菌种种类、多菌种数量、低价格等方式切入市场。养乐多却很保守，仍然是 10 小瓶一板的包装，苦苦支撑。

但是，养乐多真正的卖点是 80 多年的菌种培养，是在强酸环境下一代代培养耐酸菌种，所谓的“活”，其实是经过胃液、胆汁的强酸环境下，仍然能活着到达肠道。

养乐多宣扬 100 多亿活菌。其余品牌就宣扬 500 多亿活菌，在菌种上再多加几个菌种，总是比你多，寓意是也能调整肠动力。

所以，养乐多的核心卖点应该是“80 年累代培养，经过胃液、胆汁强酸后，还活着的嗜酸菌”，或者“正宗耐酸活菌”。重新细分出的新类别，新类别的这个卖点占据着活菌这个类别的最大市场，别的品牌不是累代培养，经过胃液后，还能有多少是活的？

遗憾的是，在养乐多的线下推广中，却很难看到这些核心卖点的传播，其广告也很难见到这个卖点的踪影。难怪销量不温不火。

2. 产品通用基础型卖点

即产品剩余的其他价值的表达。通用基础型卖点是可以放在一个或某几个产品系列上，表达产品价值的信息。

从第五章调查及分析里，得出的研发信息、公司信息、原料信息、工艺信息等，提炼本品的独特有价值信息。

从第七章的产品属性定位及产品战略制定里得出的属性定位提炼独特有价值信息。

尽可能地寻找出有价值的信息，这里不用考虑竞争品牌有没有使用，只要都列出来就可以，如图 10－3 所示。

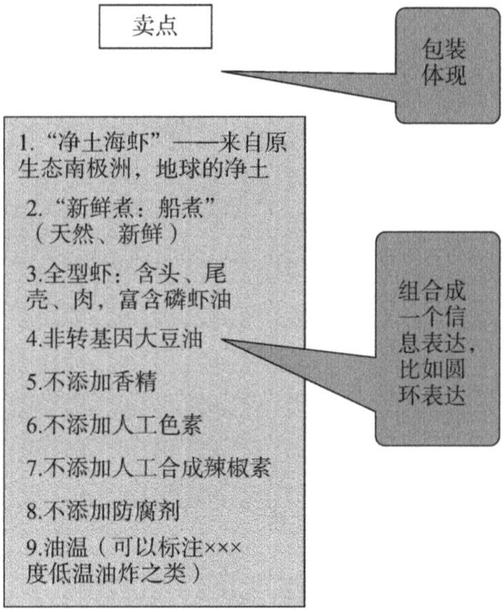

图 10－3　卖点

四、产品属性词汇制定

定位的原则就是差别化，因此也要为上面制定出的卖点，尽力选取与竞争品牌不一样的词汇来表达。

小王：“张总，制定词汇的方法、工具有吗？我算是明白了，理论知识，没有方法和工具，仅凭主观和技能储备，想落地，太难了。”

我：“有，其实你根据定位的基本原则，将本品和竞争品牌的信息列出来，做差异化的信息制定就可以。”

1. 制作各品牌属性词汇对照图

这一步的目的就是制定差异化的产品，产品定位属性的差异化用语也必须与众不同。只有对比着各品牌已经使用过的属性词汇，来寻找差异的用语。

（1）调取档案，调出各品牌产品属性词汇信息

在第五章里，已经调查建立了各品牌的产品包装上的属性词汇档案，在这里调出来。

（2）制作属性词汇对照图

可以是十字坐标轴，也可以是多轴，看你的产品所在的类别里，各品牌使用的词汇能分几大类来定，如图 10－4 所示。

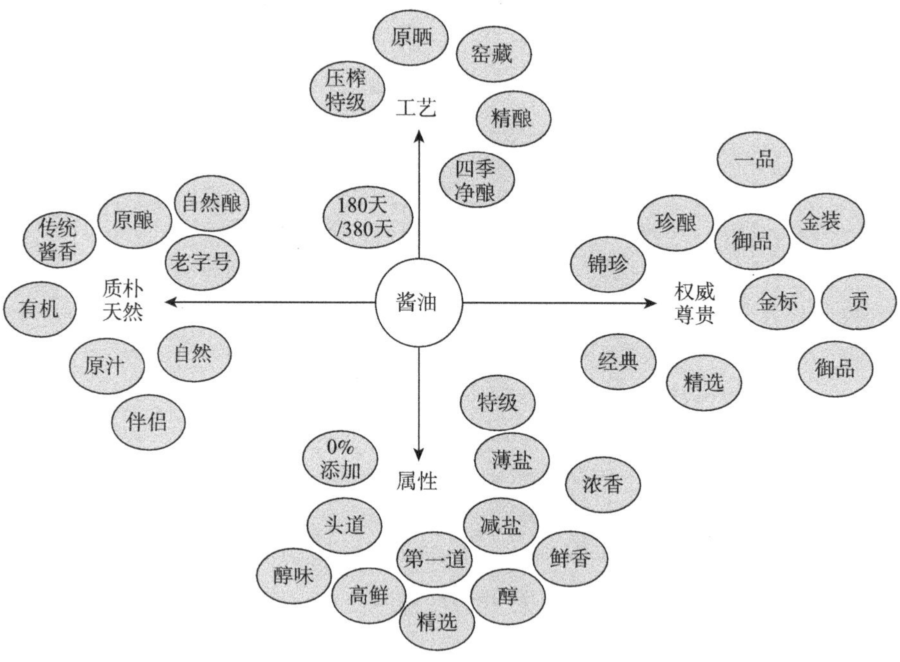

图 10－4　各品牌产品属性词汇对照表

将各品牌的产品名称里包含着的词语、属性专用词语、产品介绍包含的有价值的词语，全部罗列出。

在每个轴的末端，写上分类方式，在其周围将所有品牌产品的词汇写在旁边。

2. 产品卖点列出

将已经制定好的产品卖点，列出来，对照着上图。

3. 凝练词汇

对照提炼出的卖点信息，定好词汇的方向，选出一系列的关键字，与竞争品牌相同、有差别的都要记下来，开始凝练词汇，与命名的方法一样。

然后，对照着属性词汇对照图，不断在其旁添加选定的词汇，来比对词汇的价值感。注意，是价值感。如图 10 – 5 所示。

可以集合团队的力量，综合以上的方法，特别是文学功底比较好的人员一起头脑风暴，尽可能地寻找词汇。

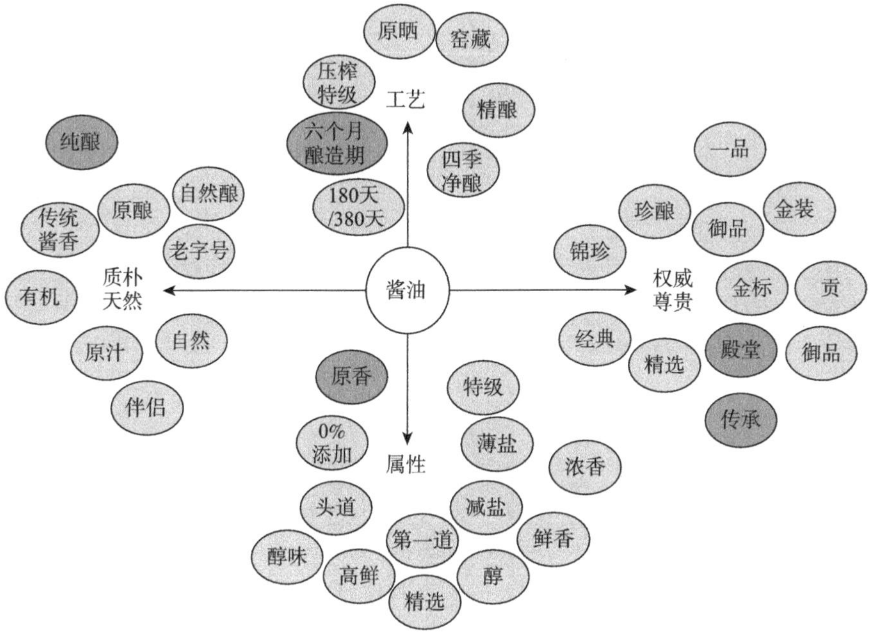

图 10 – 5　酱油的价值感

4. 最终选定

召开团队会议，一定要求研发部开发人员参与。将所有词汇制定到属性词汇对照图上，以消费者的角度，来模拟每个词汇与竞品的价值高低。最后综合评选出价值最高的属性词汇。

用本书工具产生本书的产品概念、名称、卖点过程，如图 10 – 6 所示。

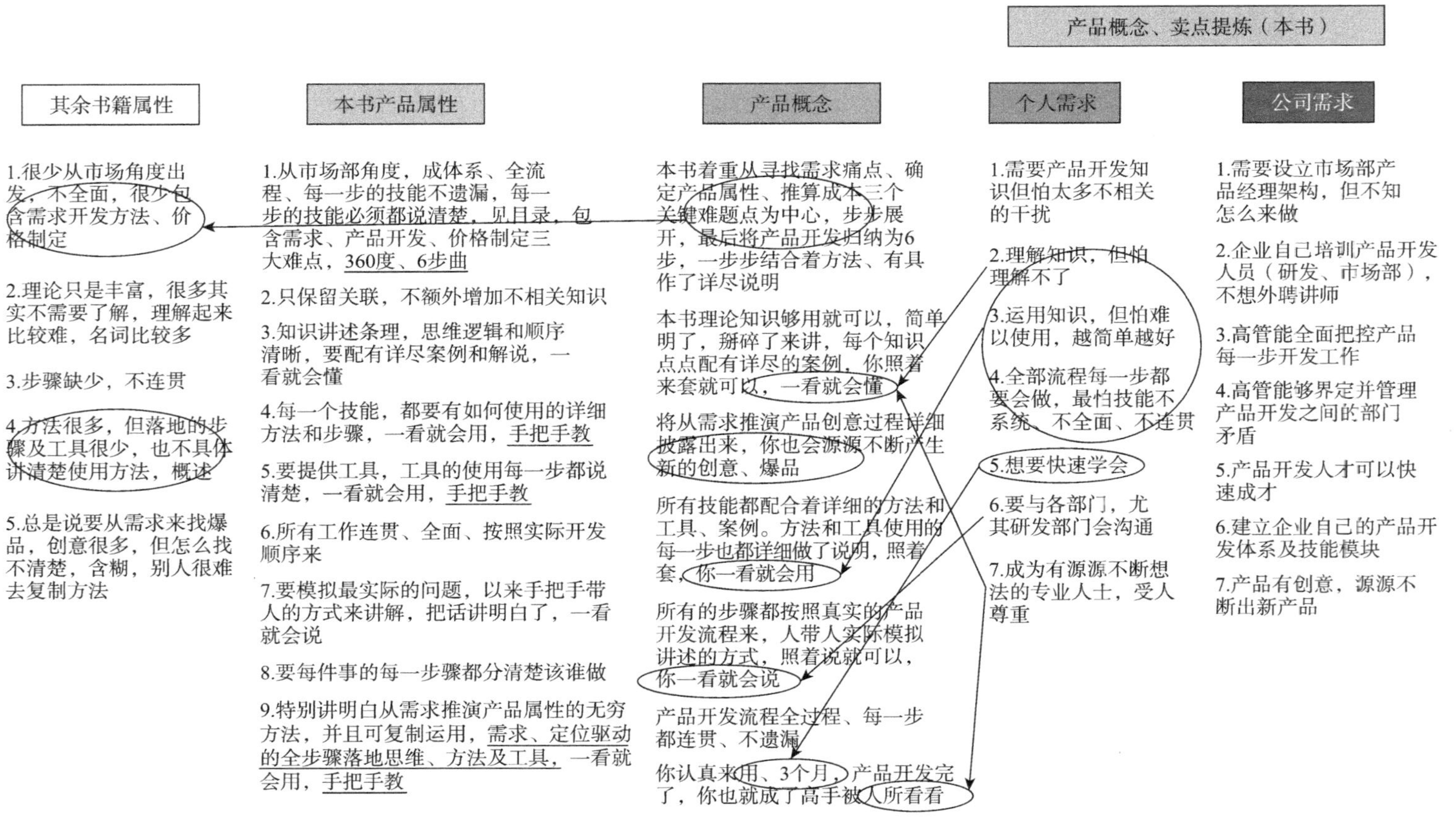

图 10-6　产品概念、卖点提炼（本书）

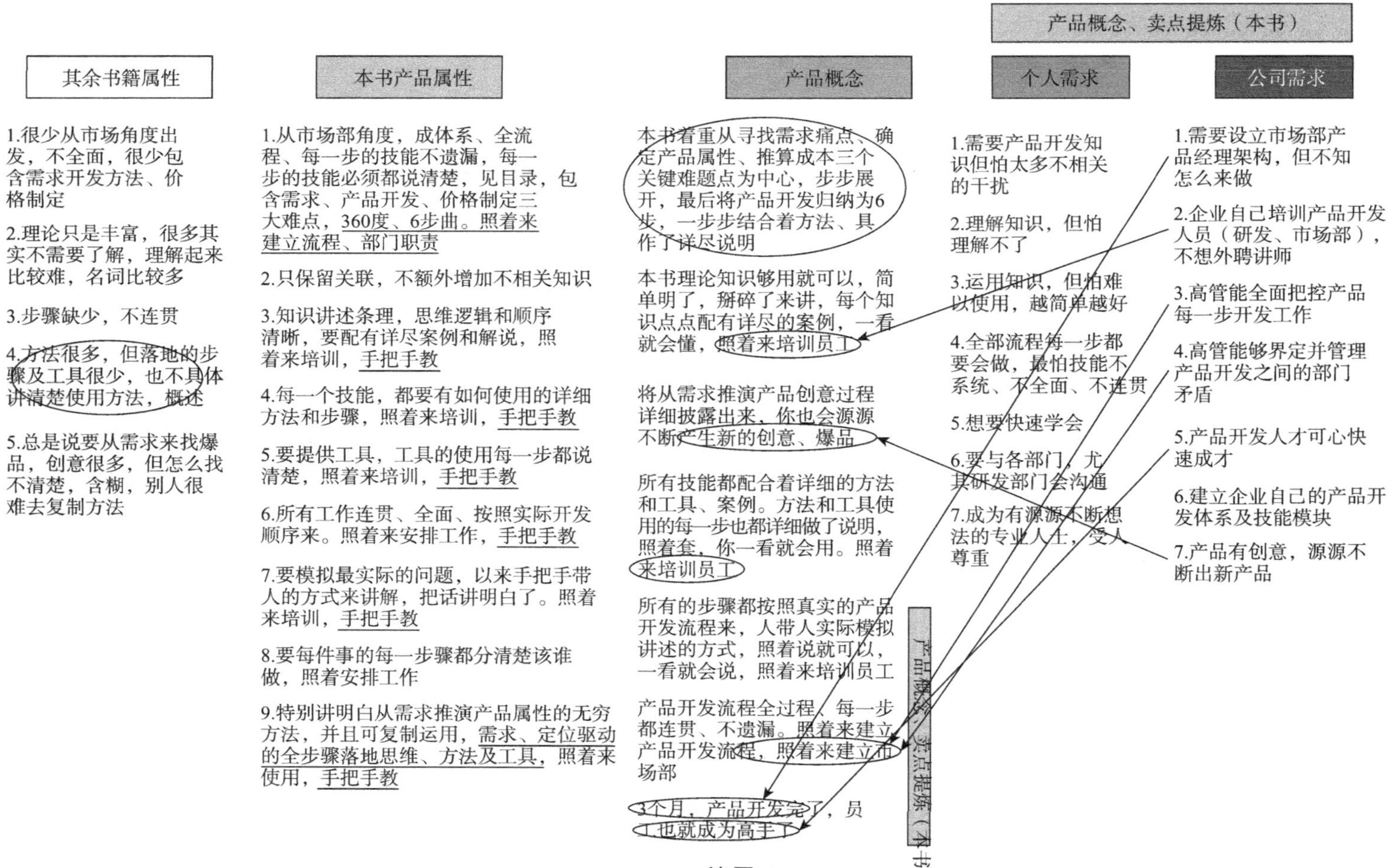
产品概念、卖点提炼（本书）
其余书籍属性
1.很少从市场角度出发，不全面，很少包含需求开发方法、价格制定
2.理论只是丰富，很多其实不需要了解，理解起来比较难，名词比较多
3.步骤缺少，不连贯
4.方法很多，但落地的步骤及工具很少，也不具体讲清楚使用方法，概述
5.总是说要从需求来找爆品，创意很多，但怎么找不清楚，含糊，别人很难去复制方法
本书产品属性
1.从市场部角度，成体系、全流程、每一步的技能不遗漏，每一步的技能必须都说清楚，见目录，包含需求、产品开发、价格制定三大难点，360度、6步曲。照着来建立流程、部门职责
2.只保留关联，不额外增加不相关知识
3.知识讲述条理，思维逻辑和顺序清晰，要配有详尽案例和解说，照着来培训，手把手教
4.每一个技能，都要有如何使用的详细方法和步骤，照着来培训，手把手教
5.要提供工具，工具的使用每一步都说清楚，照着来培训，手把手教
6.所有工作连贯、全面、按照实际开发顺序来。照着来安排工作，手把手教
7.要模拟最实际的问题，以来手把手带人的方式来讲解，把话讲明白了。照着来培训，手把手教
8.要每件事的每一步骤都分清楚该谁做，照着安排工作
9.特别讲明白从需求推演产品属性的无穷方法，并且可复制运用，需求、定位驱动的全步骤落地思维、方法及工具，照着来使用，手把手教
产品概念
本书着重从寻找需求痛点、确定产品属性、推算成本三个关键难题点为中心，步步展开，最后将产品开发归纳为6步，一步步结合着方法、具作了详尽说明
本书理论知识够用就可以，简单明了，掰碎了来讲，每个知识点点配有详尽的案例，一看就会懂，照着来培训员工
将从需求推演产品创意过程详细披露出来，你也会源源不断产生新的创意、爆品
所有技能都配合着详细的方法和工具、案例。方法和工具使用的每一步也都详细做了说明，照着套，你一看就会用。照着来培训员工
所有的步骤都按照真实的产品开发流程来，人带人实际模拟讲述的方式，照着说就可以，一看就会说，照着来培训员工
产品开发流程全过程，每一步都连贯、不遗漏。照着来建立产品开发流程，照着来建立市场部
3个月，产品开发完了，员工也就成为高手了
产品概念、卖点提炼（本书）
个人需求
1.需要产品开发知识但怕太多不相关的干扰
2.理解知识，但怕理解不了
3.运用知识，但怕难以使用，越简单越好
4.全部流程每一步都要会做，最怕技能不系统、不全面、不连贯
5.想要快速学会
6.要与各部门，尤其研发部门会沟通
7.成为有源源不断想法的专业人士，受人尊重
公司需求
1.需要设立市场部产品经理架构，但不知怎么来做
2.企业自己培训产品开发人员（研发、市场部），不想外聘讲师
3.高管能全面把控产品每一步开发工作
4.高管能够界定并管理产品开发之间的部门矛盾
5.产品开发人才可心快速成才
6.建立企业自己的产品开发体系及技能模块
7.产品有创意，源源不断出新产品

续图10-6

产品概念、卖点提炼（本书）

其余书籍属性

1.很少从市场角度出发，不全面，很少包含需求开发方法、价格制定

2.理论只是丰富，很多其实不需要了解，理解起来比较难，名词比较多

3.步骤缺少，不连贯

4.方法很多，但落地的步骤及工具很少，也不具体讲清楚使用方法，概述

5.总是说要从需求来找爆品，创意很多，但怎么找不清楚，含糊，很难复制

本书产品属性

1.从市场部角度，成体系、全流程、每一步的技能不遗漏，每一步的技能必须都说清楚，见目录，包含需求、产品开发、价格制定三大难点，360度、6步曲

2.只保留关联，不额外增加不相关知识

3.知识讲述条理，思维逻辑和顺序清晰，要配有详尽案例和解说

4.每一个技能，都要有如何使用的详细方法和步骤，一看就会用，手把手教

5.要提供工具，工具的使用每一步都说清楚，一看就会用，手把手教

6.所有工作连贯、全面、按照实际开发顺序来，手把手教

7.要模拟最实际的问题，以来手把手带人的方式来讲解，把话讲明白了，手把手教

8.要每件事的每一步骤都分清楚该谁做

9.特别讲明白从需求推演产品属性的无穷方法，并且可复制运用，需求、定位驱动的全步骤落地思维、方法及工具

产品概念

初步提炼：手把手教

个人：一看就会懂、一看就会说、一看就会用

企业：照着来培训员工、照着来安排工作、照着来解决矛盾、照着来建立职责、照着来建立流程

可源源不断的从需求产生创意的方法、需求、定位驱动的全步骤落地思维、方法及工具

跟我学，3个月成高手（可提炼出：手把手教你做）

360度全视角产品开发全流程、每一步落地方法和工具。需求确定、产品开发、价格制定三大部分全面

个人需求

1.需要产品开发知识但怕太多不相关的干扰

2.理解知识，但怕理解不了

3.运用知识，但怕难以使用，越简单越好

4.全部流程每一步都要会做，最怕技能不系统、不全面、不连贯

5.想要快速学会

6.要与各部门，尤其研发部门会沟通

7.成为有源源不断想法的专业人士，受人尊重

公司需求

1.需要设立市场部产品经理架构，但不知怎么来做

2.企业自己培训产品开发人员（研发、市场部），不想外聘讲师

3.高管能全面把控产品每一步开发工作

4.高管能够界定并管理产品开发之间的部门矛盾

5.产品开发人才可心快速成才

6.建立企业自己的产品开发体系及技能模块

7.产品有创意，源源不断出新产品

续图10－6

产品概念、卖点提炼（本书）

其余书籍属性

1.很少从市场角度出发，不全面，很少包含需求开发方法、价格制定

2.理论只是丰富，很多其实不需要了解，理解起来比较难，名词比较多

3.步骤缺少，不连贯

4.方法很多，但落地的步骤及工具很少，也不具体讲清楚使用方法，概述

5.总是说要从需求来找爆品，创意很多，但怎么找不清楚，含糊，很难复制

本书产品属性

1.从市场部角度，成体系、全流程、每一步的技能不遗漏，每一步的技能必须都说清楚，见目录，包含需求、产品开发、价格制定三大难点

2.所有工作连贯、全面、要按照实际开发顺序来

3.知识讲述条理，思维逻辑和顺序清晰，要配有详尽案例和解说

4.每一个技能，都要有如何使用的详细方法和步骤

5.要提供工具，工具的使用每一步都说清楚

6.所有工作连贯、全面、按照实际开发顺序来

7.要模拟最实际的问题，以来手把手带人的方式来讲解，把话讲明白了

8.要每件事的每一步骤都分清楚该谁做

9.特别讲明白从需求推演产品属性的无穷方法，并且可复制运用

产品概念

产品名（书名）：

手把手教你做快销品产品开发打造市场部

副标题：需求、定位驱动的思维、落地方法及工具

类别：
快销品市场部
产品开发落地方法及工具手册

卖点：

寻找需求痛点

确定产品属性

推算价格成本

落地！实战、全流程、每一步

个人：一看就会懂、一看就会说、一看就会用。

企业：照着来培训员工、照着来安排工作、照着来解决矛盾、照着来建立职责、照着来建立流程。

从需求产品源源不断创意的方法详尽案例和解说

个人需求

1.需要产品开发知识但怕太多不相关的干扰

2.理解知识，但怕理解不了

3.运用知识，但怕难以使用，越简单越好

4.全部流程每一步都要会做，最怕技能不系统、不全面、不连贯

5.想要快速学会

6.要与各部门，尤其研发部门会沟通

7.成为有源源不断想法的专业人士，受人尊重

公司需求

1.需要设立市场部产品经理架构，但不知怎么来做

2.企业自己培训产品开发人员（研发、市场部），不想外聘讲师

3.高管能全面把控产品每一步开发工作

4.高管能够界定并管理产品开发之间的部门矛盾

5.产品开发人才可心快速成才

6.建立企业自己的产品开发体系及技能模块

7.产品有创意，源源不断出新产品

续图 10－6

五、产品外包装及广宣

1. 信息提供顺序

小王制定出各种信息，与设计师沟通，要求将产品概念及属性、卖点、用语用在产品外包装及广告宣传物料上。

我："先不要将太多文字信息给设计师，将核心目标消费群体和核心概念、产品配料等基本信息描述给设计师就好了，其余的信息不要多给。"

小王："为什么？"

我："任何产品都需要有一个好的视觉符号。人的思考分为左右脑思考的，左脑负责文字信息，右脑负责视觉信息。视觉信息与文字信息都是传递信息的手段，但在人的习惯中，视觉信息往往优先于文字信息的。但是左脑的理性文字思维往往压制右脑的视觉感性思维。

设计师右脑型思维，你是左脑型思维。设计师的灵感最好在设计之初不要被压制，这样的话她可以设计出好的独特视觉符号，术语叫视觉锤。初步有了设计思路后，你们再交换大量信息。"

小王："好，原来如此。"

2. 视觉符号设计的要点

设计一个好的视觉符号非常重要。非作者之长，在这里推荐阅读由定位之父艾·里斯的女儿劳拉·里斯所著的《视觉锤》一书。

书中对视觉锤的作用及设计思路展开了详尽的分析，非常值得一读。

3. 文字信息与国家法规

小王等到设计师设计了基本视觉符号后，提供了大量信息。

设计师："信息太多了，不好设计。还有品管部交代过，要尽可能简化设计。"

小王找到我，如实表达了设计师的观点。

我："确实如此。设计师告诉她，信息太多，在有限的版面空间内，非常不好表达，另外会降低产品的档次。但是别忘了，我们是与目标消费者沟通产品的价值。大企业可以运用铺天盖地的空中、地面广告来宣传这一切，但对于中小企业来说，没有那么多资源可供使用，产品外包装及海报等简单的物料是最直接和节省资源，也是使用最多的选择。

在这个前提下，我们要舍弃一部分产品包装的美观和形象，去选择最直接的语言表达，而不是让消费者自己去猜测、提炼出来，消费者也不会主动做这个动作。”

小王：“是的。”

我：“信息的表达，除了文字本身外，信息图形化和符号化、字的大小、间距、颜色等都很重要，这些决定着字体印刷的美观。设计师在这方面很专业，你再去寻找一些日本的产品包装（日本的包装文字排版非常专业），提供给设计师。”

小王：“好，可是法规限制，怎么办呢？”

我：“这一部分比较费力气，但也有规律可循。”

国家对于标签（外包装）有明确的法规限制，如何在法规与使用之间找到突破点很重要。既不要违反法规，也要实现信息最大化体现。

这个要不断地与品管部沟通，他们对法规很专业，但对消费者环节不懂，你正好相反。你们一起找出可以用又合法的词汇。

实在无法体现在外包装上的，与技术、生产部门沟通，可不可以制作挂卡等悬挂在包装上。

如果实在不行，最后也要考虑放在广告物料上，由于人员覆盖限制，广告物料的使用范围会小很多，但总比没有强。

4. 包装看起来越大越好

规格属性的体现也有一个原则：同样分量规格，在尽可能的情况下，包装看起来越大越好（但不要过度包装），尤其对于礼盒等产品更重要。

全覆盖设计的产品包装有一个重要原则：在包装上开窗（也就是留出一定空间，为透明色），让消费者一定直接观察到产品本身，体验产品的物理属性，否则消费者会很可能不予以考虑新产品。

5. 包装实样测试

注意不断测试包装与竞品之间的差异性。手工打实样，完全实景与竞品陈列在一起做比较，判断样式、风格、色彩和布局及信息的有效性。

六、产品最终对抗模拟

从调查分析市场、选定目标消费群体、产品定位（获取需求痛点、逆推演产品具体属性、产品属性定位）、制定价格和推演产品成本、产品互动开发、制定概念、卖点和信息、设计包装。最后，所有的呈现到了外包装上。

整个开发过程周期比较长，每个部分都是分段控制进行，难免会顾此失彼。

因此，包装设计完毕后，在未印刷前，最后一环就是制定实样，测试与竞争产品之间的区别。

本环节强调的是一定要完全实样，与所有竞争品牌的产品，实样模拟陈列在一起，标上价格。将本竞品的四图一表（需求图、逆向推演图、产品属性图、QFD 矩阵表、产品概念推演图）悬挂在一旁。所有人都可以从中快速获取信息。

所有人从定位的目标消费者角度来评估有无购买可能，并说出意见。中间特别强调目标消费者的收入支出特性。

当然，也可以做外部测试，评价购买的可能。

最后，将本竞品各自的消费者需求满足、属性、概念、卖点等信息表达和美观、风格、颜色、形象等综合在一起，结合产品售价，做最终模拟测试，评估本品与竞品的价值比较，防止在产品上市后有较大的纰漏。

如果大多数人认可，则产品通过，可以正式投产上市。

第十一章
上市流程及实用工具

任何工作，并不是你具备了核心的工作技能、方法就可以高枕无忧。企业是由很多人组成的组织，需要设立严密的流程、制度、职责等，运用科学的管理，同时还要辅以各种实用的工具、报表，才能让团队紧密配合、高效运转。新产品的开发也是这样的规律。

我见过很多企业混乱的新产品上市流程，所有人虽然都在忙于本职工作，但衔接不紧密、顺序混乱、职责不清，导致很多该做的工作没做，以本部门为导向各自为政，配合不积极、不能提前做好工作对接、拖延等问题，严重制约了企业新产品的开发工作。

很多热血的产品开发人员被逼得几近疯狂，最后离职或转行。

这都是因为没有好的新产品开发流程和实用工具、报表造成的。

一、新产品上市流程

新产品开发是一项非常重要的工作，有着严密的过程和专业的技巧。前面几章所述的工作及技巧，还要加上很多行政类工作：申请、签批、下发、追踪、会议等实际工作，构成完整的流程，才能落实到企业的具体开发工作中去。

产品开发的 8 大过程，如图 11－1 所示。

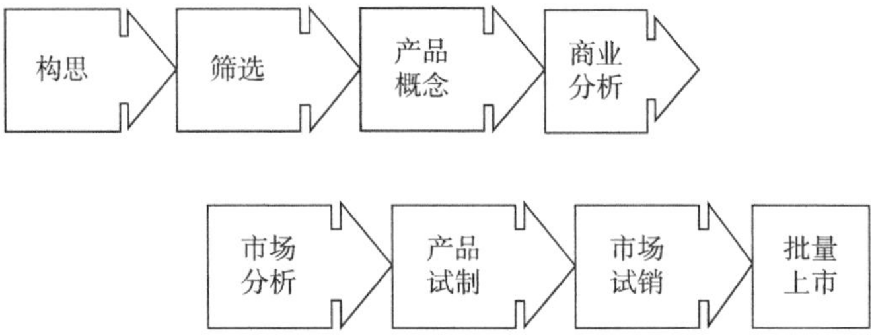

图 11－1　产品开发过程

但在企业的运作中，新产品的开发实际步骤非常细致。如下所讲是某上市公司实际运行的新产品开发流程步骤。

分为四个阶段，每个阶段有很多细致的、前后逻辑次序分明的工作。

1. 新产品概念及可行性分析

（1）产品概念提出

产品开发人员填写《新产品概念提案书》，提出经过筛选的新产品概念，经由主管审核后呈总经理核准。

（2）可行性评估

核准后的《新产品概念提案书》，附上市场部本部门批准的《新品市场可行性报告书》，由研发部、生产部、依表单需求同时进行对于新品的可行性评估分析，评估结果经部门权责主管核准后交回市场部。

研发部、生产部出具由主管核准的《新产品生产可行性报告书》，销售部出具《新产品概念意见反馈书》。

（3）新产品开发申请

市场部依据各部门评估汇总意见拟定出新产品上市进度，提出《新产品上市申请书》，由主管审核后呈请总经理核准。

2. 新产品开发阶段

（1）产品研发及确认

研发部依新品开发流程，对新产品进行含品类、口味、包材等项目的研发，并核算成本（有些公司放在财务部，本书前面提供了一系列工具，研发部可快速测算）。

市场部产品开发人员，对新产品进行测试，测试后出具由产品开发人员拟写、市场部权责主管核准后的《新产品测试报告》，回馈研发部进行确认。

（2）设备调试

研发部制定生产工艺后，会同生产部进行生产设备能力评估。生产部对生产设备进行改造或购置进行调试及效果确认。

（3）成本核算

研发部经办人员将新产成品资料于新产品试车前，报研发部权责主管核准后生效，提供相关单位。

同时，生产部将新产品人工编制、设备产能、原物料采购单价、水电气用量单价、生产效率等与成本核算相关资料提供财务部。

财务部依新品基本资料进行成本核算，并呈请总经理核准。

财务部以通知方式发市场部、研发部、生产部。

（4）包装确定及封样

研发部制定包材材质、尺寸规格及印刷限制条件等规范，交由市场部进行设计，由品管部进行包装文字确认后。将包装设计资料交包材公司进行制版、封样及量产。

（5）规格文件下发

市场部对新产品规格进行最终确认，产品开发人员填写《新产品规格确认书》、经市场部主管审核后，发文生产部、研发部、销售部、财务部，同时抄送公司总经理。

市场部产品开发人员将《新产品价格结构表》，经市场部及销售部权责主管审核，呈报总经理核准后生效，并知会财务部。

研发部收到市场部下发的《新产品规格确认书》后，负责制定并发放新产品工艺文件并送生产部确认。新产品工艺文件由研发部发文至各车间。

本书不涉及下面部分，简要概述一下流程：

3. 投产试销

（1）上市计划制定、下发及审查

市场部产品开发人员制定《新产品上市计划案》，经市场部主管审核，报总经理核准，将此计划案下发销售部。与此同时，销售部向客户报价。

（2）新产品试车及量产

研发部根据品评结果，进行量产前工艺确认及必要的生产微调，各方面工作确认无误后，研发部依据新产品上市计划案之需求进行试车及量产，并协助提供上市审查之样品。

4. 正式上市追踪

（1）新产品上市3个月后，市场部针对新产品的销售效果、消费者购买特性、铺货率等指标进行评估。

由市场部产品开发人员填写《新产品上市追踪调查报告》，经市场部权责主管审核后，呈报总经理。

（2）资料存档

新产品开发由市场部产品开发人员统筹负责，自产品概念提出至量产前，由研发部、生产部、销售部及财务本部依据《新产品开发主要工作》，完成各自需配合工作事项，将相关资料及时输入电脑，并由各部门主管签字确认，再交由市场部存档管理，以利于产品开发人员对新产品开发工作的掌控和追溯。

新产品全面上市后，公司产品开发人员须将新产品上市资料备份一套，交公司档案室保存。

从流程里可以看出，新产品工作细分非常多，前后工作的次序明显，并且要做到严密、没有遗漏。

各部门分工要明确、密切配合、工作衔接紧密，各部门提供给相关部门的配合信息必须正确、高效率，才能最终确保产品的开发、上市成功。

新产品上市流程图，如图 11－2 所示。

二、新产品上市实用工具

新产品上市，申请是必不可少的环节。

我见过很多企业，简单的一张申请表，信息简单得可怜，加上逻辑不清的口头描述，美其名曰“工作要简单才好运行”。领导们硬着头皮批准了，反正到底行与不行，各部门会根据实际情况做出反应。估计老板的心里是滴血的，多问几句吧，不但解释不清，还担心打击了积极性；不问吧，真的不知道是否可行，无法做出判断。

一系列的口头沟通，或者简单信息的表格，聪明一点的开会沟通，但信息总是不全，接下来就是各部门的混战、争执，不可行之声不绝于耳，这是很多企业存在的现实。产品开发人员在夹缝里生存，委屈、不甘。

上市申请，签批人通过查看申请，就能判断出产品到底可不可以上市、上市后能否成功。上市申请的信息必须全面、量化、清晰。通过产品提案、可行性验证、申请等工具来实现。

本章提供了整套工具，将全部信息浓缩进表格工具里，基本无遗漏，可根据本公司的实际情况做适当修改。

1. 新产品概念提案书

提案书是最重要的环节，包含的信息必须全面、详尽。提案书的内容属于保密环节，做可行性分析时，要节选相关内容做到可行性书里，不可全部下发。

提案书包含的内容如下：

（1）新产品属于哪种类型的上市，一般有 6 种：全新产品、重新上市、口味延伸、产品改良、促销产品、包装改良。如果还有别的类型，可以自行添加。

（2）品牌名称：主品牌、副品牌都要填写。

（3）产品层次结构：按照公司的产品分类结构来填写。比如酱油—零添加系列—头道生抽；酱油—零添加系列—味极鲜；酱—炖酱—炖排骨酱等，让人一目了然。

（4）产品定位（属性定位）：此处填写产品属性描述，将根据第七章产品属

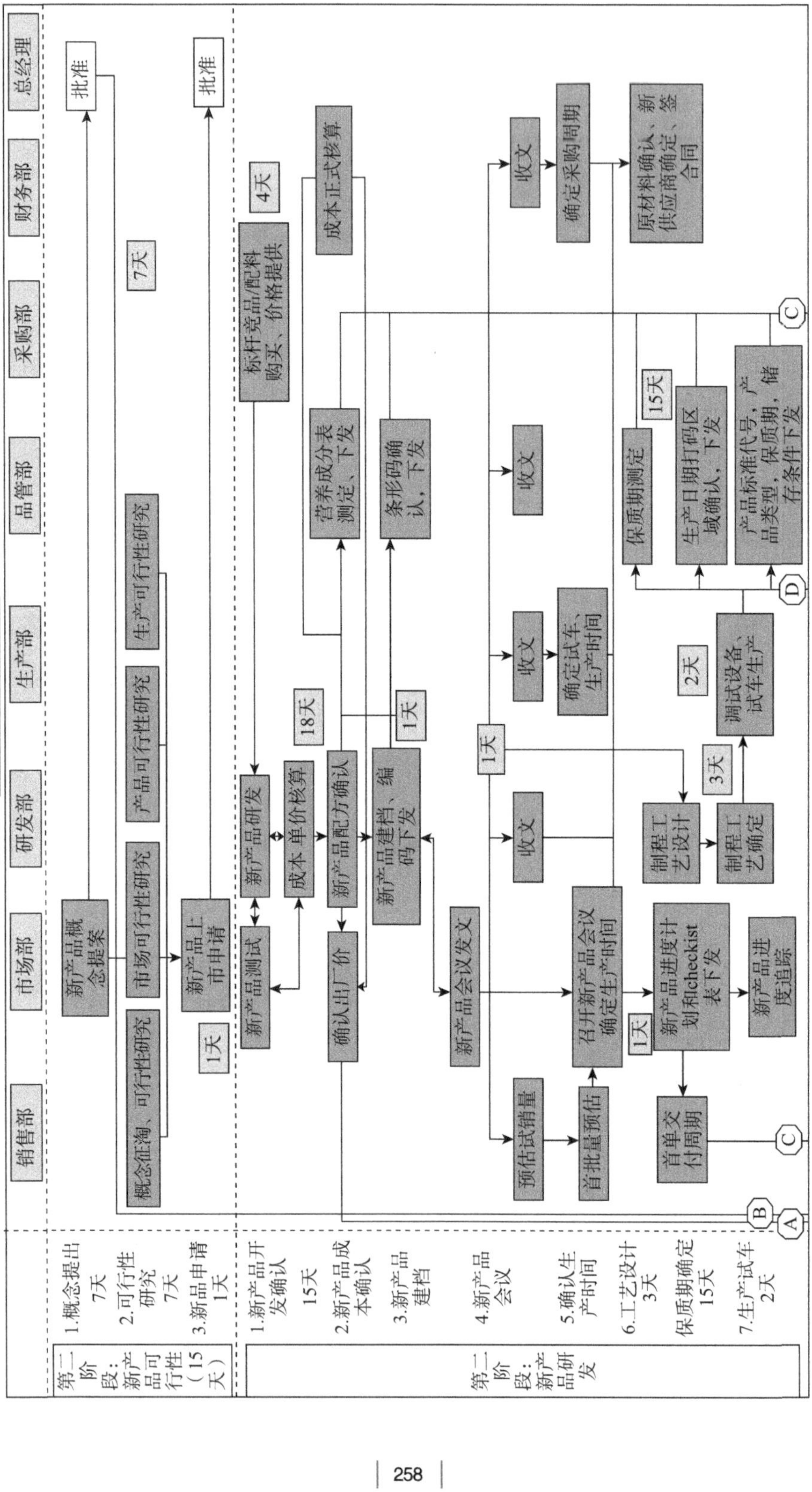

图11－2　新产品上市流程图

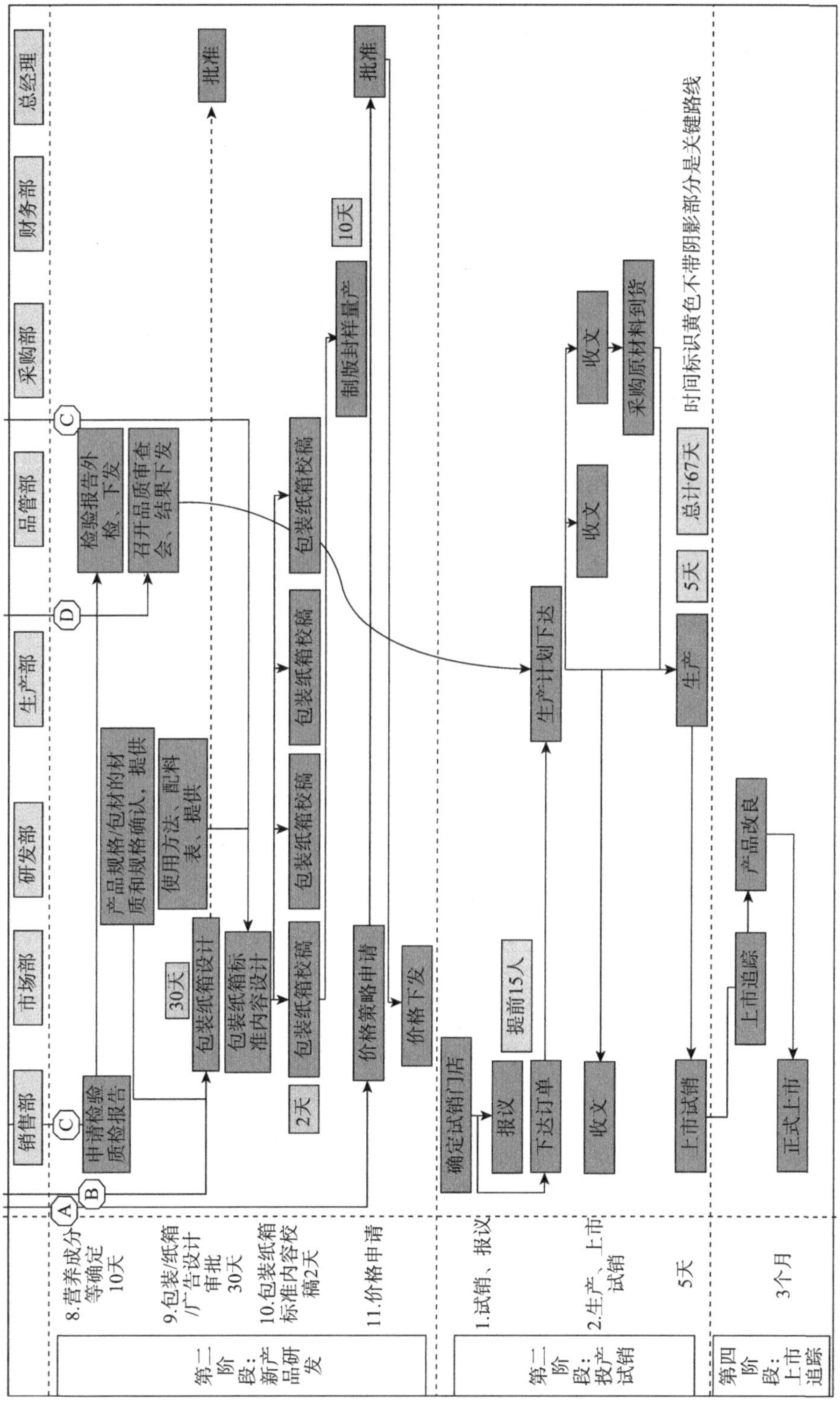
销售部
市场部
研发部
生产部
品管部
采购部
财务部
总经理
第二阶段：新产品研发
8.营养成分等确定 10天
9.包装/纸箱/广告设计审批 30天
10.包装纸箱标准内容校稿2天
11.价格申请
申请检验质检报告
检验报告外检、下发
召开品质审查会、结果下发
产品规格/包材的材质和规格确认，提供
使用方法、配料表、提供
30天
包装纸箱设计
包装纸箱标准内容设计
包装纸箱校稿
包装纸箱校稿
包装纸箱校稿
包装纸箱校稿
2天
制版封样量产
10天
批准
批准
价格策略申请
价格下发
第二阶段：投产试销
1.试销、报议
2.生产、上市试销 5天
确定试销门店
报议
下达订单
提前15人
生产计划下达
收文
收文
收文
采购原材料到货
5天
总计67天
生产
上市试销
时间标识黄色不带阴影部分是关键路线
第四阶段：上市追踪
3个月
上市追踪
产品改良
正式上市

续图11－2

性定位，将产品属性定位确定表附在后面。

（5）目标消费群体描述：将根据第六章目标消费者的分析，制定的目标消费群体的特征填写入内，后附核心消费者描述。

（6）市场定位、市场总量描述：这一部分将第五章市场调查分析中的产品结构部分内容填写入内，并附上市场量测算。

（7）产品描述：将产品名称、规格、分装样式、包装形式及尺寸、箱容、出厂价、零售价、保质期、使用方法、使用量等填写入内。

（8）竞品的相应信息描述：描述信息项目与本品项目一致。

到此为止，审批人员可以清晰地获知产品的相关信息，判断出优势如何，可不可以胜出，市场量大不大，值不值得做，等等。

（9）余下的就是上市通路、时间、区域的信息。

审批人员从中可以看出计划上市的通路与竞品通路的比较，以及时间进度是否来得及。

概念提案经过公司批准后，各部门就要相互配合，进行市场、技术、生产、销售可行性验证这一关。

新产品概念提案书，如表 11 - 1 所示。

2. 新产品市场可行性报告书

由市场部填写新产品可行性报告，如表 11 - 2 所示。

（1）市场描述部分，要描述出市场规模、市场趋势、主竞品描述、主竞品策略。

（2）产品描述：描述本产品的信息。

（3）消费者 A&U：第五章消费者 A&U 调查信息的报告。

（4）市场可行性评估报告：对新产品的可行性做出评估，是否可以上市。

表 11－1　新产品概念提案书

××食品股份有限公司

新产品概念提案书

品类	1. 全新产品	v	品牌	×××	产品层次结构	×品牌—×品牌—×品牌
	2. 重新上市	□				
	3. 口味延伸	□				
	4. 产品改良	□				
	5. 促销产品	□				
	6. 包装改良	□				
产品概念	产品定位（属性）	酱：家庭炖（炒）等通用做法烹饪鸡，产品参照炒鸡店味道。 1. 大骨原汁汤 2. 可加入洋葱、胡萝卜、菌菇、海带、胡萝卜、豆类、水果、深海鱼类等。（提鲜、营养、价值感） 3. 天然香辛料 4. 不添加防腐剂、香精 5. 保质期：12 个月				
	目标消费群	中高收入家庭				
	市场定位 市场总量	市场定位于小炒系列，很多品牌均有此类产品，大多属于中低端，本品定位中高端市场，目前整个市场处于培育期。鸡鸭产品是除猪肉外的最大使用用量产品，家庭炖（煮、炒）等通用做法，味道的香、鲜、颜色都一般，即使用卤水汁上色以及加入香料（炖鸡料、十三香等）的味道，比起特色餐饮店的做法仍然差距相当大。遍布山东、河南、河北、东北的炒鸡店、以及黄焖鸡店，不管店门头大与小，客流都非常火爆就很具有说服力。 如果将特色餐饮店的做法引入家庭内使用，保证产品的色美、味香鲜的特点，应该很能吸引顾客购买。市场量将会非常巨大。 市场上各品牌均推出炖鸡料。				

续表 11－1

产品描述		口味	规格（mL/g）	分装样式	外观（规格）	产品属性	箱容（人）	出厂价（元/包）	零售价（元/瓶）	备注
		炖（炒）鸡鸭酱	100g	单袋	110g 自立袋系列	见产品定位（属性）	30	3.5	9.9	单次使用量为50g，一次炖1kg 鸡肉用量
		炖炒鸡鸭酱	190mL	单瓶（4 次使用量）	190mL 系列瓶		16	7	19.9	
保质期		12 个月/18 个月				使用方法		烹饪鸡鸭（炖炒）		
标杆竞品描述	品牌	产品	克重（g）	分装样式	外观 mm（尺寸规格宽×高）	产品属性	箱容（人）	零售价格（元/袋）	保质期（月）	备注
	品牌 1	烧鸡公	120g	三边封袋	12.5cm×18.5cm	酱料	50	4.9	18	每袋炖 1～1.5kg
	品牌 1	炖（煲）鸡料	27g（3 袋）	三边封袋	12.5cm×18.5cm	粗料	50	4.6	24	每袋炖 1.5～2kg
	品牌 2	炖鸡料	30g	三边封袋	12cm×17cm	粗料	50	4.5	18	每袋炖 1.5～2kg
	品牌 2	炖（炒）鸡料	28g	三边封袋	13cm×18cm	粉料	50	4.5	24	每份炖 1kg
	品牌 3	炖鸡料	35g（5 包）	三边封袋	12cm×16.5cm	粉料	50	6.2	24	每包炖 0.5～1kg
	品牌 4	烧鸡公/辣子鸡/新疆大盘鸡	160g	三边封袋	12cm×16.6cm	酱料	60	5.9	18	每包炖 1kg
	品牌 5	炖鸡王	30g	三边封袋	13cm×17cm	粗料	50	3.7	24	每份炖 1～2kg
	品牌 6	烧鸡公	160g	三边封袋	12cm×17cm	酱料	30	10.5	24	每袋炖 1kg
	品牌 6	炖鸡鲜调料	30g（3 袋）	三边封袋	12cm×18cm	粉料	30	5.2	24	每袋炖 1kg

续表 11－1

保质期		12 个月/18 个月				使用方法		烹饪鸡鸭（炖炒）		
标杆竞品描述	品牌	产品	克重（g）	分装样式	外观 mm（尺寸规格宽×高）	产品属性	箱容（人）	零售价格（元/袋）	保质期（月）	备注
	品牌 6	白果炖鸡煲调料	80	三边封袋	12cm×17cm	粗料	30	10.1	24	炖 500g
	品牌 7	咖喱鸡	40	三边封袋	12cm×16cm	粉料	24	3.3	24	500g
	品牌 8	炖鸡调料	30g	三边封袋	12cm×17cm	粗料	50	2.8	24	可炖 2～4kg
	上市区域及铺货情况描述	全国各大超市均有铺货。								
预定上市时间		2016 年 3 月 31 日								
计划上市区域										
销售通路		KA 通路、电商								
总经理				分管主管			市场部经理			

表 11－2　新产品市场可行性报告书

产品编号：　　　　　　　　　　　　　　　　　　　　　　　　　　年　　月　　日

<table>
<tr><td rowspan="4">市场描述</td><td>市场规模</td><td colspan="4"></td></tr>
<tr><td>市场趋势</td><td colspan="4"></td></tr>
<tr><td>主竞品描述</td><td colspan="4"></td></tr>
<tr><td>主竞品策略</td><td colspan="4"></td></tr>
<tr><td rowspan="5">产品描述</td><td>产品克重</td><td colspan="4"></td></tr>
<tr><td>产品规格</td><td colspan="4"></td></tr>
<tr><td>产品口味</td><td colspan="4"></td></tr>
<tr><td>上市区域</td><td colspan="4"></td></tr>
<tr><td>预估企划量</td><td colspan="4"></td></tr>
<tr><td colspan="2">消费者 U&A</td><td colspan="4"></td></tr>
<tr><td colspan="2">市场可行性评估报告</td><td colspan="4"></td></tr>
<tr><td>市场总监核准</td><td></td><td>主管核准</td><td></td><td>制定</td><td></td></tr>
</table>

3. 生产可行性报告书

研发部与生产部根据产品提案书的内容从各个环节来评估新产品在工艺、生产技术可不可以投入生产，填入空白处，如表 11－3 所示。

表 11－3　新产品生产可行性报告书

年　　月　　日

<table>
<tr><td colspan="3">研发部</td></tr>
<tr><td colspan="2">产品类别</td><td></td></tr>
<tr><td colspan="2">预计产品（口味）</td><td></td></tr>
<tr><td rowspan="5">产品</td><td>规格</td><td></td></tr>
<tr><td>外观规格</td><td></td></tr>
<tr><td>分装样式</td><td></td></tr>
<tr><td>保质期</td><td></td></tr>
<tr><td>其他</td><td></td></tr>
<tr><td rowspan="2">包装形态</td><td>形态</td><td></td></tr>
<tr><td>材质、规格</td><td></td></tr>
<tr><td colspan="2">产品净含量</td><td></td></tr>
</table>

续表 11－3

产品箱容			
产品成本			
其他			
研发部主管审核		制定	
生产部			
设备			
生产加工			
其他			
生产部主管审核		制定	

表号：

4. 新产品概念意见反馈书

销售部根据产品提案书内容，要对各个环节是否可行做出评估，填入空白处，如表 11－4 所示。

表 11－4　新产品概念意见反馈书

年　　月　　日

办事处				
产品概念	产品名称			
	产品口味			
	产品克重			
	产品规格			
	产品形态			
	包装形态			
	产品牌价			
上市区域				
销售通路				
上市时间				
销售主管签核			制表	

表号：

5. 新产品上市申请书

当各部门认为新产品的可行性没有问题的时候，做出上市申请，申请批准后进入新产品开发环节，如表 11 –5 所示。

表 11 –5　新产品上市申请书

年　月

<table>
<tr><td>产品名称</td><td colspan="4"></td><td>产品编号</td><td colspan="4"></td></tr>
<tr><td>产品层次结构</td><td colspan="9"></td></tr>
<tr><td rowspan="2">产品描述</td><td>产品名称</td><td>编号</td><td>克重</td><td>外观规格</td><td>分装样式</td><td>箱容</td><td>保质期</td><td>零售价格</td><td>出厂价设定</td></tr>
<tr><td></td><td></td><td></td><td></td><td></td><td></td><td></td><td></td><td></td></tr>
<tr><td>上市区域</td><td colspan="9"></td></tr>
<tr><td>初估毛利</td><td colspan="9"></td></tr>
<tr><td rowspan="10">上市进度</td><td>阶段</td><td colspan="2">重要事项</td><td colspan="3">完成日</td><td colspan="3">负责部门</td></tr>
<tr><td rowspan="4">第二阶段</td><td colspan="2">◇口味研发完成</td><td colspan="3"></td><td colspan="3"></td></tr>
<tr><td colspan="2">◇口味测试报告提交</td><td colspan="3"></td><td colspan="3"></td></tr>
<tr><td colspan="2">◇新品成本/价格核算</td><td colspan="3"></td><td colspan="3"></td></tr>
<tr><td colspan="2">◇包装设计完稿日</td><td colspan="3"></td><td colspan="3"></td></tr>
<tr><td rowspan="5">第三阶段</td><td colspan="2">◇上市计划提交</td><td colspan="3"></td><td colspan="3"></td></tr>
<tr><td colspan="2">◇品质试车</td><td colspan="3"></td><td colspan="3"></td></tr>
<tr><td colspan="2">◇上市审查日</td><td colspan="3"></td><td colspan="3"></td></tr>
<tr><td colspan="2">◇上市日期</td><td colspan="3"></td><td colspan="3"></td></tr>
<tr><td colspan="2">◇上市绩效检讨</td><td colspan="3"></td><td colspan="3"></td></tr>
<tr><td>总经理核准</td><td colspan="2"></td><td>总监审核</td><td colspan="2"></td><td>制定</td><td colspan="3"></td></tr>
</table>

从新产品提案到上市申请这一步，所有的工具都非常重要，这些表格要提供的信息非常全面。各参与部门完全可以从各自的角度做出新产品可不可以开发的判断。

6. 新产品价格结构表

按照通路结构顺序制定，包含进价、出价、利润率。

经销通路和直营通路的零售价保持一致，或在标准浮动范围内。

直营的大卖场、超市、便利店通路一定要注明最低促销价格，如表 11 –6 所示。

表 11 -6　新产品价格结构表

通路形态 价格		经销商				零售店				零售价（元/袋）
		进价	出价	利润	利润率%	进价	出价	利润	利润率（%）	
标准定价										
大卖场	建议售价									
	最低促销价格									
超市	建议售价									
	最低促销价格									
便利店	建议售价									
	最低促销价格									

7. 新产品规格确认书

特别注意确认三个日期，条码下发日、直营超市报价日、产品上市日三个关键节点定清楚，如表 11 -7 所示。

表 11 -7　新产品规格确认书

年　　月　日

产品名称	产品编号：
产品层次结构	
产品口味	
产品克重	
其他附配	
产品箱容	
产品价格	
包装形态	
毛利	
上市区域	
产品条码下发日	
直营超市报价日	

续表 11 -7

产品上市日						
总经理核准		市场部 主管审核		制定		

8. 产品标准信息表

包装和标签的强制性内容必须符合国家标准的规定，这部分信息由三个部门共同完成。

每个部门的分工都在表格里体现出来了，如表 11 -8 所示。

表 11 -8　研发部、品管部与生产部——设计用产品标准信息表

时间：

产品名称（品控）		编号（研发）		产品规格（净含量）（研发）		产品类型（品控）	
包装材质（研发）		包装规格（研发）		标签材质（研发）		标签规格（研发）	
产品配料（研发、品控）							
贮存条件（品控、研发）		生产日期打码区（生产）		保质期（品控、研发）		产品标准代号（品控）	
食用方式（研发）							
营养成分（品控）	附单独表						

品管核准	
研发核准	
生产核准	

9. 新产品开发进度计划和追踪表

必须制定完善的新产品上市进度计划和追踪表，统筹全局，确保整体工作不会产生大的遗漏和延误，也可以用于查找责任和改进，如表 11 -9 所示。

表 11－9　新产品开发进度计划和追踪表

状态：进度正常 ▇　　进度预警 ▇　　进度滞后 ▇　　　　　　年　　月　　日

工作项目	负责部门	负责人	工期	开始时间	计划完成时间	实际完成时间	状态	差异分析	月份
新产品概念提案	市场部								
市场可行性研究	市场部/销售部								
产品可行性研究	研发部								
生产可行性研究	生产部								
新产品概念征询	销售部								
新产品上市申请	市场部								
核准	总经理/副总经理								
竞品样品提供	采购部								
新产品研发	研发部								
新产品测试	市场部/研发部								
标准配方确认	研发部								
产品规格/包材的材质和规格等提供	研发部								
新产品建档、编码、条码确认	研发部								
核算成本单价	研发部								
包装纸箱广宣设计	市场部								
新产品确认，销量预估	销售部								
试车、生产时间预估	生产部								

续表 11－9

原辅料采购周期预估	采购部																																		
召开新产品会议	研发部																																		
	市场部																																		
新产品进度计划表完成	市场部																																		
新产品制程工艺设计、下发	研发部																																		
试车	研发部/生产部/品管部																																		
生产日期打码区域确认	品管部																																		
品质审查会	品管部																																		
保质期实验	研发部/品管部																																		
包装设计相关信息：使用方法、配料表等提供	研发部																																		
包装设计相关信息：产品标准代号、产品类型、保质期、储存条件、条形码等提供	品管部																																		
营养成分表测试、提供	品管部																																		
产品外检、检验报告提供	品管部																																		
包装、纸箱设计样式核准	总经理/副总经理																																		
包装纸箱标准内容校对审核	市场部/销售部/生产部/研发部/品管部																																		
纸箱、包装设计稿交采购	市场部																																		
制版封样量产	采购部																																		

续表 11 -9

出厂价格确定	陈副总																																		
新产品价格中请	市场部																																		
价格核准	总经理/副总经理																																		
新产品配方文件下发	研发																																		
产品规格书下发	市场部																																		
价格下发	市场部																																		
确定试销门店	销售部																																		
试销报议	销售部																																		
下达订单	销售部																																		
生产计划下达	生产部																																		
原辅料采购到货	采购部																																		
生产	生产部																																		
发货	业务部																																		
正上市（3 个月后）	销售部																																		

备注：如果，任何工作项未按照预定时间完成，发生异常的第一时间反馈到市场部，由市场部协调各部门。

各部门会签：

三、强调会议的作用

新产品开发过程中，开好各种沟通会、头脑风暴会非常重要！新产品的开发需要的各方面信息量极其庞大，需要很多的技能、超强的分析判断，以及丰富的经验和文化底蕴，这些不是一个人的力量可以搞定的，需要借用团队的力量。

团队会议，最忌讳一群人坐在那里，信息不全就开始开会，因此，要运用好本书所提及的各种工具、图表和方法。

新人小王通过这一系列的方法、工具，高效地完成了新产品的开发工作。从一名只有一些理论知识的普通营销人员，成长为合格的产品开发人员，并且可以顺畅地与研发部、销售部及各部门进行沟通。

未来，只要不断地开发新产品，不断地锤炼，就会越来越专业，直至对任何产品的开发都可以游刃有余。

你也可以，来试试吧。

老板·创业			
一、经理人			
书名	**内容**	**书名**	**内容**
老总有想法，高层有干法 王清华　著	企业将、帅之间的定位问题、角色问题、方法问题、思维问题、管理问题等	**历史深处的管理智慧1：组织建设与用人之道** 刘文瑞　著	通过历史鉴照当今企业选人用人、二代接班人、创业团队管理等问题
历史深处的管理智慧2：战略决策与经营运作 刘文瑞　著	通过历史鉴照当今企业决策、战略规划、战略冒进、决策监督等问题	**历史深处的管理智慧3：领导修炼与文化素养** 刘文瑞　著	通过历史鉴照当今企业的领导修养、用权、管理风格等问题
老板经理人双赢之道 陈明　著	经理人怎么选平台、怎么开局，老板怎样选/育/用/留		
二、用人			
用好骨干员工 王敏　著	系统化分享关键人才打造与激励方法	**领导这样点燃你的下属** 孟广桥　著	领导者如何才能让员工积极主动地工作
让用人回归简单 宋新宇　著	帮助管理者抓住用人的要害，让用人变得简单	**激活新生代员工** 史量　孙斌　著	走进新生代的世界，一套行之有效的管理、激活90后、95后、00后的方法
三、转型·创业			
创业要过哪些坎 董坤　著	15年创业咨询经验总结的创业遇到的问题及办法	**高潜牛人** 董坤　著	创业和事业发展中如何找到牛人
成为下一个SaaS独角兽 崔牛会　主编	19位SaaS领专家，7个不同的视角总结SaaS行业实践	**创模式：23个行业创新案例** 段传敏　著	CEO社群23位企业家的思考与实践分享
重生——中国企业的战略转型 施炜　著	本书对中国企业战略转型的方向、路径及策略性举措提出了建议和意见	**7个转变，让公司3年胜出** 李蓓　著	企业估值、业务模式、营销、生产制造、客户服务、用户黏性、组织管理7个转变
企业二次创业成功路线图 夏惊鸣　著	五步骤给出了一幅企业二次创业经营突破、管理提升的成功路线图	**跟老板“偷师”学创业** 吴江萍　余晓雷　著	如何通过“偷师”学习与积累当老板的阅历
公司由小到大要过哪些坎 卢强　著	企业成长路线图，现在我在哪儿、未来还要走哪些路都清楚了	**跳出同质思维，从跟随到领先** 郭剑　著	66个精彩案例剖析，帮助老板突破行业长期思维惯性
极速增长：企业扩张策略 董坤　著	以“8shoes扩张法则”为思考框架，帮助处于这个阶段的创业公司及以创业公司形式孵化的变革型项目做出清晰的战略选择		
企业经营			
经营打造你的盈利系统 高可为　著	选择最有效的经营策略，打造属于自己的商业模式	**中国企业的觉醒** 王涛　著	企业告别自私、野蛮，转向善良、爱，才会赢得消费者
成为敏感而体贴的公司 王涛　著	未来有竞争力的企业，一定是那些敏感而体贴的公司	**有意识的思考** 王涛　著	对头脑中固有观念保持觉察，从而超越它们的局限

续表

书名	内容	书名	内容
简单思考 孔祥云　著	著名咨询公司（AMT）CEO创业历程中的经验与思考	**写给企业家的公司与家庭财务规划** 周荣辉　著	以企业的发展周期为主线，介绍各阶段企业与企业主家庭的财务规划
从10亿到100亿的企业顶层设计 刘建兆　著	重新定义企业成长方式，有效益、有效率、有效能、有效果、有品质的良性成长	**活系统：跟任正非学当老板** 孙行健　尹贤　著	造活系统，使系统活，靠系统活，活的系统
宗：一位制造业企业家的思考 刘建兆　著	发展20年营业额近亿元制造业企业家的思考与心得	**使命：驱动企业成长** 高可为　著	用大企业发展轨迹及企业家的心路历程，揭示企业成长的基因、做事的逻辑
让经营回归简单 宋新宇　著	战略、客户、产品、员工、成长、经营者的经营法则	**边干边学做老板** 黄中强　著	86个案例讲述中小公司成长过程中遇到的问题和方法
盈利原本就这么简单 高可为　著	跨越业务与财务边界，为企业提高盈利水平提供方法	**战略参谋：写出管用的战略报告** 蔡春华　著	企业对自己、市场、行业其实了解更深，助你高质量完成战略规划
不战全胜：给企业家读的孙子兵法 王吉坤　杨伟霞　著	从《孙子兵法》提炼和总结了帮助企业打造行业龙头品牌的体系	**公司离不开的全栈运营高手：产品运营与推广获客** 王虎　著	涉及运营案例、思维理论、实操复盘、管理方式、推广策略等，是作者八年运营推广经验的浓缩
公域引流　私域经营：这样经营用户关系 王庆云　汪洋　著	为大中型企业提供私域建设的顶层和全景式框架，探索不同业务特性可能适配的不同私域模式	**平台生态：价值创造与价值获取** 彭毫　罗珉　著	厂商之间的竞争已经从产品转到平台，如何创造新的价值创造和获取模式，是企业最想得到的答案
合伙制经营：有效激励，而不丧失控制权 胡八一　著	重点阐述实施合伙制的流程，通过四步为企业家提供一种有效激励而不丧失控制权的工具和方法	**机制创造人才** 彭剑锋　尚艳玲　著	华夏基石专家团著作，为个体赋能，经营人成就人，进行机制创新和价值管理
管理·管理学			
一、企业管理			
让管理回归简单 宋新宇　著	从目标、组织、决策、授权、人才、老板自己等提供方案	**管理的尺度** 刘文瑞　著	西医式的体检化验，又要施加中医式的望闻问切
管理：以规则驾驭人性 王春强　著	人性驾驭角度权度运筹安排的可兑现性，管理有效性	**看电影，学管理** 刘文瑞　著	十六部电影的解读，揭示电影内含的管理之道
好管理　靠修行 曾伟　著	从佛法、道法思想中寻找管理智慧	**公司大了，怎么管** 金国华　著	成长型企业发展中的共性问题，通过案例实录解开
低效会议怎么改 王玉荣　葛新红　著	从梳理公司会议体系的层面改变低效会议的现状	**年初订计划年尾有结果** 郭晓　著	总结七步落地方案让战略计划切实落地实现
分股合心 段磊　周剑　著	围绕股权激励，详细介绍相关知识和实行方法	**员工心理学超级漫画版** 邢磊　著	以漫画形式对组织中个体心理的全面介绍和深入探讨
让投诉客户满意离开 孟广桥　著	投诉法律法规，应对各种投诉技巧等提升客诉能力	**管理就是定计划，抓落实** 张国祥　著	员工“看了就会、拿来就用”的计划制订操作指南

续表

书名	内容	书名	内容
不读韩非子，怎么当老板 王春强　著	通过集中分析有关人性的内容，引导现代管理者更深理解人性是如何影响企业运行，以及管理者应如何因人性而实施管理	**重新想象组织** 彭剑锋　尚艳玲　著	华夏基石专家团著作，通过组织变革逐步进化，找到成长之道，让企业可持续发展
战略管理有方法 和恒咨询　著	结合中国企业实践总结的一套独创性、实操性的战略方法，100+工具轻松做战略		
二、管理思想			
管理学的奠基者 刘文瑞　著	近代以来的管理思想发展揭示管理思想的演化奥秘	**巴纳德组织理论研读** 郭威　著	深度研读巴纳德《经理人员的职能》，帮你理解和看懂
管理学在中国 刘文瑞　著	科学看待管理学流入中国，对继承发展进行深入的阐述	**德鲁克管理学** 张远凤　著	以德鲁克管理思想发展为线展示20世纪管理学的发展
德鲁克与他的论敌们 罗珉　著	德鲁克与马斯洛、戴明等诸多管理大师论战的故事	**德鲁克管理思想解读** 罗珉　著	全面解构德鲁克思想的精髓与实践价值
治论：中国古代管理思想 张再林　著	深入分析中国古代哲学基本精神的基础上，梳理分析了儒法墨三家的管理思想	**流程经理10年案例笔记** 王焕东　著	用自身工作和生活中的鲜活案例及思考后的心得呈现不一样的流程管理思想
营销·销售			
一、企业销售			
大客户销售这样说这样做 陆和平　著	大客户销售活动的十大模块，68个典型销售场景	**向高层销售** 贺兵一　著	销售人员与客户高层打交道需要重点掌握的知识、技巧
资深大客户经理 叶敦明　著	将大客户经理必须具备的规划、策略、执行三种能力运用自如	**成为资深的销售经理** 陆和平　著	让销售经理成功把握销售管理的6个关键点，并提供工具
销售是个专业活 陆和平　著	据客户采购流程拆分销售过程十阶段，讲解方法技巧	**学话术　卖产品** 张小虎　著	手机、电动车、家电、食品等消费品的一线销售话术
工程项目大客户销售攻略 陆和平　著	三十八讲循序渐进，全方位透视工程大项目拿单的奥秘，通俗易懂，看了就能用	**大客户销售谈判：获得利润的最快途径** 陆和平　著	从不会谈判到成为谈判专家，帮助你在与大客户的谈判中轻松说服对方，实现从一次成交、成本价成交到高价成交、持续成交的转变
二、企业营销			
新营销组织力 迪智成　著	适应最新数字化外部环境，系统化协同组织能力建设	**营销按钮** 老苗　著	讲述存在于人性及各个营销环节中的"按钮"
精品营销战略 杜建君　著	"精品营销战略"核心逻辑与营销组合策略	**360°谈营销** 王清华　古怀亮　著	营销是立体的，从不同角度观察不同企业的营销精髓

续表

书名	内容	书名	内容
互联网精准营销 蒋军　著	互联网时代整体策划、包装品牌和产品	**招招见销量的营销常识** 刘文新　著	做好基本的营销动作都可以提高销量、降低成本
用数字解放营销人 黄润霖　著	用数字说话覆盖营销工作的方方面面	**用营销计划锁定胜局** 黄润霖　著	让营销计划落地，营销人员只需解决两个问题：基数与概率
我们的营销真案例 联纵智达研究院　著	五芳斋粽子、诺贝尔瓷砖、利豪家具、保健品、娃哈哈	**中国营销战实录** 联纵智达研究院　著	51个案例，46家企业，46万字，18年积淀
弱势品牌如何做营销 李政权　著	产品与物流通道、服务通道、促销互动通路，提供方法	**解决方案营销实战案例** 刘祖轲　著	十大工业品作者实操案例解码解决方案营销
升级你的营销组织 程绍珊　吴越舟　著	根据企业的实际情况建立有机性营销组织	**变局下的营销模式升级** 程绍珊　叶宁　著	十年大量案例归纳三种核心驱动要素、三种升级方向
老板如何管营销 史贤龙　著	十六个招式，理论与案例相结合，高段位营销方法	**孙子兵法营销战** 刘文新　著	理解《孙子兵法》原意的同时，还可体悟到营销之用
新营销2.0：从深度分销到立体连接 刘春雄　公方刚 牛恩坤　等著	立体连接打通三度空间，在互联网时代诞生快消品领域的超级巨头		
三、品牌			
中国品牌营销十三战法 朱玉童　著	深度演绎最符合企业品牌营销策划的十三套实战战法	**中小企业如何打造区域强势品牌** 吴之　著	从如何建立强势品牌的角度解析扩张难题
小众战略：小资源打造强势品牌 吴修利　著	从品牌观念、市场调研、竞争机会、内部调整等角度，对产品、渠道、传播等核心原则进行了系统梳理		
四、营销策划			
这样写文案，就没有卖不动的产品 秦剑　刘安丽　著	术、法、道三个层面由浅至深培养商业文案创作能力	**洞察人性的营销战术** 沈坤　著	介绍了28个匪夷所思的营销怪招，大部分可以直接运用
双剑破局：沈坤营销策划案例集 沈坤　著	双剑公司8年来的实操案例，每个项目诞生过程、策划角度和方法	**社区团购就这么干：供应商•平台•团长•用户** 陈海超　杨顶刚　著	分享最新实践经验，一看就懂，照着就能做
企业案例			
鲁花：一粒花生撬动的粮油帝国 余盛　著	鲁花如何成长为优秀的带动农业产业发展的品牌，鲁花你一定学得会	**金龙鱼背后的粮油帝国** 余盛　著	以金龙鱼为脉的一部中国粮油行业的史诗
你不知道的加多宝 曲宗恺　牛玮娜　著	以时间为轴线，详细叙述了加多宝品牌的发展历程	**静水流深** 黄治国　著	作者在美的十五年对何享健内部讲话资料的整理
娃哈哈区域标杆 罗宏文　快车君 赵晓萌　寇尚伟　著	讲娃哈哈豫北市场如何成为娃哈哈全国第一大市场、全国增量第一的市场	**借力咨询：德邦成长背后的秘密** 官同良　王祥伍　著	德邦将自己积累的与咨询公司发展共赢的合作逻辑和盘托出

续表

书名	内容	书名	内容
六个核桃凭什么从0过100亿 张学军　著	全视角深度解读养元企业的裂变成长，复盘十年蜕变轨迹	**像六个核桃一样** 王超　著	六个核桃为什么卖得这么好，产品畅销的6大要义36条简明法则
中国首家未来超市 IBMG集团　著	对乐城超市的掌门人及内部员工的采访详细阐释了乐城的经验	**三四线城市超市如何快速成长：解密甘雨亭** IBMG集团　著	甘雨亭的许多关键经营指标均高于行业标准，学习其成功的方法
集团化企业阿米巴实战案例 初勇钢　著	作者在某酒厂推行阿米巴经营模式的心得		
经销商			
新经销：新零售时代教你做大商 黄润霖　著	探访近100位经销商在传统营销手法上的创新，传统营销微创新和新营销本地化	**商用车经销商运营实战** 杜建君　王朝阳 章晓青　著	对商用车经销商的经营与管理、4S店运营做了全方面的总结
跟行业老手学经销商开发与管理 黄润霖　著	从管理耐用消费品经销商角度提炼了48个代表性问题并给出解决办法	**快消品经销商如何快速做大** 黄润霖　著	经销商如何通过经营实现规模，通过管理实现规模效益
建材家居经销商实战42章经 王庆云　著	经营管理的心法和战法，帮助经销商成为“业务妙手”和“管理能手”	**成为最赚钱的家具建材经销商** 李治江　著	针对建材家居行业的经销商，从销售模式、产品、门店、市场等方面给出方法
白酒经销商的第一本书 唐江华　著	对经销商如何选择厂家、合作、运营品牌等问题给出建议	**快消品招商的第一本书** 刘雷　著	从招商理论到招商动作进行系列化分解，化繁为简
大商方法：榜样经销商与厂家的合作之道 唐道明　著	洞察厂商合作的核心，为经销商提供可行的方法，手把手教你做大商		
中小企业			
中小企业如何打造区域强势品牌 吴之　著	从如何建立强势品牌的角度解析扩张难题	**用流程解放管理者** 张国祥　著	8个板块构成，共66篇文章，14幅流程管理图
用流程解放管理者2 张国祥　著	对中小企业规范化流程管理进行系统的阐述	**弱势品牌如何做营销** 李政权　著	产品与物流通道、服务通道、促销互动通路提供方法
本土化人力资源管理8大思维 周剑　著	用最贴近中国中小企业现实管理情境的案例讲述周围人的“家事”	**中小农业企业品牌战法** 韩旭　著	农业企业需要全产业链视野，更需要品牌实战方法
门店管理			
门店销售冠军复制系统 王吉坤　著	门店型企业如何打造可复制的销售冠军系统	**新零售动作分解与实操：建材·家居·家具** 盛斌子　著	对泛家居行业趋势、店面管理、团队管理、促销推广、五感营销等提供策略
家具建材促销与引流 薛亮　李永锋　著	对泛家居营销执行模式和工具、关键环节等进行汇总	**建材家居门店6力爆破** 贾同领　著	产品力、导购力、形象力、推广力、服务力、组织力

续表

书名	内容	书名	内容
家具行业操盘手 王献永 著	总结家具终端门店发展的现状及问题并给出策略	**手把手教你做专业督导** 熊亚柱 著	系统梳理督导的核心技能，岗位职责、工作流程及技能
手把手帮建材家居导购业绩倍增 熊亚柱 著	针对建材家居门店的业务人员，用案例故事还原场景教你成为好导购	**10步成为最棒的建材家居门店店长** 徐伟泽 著	梳理店长管理的核心工作职责、店面管理规范，帮助销售人员成长
建材家居门店销量提升 贾同领 著	9个板块讲述建材门店一个单店如何做到经营的良性循环	**总部有多强大，门店就能走多远** IBMG集团 著	五大方向综合阐述连锁零售企业总部如何提升管理能力
赚不赚钱靠店长，从懂管理到会经营 孙彩军 著	注重专卖店的经营思路拓展、门店管理细节方面能力的提升	**新医改了，药店就要这样开** 尚锋 著	从药店定位的思考，内部和会员管理等方面探讨中小型药店发展方向
电商来了，实体药店如何突围 尚锋 著	新时代药店经营的三驾马车：药学专业服务、会员贴心服务和精准定向促销	**引爆药店成交率1：店员导购实战** 范月明 著	药店人的零售工作，怎样接待顾客，完善销售技巧
引爆药店成交率2：药店经营实战 范月明 著	从药店经营角度建立改善门店现状的实用标准	**引爆药店成交率：专业化销售解决方案** 范月明 著	从简单的拿药服务到提供多角度的专业解决方案
口腔门诊盈利倍增：精益口腔 杨伟霞 王吉坤 著	为口腔门诊定制业绩提升管理系统并落地实施		
互联网			
一、互联网转型			
画出公司的互联网进化路线图 李蓓 著	18个“可以……吗”的问题作为产品、客户和价值方面的指引牌	**7个转变，让公司3年胜出** 李蓓 著	企业估值、业务模式、营销、生产制造、客户服务、用户黏性、组织管理7个转变
重生战略移动互联网和大数据时代的转型法则 沈拓 著	四个重生战略对应四个法则，告知传统企业的转型重生之路	**创造增量市场：传统企业互联网转型之道** 刘红明 著	为读者提供了寻找这些互联网的切入点和接触点的具体方法，带来增量市场
互联网+变与不变 本土管理实践与创新论坛 著	61篇精华文章，聚焦传统行业如何互联网+时代转型	**今后这样做品牌** 蒋军 著	顶层设计、营销创新、产品战略、渠道变革、品牌策略
移动互联新玩法 史贤龙 著	立足现实，剖析新时代背景下的移动互联趋势与热点	**互联网时代的成本观** 程翔 著	多维组合成本的互联网精神和大数据特征及应用
正在发生的转型升级实践 本土管理实践与创新论坛 著	100多位本土管理专家当年对最新一年的思考和实践	**1000铁杆女粉丝** 张兵武 著	如何让普通女性成为忠实追随的铁杆粉丝，磁力点、情感结、甜蜜区、信任圈
混沌与秩序Ⅰ：变革时代企业领先之道 彭剑锋 施炜 苗兆光 王祥伍 孙波 夏惊鸣	新环境下企业面临变革应如何应对，企业家如何坚守并与企业共同成长	**混沌与秩序Ⅱ：变革时代管理新思维** 彭剑锋 施炜 苗兆光 王祥伍 孙波 夏惊鸣	对处于时代变革下的企业管理新机制、人力资源管理新思维，组织与人的新型关系，结合案例提出优化建议
消费升级：实践·研究 本土管理实践与创新论坛 著	从经营、管理、行业三个方面记录消费升级下的实践	**互联网精准营销** 蒋军 著	互联网时代整体策划、包装品牌和产品

续表

书名	内容	书名	内容
智能推荐：让你的业务千人千面 刘国昊　周波　著	从资讯、电商、文娱行业来详细讲解智能推荐的应用，用户时间的争夺战	**制造业外贸营销网站建设** 宋金亮　著	介绍整个网站从无到有的实现过程，从分析思路、撰写内容到规划页面，列举了大量正反面实例，帮助读者理解和投入实践
二、抖音、微信微商、电商			
抖音营销系统 刘大贺　著	抖音系统的实战营销知识，上百个从0做大的案例	**金牌微商团队长** 罗晓慧　著	微商团队长创业实操的指导工具书
微商生意经：真实再现33个成功案例操作全程 伏泓霖　罗晓慧　著	精心挑选的33个微商成功案例，阐述具体操作过程	**快速见效的企业微信营销方法** 孙巍　著	站在微信生态的立体高度系统讲述企业微信快营销方法论
阿里巴巴实战运营：14招玩转诚信通 聂志新　著	产品定位、阿里巴巴排名因素、数据分析、标题优化等	**阿里巴巴实战运营2：诚信通热卖技巧** 聂志新　著	打开诚信通运营的金钥匙，十大具体运营技巧
三、行业新营销			
餐饮新营销 杨勇　程绍珊　著	聚焦餐饮企业转型，系统的餐饮企业营销管理体系	**新零售进化路径** 李政权　著	预先复盘新零售及商业的未来，找到方向
珠宝黄金新营销 崔德乾　著	珠宝业新营销/新品牌/新产品/新零售/新连接/新场景/新服务/新传播/新管理	**新经销：新零售时代教你做大商** 黄润霖　著	探访近100位经销商在传统营销手法上的创新，传统营销微创新和新营销本地化
新零售动作分解与实操：建材·家居·家具 盛斌子　著	对泛家居行业趋势、店面管理、团队管理、促销推广、五感营销等提供策略	**新营销** 刘春雄　著	让品牌商和渠道商掌握获得独立流量的能力，能够与平台商博弈
快速见效的企业网络营销方法 B2B　大宗 B2C 张进　著	数据和案例90%来自作者服务的中小企业，快速全面地学习企业网络营销方法	**移动互联下的超市升级** 联商网专栏　著	超市未来的发展趋势，对社区超市、生鲜、全渠道建设、O2O等提出观点
百货零售全渠道营销策略 陈继展　著	零售行业的竞争重点、行业本质、战略转型、未来趋势、经验和案例	**互联网时代的银行转型** 韩友诚　著	银行业在互联网金融变革浪潮中所做的积极应对和转型布局
触发需求：互联网新营销样本·水产 何足奇　著	通过鲜誉案例解读阐述水产行业如何进行互联网转型	**新农资如何弯道超车** 刘祖轲　著	从农业产业化、互联网转型、行业营销与经营突破四个方面阐述农资企业转型
新零售　新终端 迪智成　著	将新零售系统打法做梳理并落地在新终端建设上		
	医药医疗		
一、药店			
新医改了，药店就要这样开 尚锋　著	从药店定位的思考、内部和会员管理等方面探讨中小型药店发展方向	**电商来了，实体药店如何突围** 尚锋　著	新时代药店经营的三驾马车：药学专业服务、会员贴心服务和精准定向促销
引爆药店成交率1：店员导购实战 范月明　著	药店人的零售工作，怎样接待顾客，完善销售技巧	**引爆药店成交率2：药店经营实战** 范月明　著	从药店经营角度建立改善门店现状的实用标准

续表

书名	内容	书名	内容
引爆药店成交率：专业化销售解决方案 范月明　著	从简单的拿药服务到提供多角度的专业解决方案	**连锁药店新风口：资本　智能　大数据** 动脉网　著	对我国连锁药店的市场环境、行业现状等进行分析，给出对连锁药店未来发展趋势的预判
二、药品销售			
医药第三终端：从控销到动销　诊所　基层医疗 王祥君　张芳文　著	用大量案例来梳理药企落地动销的策略、方法和技战术	**医药营销：诊所开发维护与动销** 张江民　著	从六个方面系统阐述基层诊所市场营销攻略
处方药合规推广实战宝典 赵佳震　著	对处方药推广体系搭建、推广人员岗位内容等六个方面进行阐述	**医药代理商经营全指导** 戴文杰　著	从产品选择、价格体系设计、路径管理等维度描述代理商产品操作的基本策略
处方药零售这样做 田军　著	处方药零售的重要性及做市场的具体措施和方法	**OTC 医药代表药店开发与维护** 鄢圣安　著	一位从初级 OTC 医药销售代表成长起来的销售经理的经验分享
OTC 医药代表药店销售 36 计 鄢圣安　著	以《三十六计》为线，阐述 OTC 医药代表向药店销售的技巧与策略	**做医生信赖的医药代表** 邹晓徽　宁剑锋 朱文虎　著	医药代表如何在合规要求下做好药品推广工作的操作工具书
三、药企转型			
药企战略·运营与医药产业重构 杜臣　著	医药产业的深度认知与发展趋势结合，战略思考与经营操作相统一	**医药行业大洗牌与药企创新** 林延君　沈斌　著	围绕创新介绍医药行业，介绍近百家医药企业创新实践案例
医药新营销 史立臣　著	从药企最关心的八个方面阐述制药企业、医药商业企业营销模式转型	**医药企业转型升级战略** 史立臣　著	从商业模式转型、管理转型、定位转型、运营模式转型和跨界转型五方面阐述转型
新医改下的医药营销与团队管理 史立臣　著	立足新医改相关政策的解读，为中小医药企业出谋划策	**在中国，医药营销这样做** 段继东　著	时代方略在医药营销领域思想、方法文章的精选合集
四、新医疗			
成为医疗器械领军者 王强　著	中小医疗器械生产企业和代理商怎样转型	**新型诊所经营与创新** 动脉网　著	对新型诊所从标准化管理、经营方式、团队建设、连锁模式四个方面进行解读
医美新风口：颜值经济下的亿万市场 动脉网　著	详细介绍中国医疗美容行业的发展趋势、现状及医美产业链等	**互联网医院：正在发生的医疗新变革** 动脉网　著	介绍互联网医院的建设与运营、管理，发展模式和市场布局，以及发展规律
快消品			
一、快消案例			
中国快消品营销这些年 史贤龙　著	一本书浓缩快消品营销 15 年的实战历程与前沿思考	**这样打造大单品** 迪智成　著	通过 13 个大案例帮助企业梳理打造大单品的路径
你不知道的加多宝 曲宗恺　牛玮娜　著	以时间为轴线，详细叙述了加多宝品牌的发展历程	**娃哈哈区域标杆** 罗宏文　伕车君　赵晓萌 寇尚伟　著	娃哈哈豫北市场如何成为娃哈哈全国第一大市场、全国增量第一的市场

续表

书名	内容	书名	内容
六个核桃凭什么从0过100亿 张学军　著	全视角深度解读养元企业的裂变成长，复盘十年蜕变轨迹	**像六个核桃一样** 王超　著	六个核桃为什么卖得这么好，产品畅销的6大要义36条简明法则
5小时读懂快消品营销 陈海超　著	20年快消品市场风云洞察解码，丰富的案例解析		
二、快消品区域经理			
快消品营销团队管理 刘雷　伯建新　著	快消品团队管理相关的20余个工具+20余个案例	**这样打造快消品区域标杆** 罗宏文　牛玉龙　著	分两篇解决如何成功打造标杆市场和进行持续增量管理两大问题
成为优秀的快消品区域经理（升级版） 伯建新　著	作为区域经理的"速成催化器"，升级版增加11篇内容	**快消老手都在这样做：区域经理操盘锦囊** 方刚　著	一线成长起来的资深快消品营销人"压箱底"绝活
快消品营销人的第一本书 刘雷　伯建新　著	针对一线厂家业务员工作中常遇到的问题给予建议	**销售轨迹：一位快消品营销总监的拼搏之路** 秦国伟　著	一个普通营销人的故事，16年背井离乡的职场拼搏之路
快消品营销：一位销售经理的工作心得2 蒋军　著	从市场操作、团队管理、传播推广、营销的具体策略和战略等方面提供方法		
三、快消品动销			
动销：产品是如何畅销起来的 余晓雷　著	从怎么被消费者买走和竞争对手是谁这两个原点解决动销问题	**动销操盘：节奏掌控与社群时代新战法** 朱志明　著	用七个章节阐述关于动销操盘的要诀，节点、节奏、主次、条件匹配性等问题
动销四维：全程辅导与新品上市 高继中　著	从产品、渠道、促销和新品上市四个方面详细讲解提高动销的具体方法		
四、快消品渠道			
深度分销 施炜　著	渠道价值链、模式选择、渠道策略与管理、零售经销商管理、最佳实践、团队建设	**通路精耕操作全解** 周俊　陈小龙　著	对康师傅的制胜法宝通路精耕进行系统的介绍与说明，图表和完善入微的操作方法
酒水饮料快消品餐饮渠道营销手册 朱伟杰　著	对餐饮渠道深入挖掘，建立适合餐饮渠道发展的服务模式和组织保障措施	**快消品经销商如何快速做大** 杨永华　著	经销商如何通过经营实现规模，通过管理实现规模效益
快消品营销与渠道管理 谭长春　著	解决日常涉及的渠道管理、市场、产品等营销事务	**快消品招商的第一本书** 刘雷　著	从招商理论到招商动作进行系列化分解，化繁为简
采纳方法：化解渠道冲突 朱玉童　著	21个最新的渠道冲突案例立体地介绍渠道冲突的现象和方法		
五、快消品企业战略			
重构：快消品企业重生之道 杨永华　著	从战略、品牌、市场、产品、营销、系统、管理7个方面进行重构	**变局下的快消品实战策略** 杨永华　著	从5个角度针对快消品企业如何应对行业变局给出答案
新营销 刘春雄　著	让品牌商和渠道商掌握获得独立流量的能力，能够与平台商博弈	**采纳方法：破解本土营销8大难题** 朱玉童　著	破解困扰营销人的八大难题，给出解决方法

续表

白酒			
书名	内容	书名	内容
白酒营销培训宝典：复制高业绩 刘孝鞅 著	总结白酒营销人员系统运作市场的要点，转化为易学可复制的动作和工具表单	**酒水饮料快消品餐饮渠道营销手册** 朱伟杰 著	对餐饮渠道深入挖掘，建立适合餐饮渠道发展的服务模式和组织保障措施
白酒营销的第一本书 唐江华 著	多角度阐释白酒一线市场操作的最新模式和方法	**白酒经销商的第一本书** 唐江华 著	对经销商如何选择厂家、合作、运营品牌等问题给出建议
白酒到底如何卖 赵海永 著	多角度阐释白酒一线市场操作的最新模式和方法	**白酒到底如何卖2：从市场培育到动销** 赵海永 著	系统化、标准化、模式化的促成动销的实战操作方式和方法
变局下的白酒企业重构 杨永华 著	白酒企业重构期的营销战略与实操策略6大方法	**酒业转型大时代** 微酒 著	酒水营销、新闻资讯及行业分析、预测的知识宝典
区域型白酒企业营销必胜法则 朱志明 著	以36条法则从战略、营销、推广、产品线、品牌、市场、战术等方面提供方法	**10步成功运作白酒区域市场** 朱志明 著	从市场攻守、产品攻略、新品上市、占领渠道、促销等十个层面阐述
白酒营销1：中小酒企操盘与崛起 徐伟 徐涛 著	深入分析品牌与行业、操作方法，提供营销实操宝典	**白酒营销2：品类创新策略升级** 黑格咨询 著	立足行业现状，建立品类创新、营销模式创新路径，提供市场建设方法、营销策略与工具案例
茶·调味品·油·乳业			
营销中国茶：2小时读懂茶叶营销 史贤龙 著	中国茶营销的“困局”“破局”和“创举”	**中国茶叶营销第一书** 柏龑 著	纵览中国茶叶市场的全局，并且有针对性地提出问题并阐述解决方法
调味品营销第一书 陈小龙 著	15年监控中国市场50个中外著名调味品品牌市场运作、管理等的经验总结	**调味品企业八大必胜法则** 张戟 著	提炼了调味品企业八大规律性的关键成功要素
食用油营销的第一本书 余盛 著	从小包装油行业概述到产品的基本知识，从基本执行动作到品牌整体策划等	**鲁花：一粒花生撬动的粮油帝国** 余盛 著	鲁花如何成长为优秀的带动农业产业发展的品牌
金龙鱼背后的粮油帝国 余盛 著	以金龙鱼为脉的一部中国粮油行业的史诗	**乳业营销的第一本书** 侯军伟 著	区域型乳品企业如何才能稳健发展
调味品经销商公司化运营 张戟 著	调味品和快消品经销商如何从“个体户”到“公司化”，一步步推进的具体方法		
工业品			
一、工业品销售			
大客户销售这样说这样做 陆和平 著	大客户销售活动的十大模块，68个典型销售场景	**销售是个专业活** 陆和平 著	据客户采购流程拆分销售过程十阶段、讲解方法技巧
成为资深的销售经理：B2B工业品 陆和平 著	让销售经理成功把握销售管理6个关键点，并提供工具	**一切为了订单：订单驱动下的工业品营销实践** 唐道明 著	以订单流程的三个环节为主线讲述工业品营销管理新思路
订单是这样拿到的 郑文洲 著	作者近10年销售生涯的回顾，真实销售故事和成功经验分享		

续表

二、工业品营销			
书名	内容	书名	内容
工业品营销管理实务（第4版） 李洪道　著	是信任导向工业品营销体系的深化版、工业品营销管理体系优化咨询的升级版	**工业品企业如何做品牌** 张东利　著	为当下中国制造的品牌化转型提供经过实践证明的理念、方法和体系
工业品市场部实战全指导 杜忠　著	解决职能不清、市场部五大职能如何运作、职业发展路径等具体问题	**解决方案营销实战案例** 刘祖轲　著	十大工业品作者实操案例解码解决方案营销
资深大客户经理：策略准　执行狠 叶敦明　著	将大客户经理必须具备的规划、策略、执行三种能力运用自如		
三、工业品企业			
变局下的工业品企业7大机遇 叶敦明　著	探索工业品企业成长的新机会，7大战略与战术性机会	**两化融合管理体系贯标流程与方法** 戴勇　著	融合五十多家企业在两化融合贯标过程的经验，总结重点与举措
丁兴良讲工业4.0 丁兴良　著	多角度阐述中国在工业4.0的机遇和挑战		
建材家居			
一、建材家居门店			
家居建材促销与引流 薛亮　李永锋　著	对泛家居营销执行模式和工具、关键环节等进行汇总	**新零售动作分解与实操：建材·家居·家具** 盛斌子　著	对泛家居行业趋势、店面管理、团队管理、促销推广、五感营销等提供策略
家具行业操盘手 王献永　著	总结家具终端门店发展的现状及问题并给出策略	**手把手教你做专业督导** 熊亚柱　著	系统梳理督导的核心技能、岗位职责、工作流程及技能
手把手帮建材家居导购业绩倍增 熊亚柱　著	针对建材家居门店的业务人员、案例故事还原场景，教你成为好导购	**10步成为最棒的建材家居门店店长** 徐伟泽　著	梳理店长管理的核心工作职责、店面管理规范和帮助销售人员成长
建材家居门店销量提升 贾同领　著	9个板块讲述建材一个单店如何做到经营的良性循环	**建材家居门店6力爆破** 贾同领　著	产品力、导购力、形象力、推广力、服务力、组织力
二、建材家居经销商			
新经销：新零售时代教你做大商 黄润霖　著	探访近100位经销商在传统营销手法上的创新，传统营销微创新和新营销本地化	**建材家居经销商42章经** 王庆云　著	经营管理的心法和战法，帮助经销商成为“业务妙手”和“管理能手”
成为最赚钱的家具建材经销商 李治江　著	针对建材家居行业的经销商，从销售模式、产品、门店、市场等方面给出方法		
三、建材家居企业			
定制家居黄金十年 韩锋　翁长华　著	对中国定制家居行业20年发展历程进行深度、系统、专业的解读	**建材家居营销：除了促销还能做什么** 孙嘉晖　著	探索家居建材行业营销的革命，发现行业“营销天花板”的突破口
建材家居营销实务：新环境、新战法 程绍珊　杨鸿贵　著	针对建材家居市场特点提出以客户价值为基础的整体营销价值链	**全屋整装　高利润运营手册** 翁长华　陈平　著	十大维度解决实际问题，是0到1极具操作性的整装指南

零售·餐饮·服装·影院			
书名	内容	书名	内容
新零售进化路径 李政权　著	预先复盘新零售及商业的未来，找到方向	**新零售　新终端** 迪智成　著	梳理新零售系统打法并落地在新终端建设上
移动互联下的超市升级 联商网　著	超市未来的发展趋势，对社区超市、生鲜、全渠道建设、O2O 等提出观点	**百货零售全渠道营销策略** 陈继展　著	零售行业的竞争重点、行业本质、战略转型、未来趋势、经验和案例
超市卖场定价策略与品类管理 IBMG 集团　著	零售企业的市场拓展与商品定位、商品结构与商品陈列、毛利分析与库存分析	**连锁零售企业招聘与培训破解之道** IBMG 集团　著	围绕零售企业组织架构、培训体系建设等内容进行探讨
总部有多强大，门店就能走多元 IBMG 集团　著	五大方向综合阐述连锁零售企业总部如何提升管理能力	**三四线城市超市如何快速成长：解密甘雨亭** IBMG 集团　著	甘雨亭的许多关键经营指标均高于行业标准，学习其成功的方法
中国首家未来超市：解密安徽乐城 IBMG 集团　著	对乐城超市的掌门人及内部员工的采访详细阐释了乐城的经验	**零售：把客流变成购买力** 丁昀　著	通过大量的实际案例对中国零售业态的升级转型之路提出思考
餐饮新营销 杨勇　程绍珊　著	聚焦餐饮企业转型，系统的餐饮企业营销管理体系	**电影院的下一个黄金十年** 李保煜　著	介绍了中国电影产业的运作模式及电影院的开发、设计思路
餐饮企业经营策略第一书 吴坚　著	阐述餐饮企业产品之道、市场之道、顾客之道及盈利之道	**赚不赚钱靠店长，从懂管理到会经营** 孙彩军　著	注重专卖店的经营思路拓展，门店管理细节方面能力提升
时装买手自学通 范敏娜　编著	从流行趋势调研、商品企划、采购渠道、数据管理到店铺销售等时装买手需要具备的能力与操盘技巧		
农牧业			
一、农资			
饲料营销有方法 陈石平　著	饲料营销的 7 大核心命题	**农资营销实战全指导** 张博　著	在农资市场行之有效的营销策略和工具
新农资如何弯道超车 刘祖轲　著	农业产业化、互联网转型、行业营销与经营突破		
二、农牧企业			
中国牧场管理实战 黄剑黎　著	对牧场管理标准、管理制度、操作规程做出剖析和指引	**中小农业企业品牌战法** 韩旭　著	农业企业需要全产业链视野，更需要品牌实战方法
变局下的农牧企业 9 大成长策略 彭志雄　著	为农牧企业量身打造了 9 个立足现在、展望未来的成长策略	**农产品营销实战第一书** 胡浪球　著	针对 33 个农产品营销的核心问题提供具体招数
农产品全网营销 吴之　著	帮助全国农业合作社、家庭农场打造农产品品牌		
地产·汽车			
一、地产			
中国城市群房地产投资策略 吕俊博　刘宏　著	挖掘主要城市群的现状特征、发展因子、演化趋势、竞争关系等，给出分析建议	**产业园区/产业地产：规划、招商、实战运营** 阎立忠　著	从认知、规划、招商、运营四方面系统解读产业园区的建设精要和运营技巧

续表

书名	内容	书名	内容
人文商业地产策划 戴欣明　著	“全球化视野（创意）”+“人文+”思维		
二、汽车			
商用车经销商运营实战 杜建君　著	对商用车经销商的经营与管理、4S店运营做了全方面的系统总结	**汽车配件这样卖** 俞士耀　著	适合轮胎、机油、维修、快保、美容、洗车等汽车服务业态销售实操办法
润滑油销售：这样说，这样做更有效 张金荣　著	总结润滑油销售面对三大客户常遇到的200余个营销问题解决方法	**润滑油品牌营销** 张金荣　著	没有说教，只有方法，适合小微企业、代工品牌、经销商、营销人阅读
投资理财·收购资本			
交易心理分析 马克·道格拉斯 【美】　著	一语道破赢家的思考方式，并提供了具体的训练方法	**财报背后的投资机会** 蒋豹　著	零基础轻松掌握财务报表的相关知识，快速入门
写给企业家的公司与家庭财务规划 周荣辉　著	以企业的发展周期为主线，介绍各阶段企业与企业主家庭的财务规划	**分股合心** 段磊　周剑　著	围绕股权激励，详细介绍相关知识和实行方法
成功并购300问 浩德并购军师联盟　著	系统学习资本运作和企业并购知识的金融工具书	**并购名著阅读指南** 叶兴平　著	从全球5000多本并购图书中精选200本并进行评价
避开股权合伙这些坑 苏雯静　著	根据创始合伙人、外部合伙人、内部合伙人等方面的实际案例做归纳和梳理	**产业并购操盘手** 张军杰　著	15个案例，11个范本，38个图表，拿来即用
科创板IPO上市全流程指导 丁先云　刘海旭　著	不仅有各项制度的深入剖析，更有各种问题和解决方案的详细论述，配合案例，轻松操作		
阿米巴			
阿米巴经营的中国模式 李志华　著	基于阿米巴经典理念提出了适合中国本土的员工自主经营的“1532”模型	**集团化企业阿米巴实战案例** 初勇钢　著	作者在某酒厂推行阿米巴经营模式的心得
中国式阿米巴落地实践之激活组织 胡八一　著	划分原则、裂变与整合、组织管控、重新定位、巴长竞聘和组阁	**中国式阿米巴落地实践之从交付到交易** 胡八一　著	从6个方面阐述经营会计，从交付到交易是成功实施阿米巴的标志
中国式阿米巴落地实践之持续盈利 胡八一　著	企业做成平台、平台做成阿米巴、阿米巴做成合伙制		
人力资源管理			
一、绩效·薪酬			
回归本源看绩效 孙波　著	从目的和概念帮助企业梳理绩效管理与经营的关系	**走出薪酬管理误区** 全怀周　著	从7个常见的薪酬误区入手为企业提供一套系统解决方法
曹子祥教你做绩效管理 曹子祥　著	作者核心授课课程的还原，掌握绩效管理的核心内容	**曹子祥教你做激励性薪酬设计** 曹子祥　著	作者28年咨询经验总结，如何进行科学的薪酬体系设计

续表

二、招聘·面试·培训			
书名	内容	书名	内容
把招聘做到极致 远鸣　著	资深招聘经理多年工作心得的提炼	**把招聘做到极致2：灰度招聘全攻略** 黄渊明　李佳倩　著	从实战需求出发，兼容并包各种优秀的招聘理论、方法、经验与工具，并进行创新性的应用
把面试做到极致 孟广桥　著	一套实用的确定岗位招聘标准，提升面试官技能方法	**世界500强资深培训经理人教你做培训管理** 陈锐　著	构建培训体系、培训组织、培训文化、开发培训资源，教你做培训管理
人才评价中心漫画版 邢雷　著	用漫画形式写成的人才测评专业书籍		
三、HR高管·劳动法			
经营型HRD 黄渊明　著	总结企业HRD如何支撑企业经营，抓好七件关键事情	**人才供应链：实现高绩效均衡的人才管理模式** 许锋　著	打造人才供应链的四大支柱、十项修炼的完整体系
新任HR高管如何从0到1 新海　著	到互联网创业型企业担任HRVP，从0到1建立较完善的HR体系	**人力资源体系与e－HR信息化建设** 刘书生　陈莹　王美佳　著	6大框架、28个关注点、5大目标、6大优势、166个交付物咨询体系和盘托出
集团化人力资源管理实践 李小勇　著	针对集团型企业人力资源管理的问题提出科学建议	**我的人力资源管理笔记** 张伟　著	第三方咨询视角跳出“技术方法”看人力资源管理
人力资源的5分钟劳动法 李皓楠　著	入职管理、在职管理、离职管理中遇到的劳动法问题及应对	**海外人力资源管理：帮企业成功“走出去”** 黄渊明　著	弥补了中国企业海外人力资源管理实践体系建设的空白，具有开创性意义
四、HRBP			
HRBP是这样炼成的之菜鸟起飞 黄渊明　著	作者在初步转型HRBP两年时间里摸索实践的亲身经历与总结	**HRBP是这样炼成的之中级修炼** 黄渊明　著	结合作者亲身从事HRBP的工作经历，总结HRBP的作战故事
HRBP高级修炼 黄渊明　著	故事方式，HRD角度深度呈现运用HRBP的思维、方法		
企业文化			
企业文化落地本土实践 王祥伍　著	华夏基石“知信行”模型描绘企业文化落地路线图	**企业文化的逻辑** 王祥伍　著	从文化起源深刻剖析文化、效率、企业、企业文化联系
企业文化定位·落地一本通 王明胤　著	企业文化理念传播和落地聚焦的17种方法，解读了近100个实战案例	**36个拿来就用的企业文化建设工具** 海融心胜　著	汇集整理了36个通用的企业文化实践工具
企业文化激活沟通 宋杼宸　安琪　著	系统阐述沟通与企业文化的关系，给予企业提升沟通效能的企业文化解决方案	**企业文化建设超级漫画版** 邢雷　著	用漫画形式写成的企业文化建设专业书籍，理论体系和29个具体的操作方法
在组织中绽放自我 朱仁建　著	个人与组织之间的关系，文化对组织化形成的影响		
流程管理			
营销·研发·供应链业务架构与流程管理 谭勋晖　著	营销、研发、供应链三大业务流程变革实践经验总结	**打造集成供应链** 王春强　著	第一用力在“集成”上，梳理内外部相关模块及其依赖关系
人人都要懂流程 金国华　余雅丽　著	50幅流程管理漫画，内部对流程价值理念的高度共识	**用流程解放管理者** 张国祥　著	8个板块构成，共66篇文章，14幅流程管理图

续表

书名	内容	书名	内容
用流程解放管理者2 张国祥　著	对中小企业规范化流程管理进行系统的阐述	**跟我们学建流程体系** 陈立云　罗均丽　著	在《跟我们做流程管理》的基础上丰富了标杆实践案例
质量管理			
16949质量管理体系落地与全套文件汇编 谭洪华　著	对IATF16949每个条款讲解采用理解、作用、落地、模板、成功案例模块解析	**ISO9001：2015制造业文件模板全集** 贺红喜　著	五篇内容组成的完整的质量管理体系工具文件
精益质量管理实战工具 贺小林　著	四个方面对精益质量管理进行了全方位介绍和解读，并提供大量的方法工具	**五大质量工具详解及运用案例** 谭洪华　著	APQP、FMEA、MSA、SPC、PPAP五大质量工具的具体运用
IATF16949质量管理体系详解与案例文件汇编 谭洪华　著	针对IATF16949的标准原文做详细解说，同时提供大量的表单案例	**SA8000：2014社会责任体系认证实战** 吕林　著	将SA8000多版本及10多年的体系实战经验汇编成书
ISO9001：2015新版质量管理体系解读与案例文件汇编 谭洪华　著	对ISO9001：2015新版标准理解和运用操作进行详细解读	**ISO14001：2015新版环境管理体系解读与案例文件汇编** 谭洪华　著	ISO14001：2015改版后的差别和操作运用进行详细讲解
我在世界500强做供应商质量管理 宋华　著	分享汽车行业成熟的供应商质量管理体系和方法，都是作者的亲身经历	**ISO45001职业健康安全管理体系落地+全套案例文件** 谭洪华　著	每个条款清晰讲解，内容完全落地，轻松运用
精益生产			
一、精益·JIT·IE			
精益思维：超越对手的力量 刘承元　著	以尊重人性的精益思想为切入点，分别从管理者的精益理念、精益思维、精益实践、精益中国制造等方面进行独到的分析	**比日本工厂更高效** 刘承元　著	管理提升无极限+超强经营力+精益改善里的成功实践
计划与物流精益改善之道 于晓光　著	围绕"计划与物流战略咨询的方法论"进行解析，提供方法论和案例	**300张现场图看懂精益5S** 乐涛　著	通过日本丰田、上市企业案例，用300张现场图系统讲解5S管理
3A顾问精益实践1：IE与效率提升 党新民　苏迎斌 蓝旭日　著	系统、全面地介绍IE工厂管理技术，提高效率创造价值	**3A顾问精益实践2：JIT与精益改善** 肖智军　党新民　著	系统、全面地介绍JIT生产方式，并加入实践案例
高员工流失率下的精益生产 余伟辉　著	从三方面论述推行精益管理时如何应对员工流失	**让员工爱上6S管理** 肖智军　著	提供了众多企业的原版资料、案例，还汇集了一些企业骨干的推行感想、感悟及反思
200张图表学精益管理：IE工厂效率提升方法 刘秀堂　著	IE工程师视角，全是一线经验。精益落地的实操方法，大量图表工具让你上手就能做		
二、生产管理			
化工企业工艺安全管理实操 黄娜　著	围绕化工工艺安全14要素来展开分析	**手把手教你做专业生产经理** 黄娜　著	生产经理如何在信息流、物流、资金流三大流中开展工作

续表

书名	内容	书名	内容
欧博心法：好工厂　靠管理 曾伟　著	从管人篇和管事篇帮助读者解决人难管、事难控	**欧博工厂案例1：生产计划管控对话录** 曾伟　曾子豪　著	工厂管理生产计划管控模块的8个全景细节大案例
欧博工厂案例2：品质技术改善对话录 曾伟　曾子豪　著	工厂管理品质、技术、效率管理模块的10个全景细节大案例	**欧博工厂案例3：员工执行力提升对话录** 曾伟　曾子豪　著	工厂管理人员管控模块的5个全景细节大案例
工厂管理实战工具 曾伟　著	中国传统文化指导下的工厂管理工具	**制造业成本倍减42法** 王天江　著	42种经过实际验证有效的成本降低方法，用61个真实案例说明
制造企业上10亿其实并不难 杨小林　著	年产值1亿～10亿元中小制造企业在工厂经营和管理上的业务指导		
三、班组长			
全能型班组：城市能源互联网与电力班组升级 国网天津电力公司　著	从互联网时期的班组转型升级出发，对新型班组组织模式和运行机制进行设想	**国网天津电力全能型班组建设实务** 国网天津电力公司　著	聚焦天津电力公司在探索全能型班组转型升级时的优秀实践
车间人员管理那些事儿 岑立聪　著	从小事入手把基层车间管理者头疼的事务打包解决		
咨询·培训师			
培训师事业长青之道 廖信琳　著	培训师自我管理的“洋葱模型”、十项内容与五个层级	**管理咨询师的第一本书** 熊亚柱　著	深度剖析初级入行咨询师在工作中遇到的问题
资深管理咨询顾问工作心得 张国祥　著	使用手册讲述咨询师如何操作项目、老板如何选择咨询师、企业如何自主落地	**手把手教你做顶尖企业内训师** 熊亚柱　著	从开、控、收、编、制、用的角度去履行培训师的职责
TTT培训师精进三部曲上 廖信林　著	手把手教你“深度改善现场培训效果”的一招一式	**TTT培训师精进三部曲中** 廖信林　著	建构一整套培训课程设计与开发的认知架构和方法体系
TTT培训师精进三部曲下 廖信林　著	通过“沉淀职业功力的六度模型”，帮助培训师在职业技能上持续精进		
产品·研发			
研发体系改进之道 靖爽　陈年根 马鸣明　著	取材数十家企业研发改进的咨询实践，提炼一套实操的改进步骤与工具	**新产品开发管理，就用IPD（升级版）** 郭富才　著	把产品经营的思想凝结在新产品开发管理机制中，升级版更丰富
产品开发管理：方法·流程·工具 任彭枞　著	结合超过300家企业的实际研发管理方法，总结问题和方法，大量表格	**资深项目经理这样做新产品开发管理** 秦海林　著	采用过程管理方法，对新产品开发的四大过程进行分析，主要针对小电器产品
产品炼金术Ⅰ：如何打造畅销产品 史贤龙　著	打造畅销产品的四个方法	**产品炼金术Ⅱ：如何用产品驱动企业成长** 史贤龙　著	从经营者视角重新认识产品，快速诊断产品现状
快消品产品开发方法：打造快消爆品 张荣举　著	提供整套实战性的思维、方法、技能和工具，直接带有表格及公式，一看就能上手		